本书是教育部人文社会科学重点研究基地重大项目"英国社会转型研究"(项目批准号：16JJD770026)的成果之一，得到南开大学世界近现代史研究中心资助

国家出版基金项目
国家"十三五"重点图书出版规划项目
教育部人文社会科学重点研究基地重大项目

英国社会转型研究丛书

主　编　钱乘旦

工业革命与英国工人阶级

钱乘旦　著

南京师范大学出版社

图书在版编目(CIP)数据

工业革命与英国工人阶级 / 钱乘旦著. —南京：
南京师范大学出版社，2020.12
 (英国社会转型研究丛书 / 钱乘旦主编)
ISBN 978-7-5651-4747-0

Ⅰ.①工… Ⅱ.①钱… Ⅲ.①产业革命 ②无产阶级-
研究-英国 Ⅳ.①F419 ②D756.161

中国版本图书馆 CIP 数据核字(2020)第 228037 号

丛 书 名	英国社会转型研究丛书	
丛书主编	钱乘旦	
书　　名	工业革命与英国工人阶级	
著　　者	钱乘旦	
策划编辑	郑海燕　朱海榕	
责任编辑	郑海燕	
出版发行	南京师范大学出版社	
地　　址	江苏省南京市玄武区后宰门西村 9 号(邮编：210016)	
电　　话	(025)83598919(总编办)　83598412(营销部)　83598712(编辑部)	
网　　址	http://press.njnu.edu.cn	
电子信箱	nspzbb@njnu.edu.cn	
照　　排	南京开卷文化传媒有限公司	
印　　刷	上海雅昌艺术印刷有限公司	
开　　本	787 毫米×1092 毫米　1/16	
印　　张	20.25	
字　　数	288 千	
版　　次	2020 年 12 月第 1 版　2020 年 12 月第 1 次印刷	
书　　号	ISBN 978-7-5651-4747-0	
定　　价	98.00 元	
出 版 人	张志刚	

南京师大版图书若有印装问题请与销售商调换

总　序

钱乘旦

　　《英国社会转型研究丛书》由南京师范大学出版社出版,这是英国史研究领域的又一项成果,通过这项研究,我们希望对英国工业革命以来社会方面的各种变化进行深入的探讨,进而寻找一些对中国现代化有益的启迪。

　　作为世界上第一个完成现代转型的国家,英国确实很值得了解。工业革命改变了社会结构,原有的社会体系容不下新的变化,于是冲突就出现了,造成了许多社会问题,比如劳工问题、妇女问题、犯罪问题、贫穷问题、教育问题、儿童问题、人口结构问题等等。这些问题在传统的农业社会是被自然消化的,溶解在农村共同体之中。工业革命把它们分解成一个一个单独的问题,而且每一个问题都可能变得非常严重,影响国家的整体发展。由于英国是现代化的先行者,它是在茫然中逐步意识到这些问题的,用了很长的时间才发现在经济迅速发展的情况下社会也是快速变化的,单凭积累财富无法解决社会问题;而社会问题不予解决,就会引发混乱,影响国家大局稳定,造成严重后果。在弄清楚这个道理后,英国又用更长的时间去设法解决这些问题,而解决的过程又非常艰难曲折,充满挑战,绝非一蹴而就。所以,了解这些过程和解决问题的办法就很有必要了,它能提供很好的知识参照,为思考中国的问题开启路径。

我们这套丛书的目的就是通过深入的学术研究，了解英国的那些问题，探讨其解决方案，评估其结果。从历史的发展看，英国在解决社会问题方面是基本成功的，工业革命造成的一系列严重的社会问题到20世纪下半叶差不多都解决了，从那个时候起，英国社会就一直相对稳定，很少发生严重冲突。当然，新的问题也会产生，比如英帝国解体遗留的有色人种移民问题，由此引发的种族隔阂和文化差异问题等，这些问题又需要人们寻找新的解决方案。

我曾多次说过：任何国家的现代化必须完成三项任务，一是建立现代国家，二是发展现代经济，三是建设现代社会。建立现代国家是现代化的前提，没有这个前提，便不能展开现代化。发展现代经济是现代化的关键内容，由此而形成工业社会。建设现代社会是现代化过程中最艰巨的任务，随着工业社会的出现，整个社会都要发生变化，引发一系列深刻的社会变革；而现代化能否成功，往往取决于社会现代化能不能完成。在英国，建立现代国家的过程从都铎王朝就开始了，经历漫长的变化到18世纪才基本结束。接下来就进入了经济快速发展的时期，启动了工业革命，使英国成为世界上第一个工业化国家。第三项任务几乎与工业革命同时出现，但人们的认识非常滞后，一直到19世纪下半叶才认真执行，进入了所谓的"改革年代"。由此，我们看到了一系列的社会改革，逐一解决了工业革命带来的许多问题。经过大约一个世纪的努力，第三项任务才大体完成了，一个比较清晰的现代国家在英国出现。为完成这三项任务，英国差不多用了五百年时间！

英国是第一个进入现代转型过程的国家，因此它不慌不忙（事实上是*不知不觉*）地完成了这三项任务；而且，这三项任务几乎是一项接一项出现的，因此相比于其他国家，英国的发展过程相对悠闲（*而且缓慢*）。然而对其他国家来说，就不能如此不慌不忙、不紧不慢了，因为作为现代化的后来者，它们必须"追赶"，才能跟上时代的步伐。所以在其他国家，现代化的三项任务经常是重叠的,也就是一项任务套一项任务,也许同时呈现在人们面前。如此之下,英国的经历就相当重要了,我们看一看英国的经历,就应该知道现代化需要解决哪些问题,以及会碰到哪些问题,还有英国是如何解决的。后起国家的领导者们尤其需要了解这些,以便他们在领导国家的过程中多有远见,少走弯路。

中国现代化面对着这种情况,中国的现代化有一种紧迫感。就目前而言,中国现代化大体上处在第一项任务基本完成、第二项任务成绩斐然、第三项任务刚开始被人们意识到并开始打算去完成的阶段上。为此,这套书就把重点放在英国社会转型研究方面了,以期对读者们有所启示。

2020年2月2日,于北大

序

哈里·狄金森

1790—1850这几十年间,英国发生了经济、社会革命,并且差一点发生政治革命。如此急速的发展,其根本原因是历史学家称之为"工业革命"的那些经济变化和我们称作"民主革命"的那些新政治思想的快速发展。英国是世界上第一个经历了工业革命的国家。在一段不长的时间里,它的农业进步很快,工业生产依靠新技术和新的组织形式得到改造,它的都市化迅速发展,工业资本家开始主宰经济。在大约50年的时间里,英国从一个基本上是贵族、农村的社会,转变成资本主义的工业社会。这么大的变化,对普通的英国人产生了深刻的影响。虽然从总体上来说,国家变得更加富强了,但在许多方面,普通人的生活却更为艰难,他们遭受了工业资本家的剥削。变化促成了工人阶级意识的形成,劳工开始反抗资本的主宰;变化还促成了民众激进运动的出现,民众大批要求政治改革,从而使普通人可以对政府施加更大的影响。

工业革命产生了新的工具、新的技术、新的能源、新的工作方式和新的团体形式。工人群众受到两个基本方面的影响:工匠,他们长期以来一直靠手工技艺获得高于其他工人的工资和社会地位,现在却看到自己的手工技艺正在被新的工业技术一点一点地吞噬；其他工人(**主要是没有技术的劳动者和从前的农业工人**)，则发现在新的工业作坊和工厂中，工作的机会与日俱增，但却受到新的工作程序和新兴工业城镇中那些陌生而又苛刻的纪律的约束。工匠和工厂工人都抱怨上升的工业资本家在剥削自己，他们要想办法保护自己，改善自己的处境，但他们采用了不同的方法。

新出现的劳动分工和新机器的使用逐渐对手工工人的传统技艺造成损害，降低了手工工人的社会地位，减少了他们的收入。他们中许多人做出反应，运用他们较高的文化水平和过去组织社团俱乐部的经验，与中等阶级共同去争取议会改革，希望政治改革可以使他们在议会中的代表权大为增加。如果他们能做到这一点，他们就能扩大工人阶级的政治影响，减轻工人身上的税务负担，提高劳动工资，改善普通人民的工作与生活条件。他们阅读激进书刊，从托马斯·潘恩到布朗台尔·奥布莱恩这些作家的书都读，从这些书中懂得政治改革可以帮助工人群众提高生活水平。从伦敦通讯会到宪章运动，他们都致力于成立组织，以议会改革为主要目标，力争保护工人，增加工人的政治影响。

新出现的工厂工人与产业工人不如有技术的手工工人，他们文化程度比较低，建立复杂组织的经验比较少，受到的剥削也更大；但他们有一个有利条件，就是在迅速成长的工业城镇中人数众多，日渐聚集。因此，他们不大想参加群众性的激进改革运动，而是更愿意依靠产业行动，包括罢工、捣毁机器、参加初级的工会组织等。他们不常和有技术的手工工人一起进行政治活动，只有在他们的经济情况因萧条过甚而非常恶劣时(如1815年以后的一段时间及1838—1848那10年)，工厂工人才会倒向激进的群众议会改革运动。在多数情况下，工厂工人只是停止工作，以此来威胁资本家雇主，争取增加工资，改善工作条件。不幸的是，在工业革命最初那几十年,出现过好几次严重的经济萧条。那时,工人贫困已极,竟不能以停止工作相威胁,而其雇主却可以轻易地找到其他工人来代替。法律制度也对资本家雇主有利,它把工人置于组织上无力的地位。

这样,1790—1850年间的工人运动,就有两种不同的努力方式,以改进工人的地位,对抗工业资本。其中一个方面,主要由有技术的手工工人组成,企图把民主改革作为维护其社会地位、改进其经济状况的主要手段。另一个方面,他们企图组织初级的工会活动,以此对资本家雇主施加压力。这两个方面只是间或汇聚一下。在宪章运动解体后,随着有技术的手工工人的人数不断减少,政治改革运动就削弱了;而伴随着工业化的步伐,工厂工人的人数却始终在增加,工会活动的影响也就增大了。一直到19世纪末,随着新成立的工人政党的成长壮大,新出现的社会主义思潮被广泛传播,一个新的运动才生成,它把工会活动和政治改革的要求汇成一个强大的运动,要求增进劳动者的权利,反对工业资本家的剥削。

以上就是这本书的主要内容。

南京大学的钱乘旦教授在考察1790—1850年的工人运动时,继承了英国主要的马克思主义历史学家爱德华·汤普森、约翰·福斯特和埃里克·霍布斯鲍姆等人的研究,他是中国学者中最能做好这项工作的人。1980年,我与他初次见面,当时他还是南京大学历史系的研究生,他的勤奋与敏睿给了我很深的印象。自那以后,他一直刻苦工作,致力于第一次工业革命时期的英国史研究。他曾在美国哈佛大学学习,也曾访问过英国。他和西方主要的历史学家一直有联系,有关1790—1850年间英国激进人民运动和早期工人运动的手稿资料和原始印刷史料,他比其他任何中国学者都读得多。因此,他为中国读者写这个题目,是非常合适的。对那些希望了解世界工业化历史中第一次工人阶级改革运动的产生及其过程的中国研究者来说,他不愧是个专职的引路人。因此,我热烈庆贺这本书的出版!

(英国爱丁堡大学英国史教授)

1991年8月,于爱丁堡

再版前言

《工业革命与英国工人阶级》由南京师范大学出版社再版,出版社要我写一个说明,说一说这本书的情况。

40多年前我开始学习英国史,导师是蒋孟引教授,他是国内英国史学界的开拓者,是这个学科的创始人。硕士学习阶段,我关注了1832年英国的议会改革,由此而进入英国的现代化转型研究。博士学习阶段,我关注了工业革命时期英国工人阶级的生活与斗争,这是与硕士阶段的学习一脉相承的,因为我发现,在1832年议会改革的过程中,工人们发挥了很大作用。这个发现与当时很多书上的说法不同,当时很多人说,这次改革是"资产阶级"的斗争成果。我发现,在这次改革中,工人的作用至少和"资产阶级"一样大(英国人很少用"资产阶级"这个词,他们用"middle class"或"middle classes"这个概念,直译为中文,是"中等阶级")。沿着这个发现,我把我的博士研究课题放在工人阶级在整个工业革命过程中为自己而战的历史上,去恢复他们的生存状态,他们的思想和理想,以及为此展开的各种活动。这是一个很大的课题,在当时的中国,人们似乎很熟悉关于"工人"的话题,但实际上却没有人对英国工人问题做过实质性研究,因此也没有人能够说清楚。

为做这个课题,我花了三年多时间,那是没日没夜的三年多,而非常有幸的是我有机会在国外查找资料,搜集了一大批原始材料,从政府档案到个人书信日记等等,加上书籍,数量庞大。那个时代尚无电脑,最先进的收录手段是复印,经常还需要手写抄录。我记得我回国的时候通过海运带回来40多箱资料,加起来有1 000多斤,大部分是复印材料。最宝贵的手抄材料我随身带回来了,特别害怕遗失。

这些材料为我做论文提供了基本条件,我的结论需要用事实说话。论文写出来后,在那个时代的背景下,有人对最终结论感到惊讶,因为和那个时候很多书上写的不同,因此断言是错误的。但书中结论是以事实为依据的,要推翻这些结论,他必须阅读和我同样多的一手资料,并指出历史的事实是另外一个样。历史学的威力就在于此:它是用事实说话的。改革开放最伟大的成果之一,就是确认了实践是检验真理的唯一标准的基本原则,没有这项原则,40多年的中国发展根本就不可能。

那么,本书的结论是什么呢?我发现,在整个工业革命时期,英国工人一直在争取改变自己的生存状态;英国工业革命最大的失误之一,就是造成劳动者生存状态极度恶化,为改变这种状况,工人们经久不息,发动了一次又一次抗争行动,劳动者与资本主义的经济发展方式是格格不入的。但是"工人",在那个时候(以及在任何时候),都不是一个整体;"工人"内部是分群的,在那个时代(工业革命时代),最大的分群是手工工人和工厂工人的区分。手工工人是被工业革命消灭的一个群体,他们对工业革命带来的资本主义剥削进行了最顽强也是最经久不息的反抗。工业革命时期,他们全程参与到英国的议会改革运动中去,要求对英国的政治制度进行彻底的改革,希望通过政治改革来改善自己的经济状况。在争取改革的过程中,他们不仅形成了自己的理论体系,而且有独立的组织与行动纲领,有自己的斗争方式。他们在改革运动中是一支独立的力量,并非如人们所说"是'中等阶级'的依附"。因此,作为一个事实,工业革命时期英国工人的政治运动基本上是手工工人的斗争方式,而不是工厂工人的行为模式,从18世纪 90 年代的伦敦通讯会直到 19 世纪的宪章运动,都呈现出这一特点。但历史的悲剧是,手工工人是一个被工业革命消灭的群体,当这个群体一点一点退出历史舞台时,他们的斗争与他们的存在一同消失了;英国工人运动翻开了新一页,这一页的主题是工会。

英国工人阶级是世界上第一个工人阶级,英国工人的这个经历也许具有普遍性。在早期工业化的欧洲国家中,似乎都可以隐隐约约地感觉到这个现象;当然,这已经不属于我的研究范围了。我能够说明的是,我关于英国工人早期政治运动史的阐释与见解是独特的,无论在国内或国外都是这样。

本书第 1 版于 1992 年由南京出版社出版,迄今已经近 30 年了。当时印了 1 000 册,也没有完全进入市场流通,因此现在已基本找不到了。不少人知道有这本书,也大概知道所涉内容,但看不到书,所知不详,对其观点也不甚了解。南京师范大学出版社现在再版这本书,可以让这份 30 年前的研究成果为更多人所知,并付诸关心;中国学术界还是应该关心国际工人运动史的,毕竟,马克思主义与工人运动有不可分割的联系。遗憾的是,我一直想对这本书的内容进行扩充,补充更多的细节,我带回来的那 40 多箱资料中,还有许多很有价值的内容可以补充,使这本书变得更好看,更生动,更加身临其境。但我一直未能如愿,时间一直不允许。聊以安慰的是我已经把事情表达清楚了,用史料做了很好的说明。此版基本保持原样,希望读者们见谅。经这本书,我愿和大家一起回到那个工业革命的时代去,去体验和评价那些事和那些人。

感谢读者们关心。

初版前言

关于工人阶级历史的研究,已经开展很长时间了,这在全世界的社会主义学派中,始终是一个重要的课题。但是,关于工人运动史的研究则长期有一块重大空白,这就是英国工人阶级早期的政治活动。

现代工人阶级起源于英国,这是大家都承认的。英国最早发生工业革命,因此也最早产生工人阶级。但英国工人的政治运动据说是从宪章运动开始的,至少我国有许多教科书就是这样说的。如果确实这样,那么就出现一个问题:英国的工业革命发生得很早,而工人的政治斗争却开始得很迟,这种现象是否相称呢?特别是考虑到有一种传统的说法,即把法国的里昂工人起义、德国的西里西亚织工起义和英国的宪章运动并称为"世界上最早的三次工人政治斗争",那么疑问就更突出了——因为在宪章运动兴起的时候,英国的工业革命已接近尾声;相比之下,里昂工人发动起义时,法国的工业革命才刚刚开始;西里西亚织工起义时,大工业在全德范围内几乎还没有起步!那么,英国工人的政治意识是否产生得太迟了?换句话说,英国工人阶级在大半个工业革命中到底在干什么?他们是否是一群逆来顺受的芸芸众生,是否还没展开维护自己利益的阶级斗争?然而我们知道,事实并不是这样。因为工业革命时期是英国历史上阶级斗争异常激烈的一个时期。这样,英国工人运动史上就留下了一个重大的空白,这片空白不仅对英国工人运动史关系重大,对国际工人运动史也是重要的。

本书研究的课题,就是在这片空白中进行探索。其实,这片空白在欧美史学界,甚至在英国史学界本身,也很长时间几乎无人涉猎。直到20世纪60年代,E.P.汤普森发表了著名的《英国工人阶级的形成》一书,才突然引发出一派生机勃勃的景象。如今,英国工人阶级史的研究,是欧美史学界最活跃的领域之一,吸引了许多史学界的泰斗们在其中纵横捭阖。

这片空白本来是人为造成的。出于各种原因,许多人不愿承认工业革命时期工人阶级有自觉的阶级意识,因而有明确的政治斗争。工人阶级的活动被说成是对社会变化的完全下意识的反应,既无理论指导,也无明确目标,更谈不上斗争的纲领和策略。总之,英国工人早期的活动是非自觉的、不成熟的、零零星星而不成体系的一盘散沙,因此只能被冠以"自发"二字。在20世纪初自由派历史学家哈孟德夫妇那里,甚至连"自发"都没有,他们认为工人反抗只是政府蓄意挑起的,政府派奸细到工人中去挑起事端,以此证明有推翻政府的阴谋存在,因此必须严加统治!他们之后也有许多人不承认工业革命时期有自觉的工人运动的存在。当然,如前所说,原因是各种各样的。

但本书的研究表明,英国工人早期的政治活动一直是在一个完整的理论体系指导下进行的。这个体系是工人阶级意识形态的最初表露。在这个体系指导下,英国工人的政治活动从法国革命时期起,到宪章运动结束止,一直表现出一种强烈的一致性。这个理论体系和在这个体系指导下的工人活动,就是工人激进主义的理论和实践。工人激进主义是一个历史的存在,它是工业革命时期英国工人运动的主流表现形式。它表明在马克思主义诞生之前,英国工人为争取自身的解放,已经走过了多么漫长的路。事实上,英国工人早期的思想意识和斗争实践,都曾对马克思主义的产生有过重大影响——马克思主义能够在英国这块土地上诞生,就是一个极好的证明。

以工人激进主义的理论和实践为主线来研究和思考，就能解答英国早期工人运动中许多难以解决的问题了。比如说，英国的（从而也是世界的）工人阶级独立的政治运动究竟起于何时？早期工人政治运动的社会基础是谁？为什么他们的活动不是社会主义的而是激进主义的，它不可能完成马克思对英国工人阶级的期待？宪章运动的性质如何，它在工人运动史中的地位如何？1850年以后为什么会出现阶级斗争的断裂，工人阶级为什么停止政治斗争？所有这些问题，若不放在一个完整的体系中去考察，是得不出前后一致的结论的。

此外，把英国工业革命中的工人政治活动与法国、德国以及其他一些国家的早期工人运动做比较，我们可以看出许多不约而同的相似之处。由此似乎可以得出结论：英国工人阶级的早期活动，也许隐含着更广泛的普遍意义。

因此，我希望，我的这本书，对理解全世界工人阶级最早的历史能够提供一些启发。

目 录

- 1 总　序 / 钱乘旦
- 4 序 / 哈里·狄金森
- 8 再版前言
- 11 初版前言

- 17 **第一编　工业革命时期的英国工人阶级**
- 18 **第一章　经济地位的变迁**
- 20 　一、英国工人的分类
- 30 　二、各类人数的消长
- 46 　三、生活水平的起落

- 57 **第二章　阶级意识的形成**
- 60 　一、文化
- 78 　二、理论

- 103 **第二编　工业革命时期的工人政治运动**
- 104 **第三章　锋芒初试（1789—1799）**
- 108 　一、组织
- 118 　二、纲领
- 125 　三、行动

- 139　四、和平与暴力
- 155　五、同路人之间

第四章　孤军奋战（1800—1820）
- 161　一、暗流汩汩
- 175　二、战后年代
- 188　三、走向彼得卢

第五章　被出卖了（1821—1832）
- 201　一、思索的十年
- 214　二、为他人作嫁衣裳

第六章　万马千军（1833—1850）
- 230　一、组织
- 242　二、纲领
- 253　三、行动
- 265　四、和平与暴力
- 275　五、"狐狸与鹅"之间
- 283　六、宪章运动与工会

1850 年以后（结束语）　290

附录　294

- 295　一、伦敦通讯会 346 个会员职业情况统计

目 录

296　二、伦敦通讯会主要领导人职业情况统计
297　三、宪章派第一次全国代表大会代表姓名与职业情况统计
300　四、宪章派地方领导人职业情况统计
302　五、本书注释所用缩略语

303　**参考文献**

312　**译名对照**

第一编
工业革命时期的英国工人阶级

第一章
经济地位的变迁

18世纪80年代,当后来被称为"工业革命"(The Industrial Revolution)的那个过程缓慢起步时,没有人预见到这是股磅礴的巨流,它将淹没往昔"快乐的英格兰";没有人知道它将冲击整个社会,把有些人扶上青云,把多数人洗劫一空。在这个席卷社会的大旋涡中,工人经济地位的变动是最重要的事件之一。它直接关系到英国最大多数人的切身利益,而其中手工工人(handworkers)的沉沦也许是最含辛茹苦、最凄惨激烈的了。因而,此时也是最引起社会动荡的一个苦难时期。因此,不研究工人阶级(working classes)经济状况的变迁,就不能理解工业革命这个多事之秋的英国社会。

一、英国工人的分类

英国的工人(working men, labouring men),即从事体力劳动、以出卖劳动力为生的人,到18世纪时可以被分为三大类,即从事农业劳动的农业工人(agriculture labourers),从事家务劳动的仆佣(servants),以及从事加工制造的工匠手工业工人。

农业工人在英国由来已久,自黑死病和圈地运动导致农奴制解体起,它就开始形成了。但它出现之后,其社会、经济地位直至20世纪初都很少发生变化。工业革命除了用圈地的手段使其人数大规模增长外,对它的经济地位并没有产生重大影响,它一直是最贫穷的阶层之一,直到20世纪初都是如此。它人数众多,在1851年时有125万,是当时最大的一个就业集团。但由于它文化上十分落后、闭塞于世事之外,加上分散、无组织、政治觉悟不高等,其社会重要性和其庞大的数量就极不相称。

仆佣是更古老的职业,几乎和历史一样悠久,数量也很多。在工业革命中,随着中等阶级经济力量的上升,仆佣的人数也急剧增加,在1851—1871年间达到了全国就业人口总数的1/10至1/8,维持在100万人上下,并逐渐超过农业工人的人数。在仆佣中,近90%是妇女。(见表1-1)

表 1-1　1851 年、1861 年和 1871 年仆佣情况统计

	1851 年	1861 年	1871 年
仆佣总数/人	987 605	1 208 648	1 494 411
其中妇女数/人	863 010	1 071 201	1 336 534
女工占比/%	87.4	88.6	89.4

资料来源：1851 年、1861 年和 1871 年人口普查。

和农业工人相比，她们也更分散，更与世隔绝，社会地位更低下，依附性更强。1890 年曾有人说："佣人是既和她的家庭又和她的阶级分隔开的。她也许一年可以有两星期的探亲假……但一般说来，一个佣人的天地就是拥有三四个佣人的厨房那么大，假如她能和这三四个人交成朋友，那就真是谢天谢地了。"[1]这种情况在一个世纪前当然也一样。仆佣的情况既如此，便可想象她们起不了太大的社会作用，她们在政治上完全是惰性的。

制造业中的情况就不同了，先看这个部门的工人在国民经济中的重要性。

从表 1-2 可看出，仅在工业革命进行了 1/3 的时候（1803 年左右），工矿业工人总户数就比一个世纪前增加了约 7 倍，占全国总户数的 24.2%，其总收入是原来的 10 倍还不止，在国民收入中的比例从原来的 5.4% 增至 12.5%。这个数字是其他各阶层所不及的（乡绅的收入只占 10.98%，厂商占 9.54%），其经济上的重要性由此可知。但另一方面，虽说制造业工匠创造了国民财富的大部分（表中 B、C 两栏中的财富可以说大多是由他们创造的），经济发展的利益却完全落入上、中阶层手中。由于厂商作为一个阶层在金氏时代还没有问世，我们无法比较它的收入增

---

[1] Ellen W. Darwin, "Domestic Service", 1890, in Eugene C. Black, ed., *Victorian Culture and Society*, New York, 1973, p.214.

表 1-2　1688 年和 1803 年英格兰和威尔士的国民收入分配情况(部分摘录)①

社会阶层		1688 年的金氏估计			1803 年的科氏估计		
		户	平均每户收入/镑	总收入/万镑	户	平均每户收入/镑	总收入/万镑
A. 贵族、乡绅	贵族	1 586	994	157.6	1 203	3 778	454.5
	乡绅	15 000	314	471	26 000	885	2 300
	合计	16 586	—	628.6	27 203	—	2 754.5
B. 中间阶层	商人(甲)	2 000	400	80	2 000	2 600	520
	商人(乙)	8 000	200	160	13 000	800	1 040
	厂商	—	—	—	25 000	800	2 000
	批发商	—	—	—	500	800	40
	(以下略)	……	……	……	……	……	……
		……	……	……	……	……	……
	合计	10 000	—	240	40 500	—	3 600
C. 下层等级	工匠	60 000	40	240	445 726	55	2 451.5
	矿山运河工	—	—	—	40 000	40	160
	(以下略)	……	……	……	……	……	……
		……	……	……	……	……	……
	合计	60 000	—	240	485 726	—	2 611.5
总计		1 370 586	—	4 463.6	2 008 323	—	20 958

长情况,但 1688—1803 年间,贵族平均每户收入增加约 2.8 倍;乡绅平均每户收入增加约 1.8 倍;从事对外贸易的商人(甲)得益最甚,竟增加了 5.5 倍(!);而工人的货币收入虽然增长 37.5%,但扣除通货膨胀率,实际收入

---

① 资料来源:Gregory King, *Natural and Political Observations and Conclusions upon the State and Condition of England*, 1696, George Chalmers, ed., London, 1804; Patrick Colquhoun, *A Treatise on Indigence*, London, 1806.

即使有增长,恐怕所增也无几。① 到1851年工业革命基本完成时,这个现象就更明显了。当时大不列颠工矿企业从业人员共410万,占全国就业总数的42.3%;但工资收入仅9 210万镑,占国民总收入的17.6%。② 照理说,用工资总数除以就业人数可得出每个工人的平均工资收入,但这样做却行不通,因为410万工矿人员中包括雇主和独立经营的小生产者;因此到底有多少人领取工资,这个数字已无法查考了。但就算雇主和独立经营的小生产者占去其中的一半,即205万人,那么剩下的那一半每人每年的工资竟还不到45镑——和科氏1803年的估计数字比,这该多么触目!

由此可知,就生活水平而言,受工业革命影响最大的是制造业,因此下面在谈到英国"工人"时,将主要讨论这个部门的工人状况。

很显然,工业革命对制造业工人有双重的影响:一方面它成倍地增长了他们的人数,另一方面又未能增加甚至可能减少了他们的收入。但由于制造业是一个极为庞杂的总体,因此就产生了这样一个问题:各类型的工人在工业革命中的命运是否不同呢?为解答这个问题,首先要回顾一下制造业的发展过程,看看在这个过程中工人被自然地分成了几类。

中世纪时,制造业组织在行会(guilds)中。起初,行会是一个市镇的所有工匠及其艺徒组成的排他性组织,目的是实行本地区的营作垄断。它的势力范围往往只限于本城本镇及四乡邻里,经营目标是为农民提供简单的生产工具和生活用品。因此,行会的存在是与中世纪自给自足的农村经济相适应的。后来,经济发展了,工匠的人数也随之增加,从事同一行业的人

---

① 有一个统计数字以1700年为100%,则伦敦的货币工资在1787年为123%,实际工资为95%。假设此比例不变,则货币工资为137.5%时,实际工资是106%。参见B. R. Mitchell, *Abstract of British Historical Statistics*, Cambridge, 1962, pp.346-347.
② Phyllis Deane and W. A. Cole, *British Economic Growth, 1688-1959*, Cambridge, 1980, pp.143, 152, 166.

越来越多,于是,原先的一个行会就分化为许多个按行业划分的不同行会,但它们全都受地方当局的挟制,处在市政府保护之下。这时的"制造业者"(manufacturer),正如历史学家乔治·昂温(George Unwin)所说,是一身而兼有四职:他既是亲自劳动的工人,也是监督帮工的工头,还是支付工资的雇主和兼操劳买卖的商人。① 但随着经济的发展,特别是都铎王朝以后,经营范围越来越广,商业已打破了地区的界限,买卖要求全力以赴地苦心经营,已经不是亲身从事生产的工匠力所能及的了,于是行业中较富的老板或较富的行业中的老板就弃工从贾,一心经商。中古单一的行会里于是分出了一个商人阶级,而且不久后它就反客为主,并控制了由它而来的制造业。

但大部分制造业者依然独立生产,他们是行业中的"师傅",往往雇一两个帮工,带一两个徒弟,在自家屋前的"铺子"里进行生产。每个人都把每件产品从头到尾地做一遍,然后就陈列在铺子里出售,或是交给订货的顾客。只有在不得已的场合下才会有分工。比如说打铁,必须一个人拉风箱,一个人执砧,一个人抡锤。显然,这种组织形式是卡尔·马克思(Karl Marx)所说的作坊制,它的核心是自产自销又少量雇工的手工业"师傅"。但师傅和帮工间并没有绝对的鸿沟。一个工人在生命的一段时期可以是帮工,另一段时期又会是师傅;师傅总是有可能重新成为帮工,帮工又总不会失去当师傅的希望。比如说,曼彻斯特的一个织工在 1694 年满 10 岁时开始当学徒;8 年后满师当帮工;再过 8 年,他成家立业,自己当了师傅。此后 30 年中,他和他的徒弟们"共使用 5 架织机",但他 60 岁以后就辞退了所有帮工,"只留下 1 架织机给自己当饭碗"了。一个花格布织工 1687 年 19 岁起当小老板,最多时有过 5 架织机,由儿子和两个学徒操作,但年老后穷得连什一税也交不起,已经是个

---

① [英]哈孟德夫妇:《近代工业的兴起》,北京:商务印书馆,1960 年,第 94 页。

穷人了。另一个麻布织工年轻时给父亲干活,结婚后自己雇工,58岁以后只留1架织机赡养自己,68岁时眼睛已坏到"织不出以前一半那么多的钱来",于是就被豁免了教区税。① 类似的情况可以在早期经济史资料中找到许多。正如韦伯夫妇所说:"在熟练手工业中有学徒资格的帮工,其社会地位直至近世都与其雇主相同,而且通常是同一行业或同类行业中另一个师傅的儿子。只要工业主要是由小业主经营的,而每一业主充其量不过雇一两个帮工,那么任何精力充沛的人充当工资雇用者的期限都不会超过数年,勤勉的学徒即使不能娶师傅的女儿为妻,也无论如何是可以指望今后能自立开业的。"②工人的这种"独立性",这种反掌之间就可以与雇主互换地位的情况,以及"师傅"和"帮工"间常有的那种亲密关系,都给工匠留下了深刻的印象。这就是制造业中第一类工人——工匠及其帮工的情况。

但商业资本的渗透是不可抗拒的,在那些不需要专门技术或由于实行了初步分工而降低了对工人的技术要求的行业中,商人逐步控制了生产,成为真正的老板,行业中的工匠反倒成为从属的成分了。这就形成了英国的"外作制"(putting-out system)或称"家庭工业制"(domestic system)。在这种制度下,商人买进原料,分发给他所雇用的工人。工人多者可达千百名,分散在各自的家里,手工进行操作,然后把制成的产品交还给商人,从他那里领取报酬。从表面上看,这时的工人仍然是"独立"的。比如说,他仍然在自己家里工作,仍然使用自己的工具,可以自由支配自己的时间,仍然有妻儿环绕在旁,爱干则干,爱停则停,他甚至还可以找一两个帮工协助工作,仍旧以"师傅"自称。但原料已不是他的了,产品也就不再归他所有,他只不过是为别人生产的劳动力而已。他的"独立"地位只不过是掩盖他

---

① A. P. Wadsworth and Julia DeLacy Mann, *The Cotton Trade and Industrial Lancashire*, 1600 - 1780, Manchester, 1931, pp.326 - 327.
② Sidney and Beatrice Webb, *The History of Trade Unionism*, 1666 - 1920, London, 1919, p.6.

真实身份的虚假名目。外作制在不同的行业乃至同一行业中,都可以有多种形式,各种形式又都可以表现出细微的差别。比如,有的工人自己没有工具而租用老板的工具;有的商人只负责提供原料而把生产的组织工作交给师傅们去做;有些产品是一次分发原料就能完成的(如制钉、制链等),而另一些则要分发几次才能完工(如商人把羊毛交给梳毛工,梳毛工把绒交给纺工,纺工再把线交给织工,等等)。由于这些差别,有些地方有些行业的工人就显得比另一些地方另一些行业的工人更"独立"。尽管如此,外作制的基本特征却是一致的,即商人控制生产,工人是商人的附庸。依照经济史学家大卫·S.兰德斯(David S. Landes)的看法,商人控制生产是不可避免的发展趋势,因为市场越扩大,小生产者就越无力对付市场,由于资本周转不过来,他们最终不得不借贷维持,而终究要落入商人的控制之中。此外,"城市商人又早就看出农村是廉价劳动力的蓄水池",因为农民"巴不得在农闲时做点活以弥补土地收入的不足……所以尽管乡下的织工、制钉工或刀具匠们不如城里行会师傅或帮工们的手艺高,他们的要价倒也不多",他们可以从土地上取得其他的生活来源。[1] 由此可见,英国农民的自由身份是外作制得以发展、逐渐成为手工业主要形式的一个基本原因。

到18世纪初,英国的纺织业几乎普遍实行了外作制。19世纪初,一份小册子中这样描写机器引进前约克郡西区的毛纺织业:

> 过去,这一片呢绒区是这样生产毛呢的:有一批叫作羊毛商的颇有资本的人,在剪毛季节骑着马到处转,在养羊人那里收购羊毛。收购回来后就把毛仔细地分成级,然后把分好的毛小批小批地售出去,售到附近村落中无数资本微薄或根本没有资本的工匠师傅手中。这些工匠师傅就负责剩下的工序,有许多工作是在他们自己家里做的,

---

[1] David S. Landes, *The Unbound Prometheus*, Cambridge, 1969, pp.44-45.

其他的则分出去，分给邻人去做。邻人们这时就全家出动，夫妻子女们一齐动手，织的织、梳的梳、刷的刷、纺的纺。[1]

这段文字清楚地写出了商人控制下的家庭工业制的结构和生产场面。家庭工业制中的商人可以是非常大的雇主。如1736年有弟兄俩在布莱克本地区拥有600张织机，雇3 000多个工人；1750年沃林顿一个帆布商雇5 000人；1758年曼彻斯特少数几个人在邻近城镇雇了大量织工，其中一个就雇了500人。[2] 然而不管一个商人可以雇多少人，工人本身却是分散的，生产也分散在各工人家中分头进行，因此形成不了集中的力量。这就是制造业中第二类工人——外作工(out-workers)的情况。

但劳动力大规模集中的企业也还是有的，特别是在钢铁、冶金、采矿、玻璃、造船、晒盐、烧砖、建筑以及化工、军火等非集中不可的行业里，劳动力集中的特点就尤为突出。1568年成立的皇家矿务局，由大贵族入股，资本达2万多镑，发放大量工资。1589年，威尔地区一个盐场雇了300人，规模相当宏大。18世纪，英国炼铁业虽然落后，但在有高炉的地方，也还是集中着几十甚至数百人同时工作，水车使锻铁锤动作起来，锤的响声日夜响彻四邻。伦敦的造船厂一般规模不大，但在查塔姆附近的皇家造船厂则时常可以有几千个工人。北部的大煤窑可雇上百个矿工协同工作。比如贝德沃恩矿在詹姆士一世时就可提供500人食宿；到17世纪末，沃里克郡出现了好几个这样的大矿，苏格兰的金卡达恩矿在查理二世时就有了100多名矿工，类似的大矿在其他地方也还有。[3] 所有这些企业的共同特点就是劳动力集中，工人在大型工作场地工作。当

---

[1] Observations on Woollen Machinery, 1803, p.14.
[2] A. P. Wadsworth and Julia DeLacy Mann, The Cotton Trade and Industrial Lancashire, 1600 - 1780, p.211.
[3] Henry Hamilton, History of the Homeland: The Story of the British Background, London, 1965, pp.160 - 161; Paul Mantoux, The Industrial Revolution in the 18th Century, London, 1961, p. 273; J. U. Nef, The Rise of the British Coal Industry, Vol.2, London, 1932, pp.139 - 140.

然,在工业革命之前,数百人的大型企业在英国是不多的;但由于其生产结构的特殊性,这些企业中的工人总数虽然少,却仍不失为一个特别的类型。

综上所述,到工业革命开始时,按工作场地划分,制造业中存在着三种类型的工人:(1)在作坊劳动的工匠及其帮工。(2)在自己家里工作的外作工。(3)在大型工作场地工作的工人。第一种类型的工人在技术上要求较高,尚未实行分工,产品从头到尾需要一个人完成,如金银匠、钟表匠、马车匠、皮革匠、鞋匠、木匠、裁缝、家具工等等。在资本主义工业发展史上,他们处在手工作坊的阶段。第二种已经降为半技术工了,生产中技术要求不高,分工较细,各道工序可以分头完成。比如说手织工、织袜工、制钉工、制链工、小五金工等等。分工是家庭工业制的必要前提,没有分工就不可能出现外作工。比如说毛纺织业早就形成了梳毛、洗毛、成绒、纺、织、漂、染等许多工序;铁加工业也是这样,一把餐刀要经过五种工匠之手,制剪亦有五道工序,制锉也有四道,各工序都是各有所司,互不侵犯。只有在这个基础上,才有可能既剥夺手工工人的独立性,又让他们继续在家里工作,维持着表面上的独立,因而外作制也才有可能实行。所以,从这个意义上说,外作制实际上相当于马克思所说的工场手工业的发展阶段,只不过因为英国农村中封建经济瓦解得较早也较彻底,把活分到乡下去比集中在工场里更能使资本家有利可图,因而他们更喜欢外作制。第三种工人主要集中在需要协作的行业中,从组织形式上来说它最接近现代资本主义大工业,工人在形式上和实质上都丧失了独立性,完全失去了成为小老板的希望,因此其地位和近代无产阶级最相像。这三种工人,加上工业革命后开始大量产生的工厂工人(factory workers),就构成了制造业中的工人总体。再加上农业工人和仆佣,工业革命时期工人阶级的类型就可用图1-1来表示:

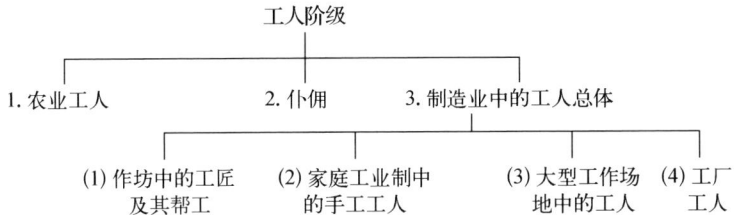

图1-1 工业革命时期的工人阶级类型图

但我们的研究将暂时撇开农业工人和仆佣两个阶层,而集中于制造业中的工人情况。

二、各类人数的消长

在制造业中,当工业革命开始时,前两种类型的工人是多数,而后两种则为数极少,特别是工厂工人,几乎从零开始。

但工业革命改变了这种情况,不仅工人阶级的构成变了,而且各类工人的经济地位也都跟着发生了变化。这就开始触及我们所关心的主要问题了——工业革命对各类工人有什么不同的影响?因为只有解决了这个问题,才能解释工业革命时期工人运动的性质和特点。

工业革命的基本特征之一是工厂制(factory system)的确立和迅速推广,在这方面纺织业的情况最为典型。自1771年阿克莱特创办第一个水力纺织厂以来,工厂就像雨后春笋般出现了。起先沿北英格兰和南苏格兰的溪谷河流设厂埋机。后来集中到格拉斯哥、曼彻斯特、利兹等大城市,成为蒸汽驱动的大工厂。有人描写18世纪末利兹市的风光时说:"城里有两家地毯厂,最近又开了一个大厂,用机器来纺麻。在艾尔河及注入该河的溪流上,(除无数磨谷子、压染料和油菜籽等等的磨坊外)还有浆布坊和使用机器纺毛梳毛的水车坊。近来又造了好几座棉纺厂,主要是靠蒸汽机来工作的。"[①]据估计,1787年全英国有水力纺纱厂143家,1795年约300家,1797年水力纺纱厂

---

① Michael T. Sadler, *Factory Statistics: The Official Tables Appended to the Report of the Select Committee on the Ten-Hour Factory Bill*, London, 1836, pp.38-39.

和使用混成式纺织机的棉纱厂共 900 家,1833 年有 1 125 家,1850 年有 1 407 家。1830 年以后纺织厂又大量出现,表1-3可说明其增长速度:

表 1-3 兰开郡纺织厂数量增长情况①

(单位:家)

	只纺不织的厂	只织不纺的厂	既纺又织的厂	合计
1841 年	550	104	320	974
1850 年	517	196	436	1 149
1856 年	591	344	516	1 451

工厂的增加,自然意味着工人队伍的扩充。有些大纱厂的人数是惊人的。比如 1816 年前后,格拉斯哥附近的詹姆士·芬莱公司的 3 个厂各有工人 500 名,欧文的新拉纳克厂有 1 600 多人,斯特拉特家在贝尔帕和米尔福德两地共 1 494 人,普雷斯顿一个厂主有 4 个纱厂各 700 人,曼彻斯特两家最大的棉纺纱厂也各有工人 1 000 名以上。至于工厂制的创始人阿克莱特,在他 1792 年去世时有 6 个工厂,雇"千百名女工",工厂的"收入比大多数德国王公都多得多"。在工厂频频出现的同时,各厂雇用的工人平均数也不断上升。1816 年曼彻斯特地区 43 家最大的纱厂平均每家有 300 人,到 1832 年已是 401 人;1838 年全国所有棉纺织厂平均工人数是 137 人,1871 年变成 177 人。② 表 1-4 是 1835—1850 年纺织工业各部门工厂人数统计,可看出工业革命后期工厂工人增长的情况。③

---

① 资料来源:S. D. Chapman, *The Cotton Industry in the Industrial Revolution*, London, 1977, pp. 30, 34, 70.
② J. H. Clapham, *An Economic History of Modern Britain*, Vol.1, Cambridge, 1930, pp.184-185; R. S. Fitton and A. P. Wadsworth, *The Strutts and the Arkwrights*, 1758-1830, Manchester, 1958, pp.96-97; Harold Perkin, *The Origins of Modern English Society*, 1780-1880, London, 1976, p.109.
③ B.R. Mitchell, *Abstract of British Historical Statistics*, pp.188, 199, 204, 211.

表 1-4 1835—1850 年各部门工厂人数统计

（单位：万人）

	棉	毛	麻	丝	合计
1835 年	21.9	5.5	3.3	3.1	33.8
1838 年	25.9	8.7	4.2	3.4	42.2
1847 年	31.6	12.6	5.8	4.5	54.5
1850 年	33.1	15.4	6.8	4.3	59.6

工厂制首先在纺织业普及，接着又向其他行业推广，即使是一时尚不能实行机械化的行业，也趋于劳动力集中化，向工厂方向发展。原先分散的行业开始集中，本来就集中的部门则变得更大，也就是说，大型工作场地的工人也和工厂工人一样，在工业革命中人数迅速增加起来。例如，陶都伯斯莱姆附近的150个瓷窑在1762年平均雇用47人，到1830年时已达到130人；斯塔福德郡北部7个窑各雇有500—1 000人。又如1871年时44个大酿酒厂平均雇工219人；奎克伦敦铅公司在1815—1865年间除了数百名熔炼工外，平均每年还雇用865个矿工；"铜业大王"托马斯·威廉斯在1800年有1 200—1 500个矿工，他的6个冶炼厂中还有大量熔炼工；拿破仑战争期间，著名的卡隆铁工厂雇有2 000名以上的工人，而西法尔斯法厂和福斯特在斯托布里奇的厂可以雇到5 000人以上。18世纪初，20人的铁工厂就算大了；到了19世纪初，100人的都不算什么。由于钢铁工业的发展，出现了一个全新的行业——机器制造业。1821年，博尔顿和瓦特的梭和铸造厂有100人，到1831年已有251人。1841年，兰开郡115个机械厂平均雇工91人，其中最大的厂有900人。1871年，金属造船厂平均工人数达571人。① 据1872年一份议会调查报告说，在接受调查的

---

① Harold Perkin, *The Origins of Modern English Society, 1780-1880*, pp.110-111; S.D. Clapham, *The Cotton Industry in the Industrial Revolution*, p.188.

2 540 789 个工人中,有 2 010 637 人自称是在工厂工作的。① 这个数字显然是很不完整的,但也已占全国工矿总人口的 35.9% 了。尽管这些人多数是在规模不大的小企业里工作,但无论如何这都表明到工业革命后期,"工厂"已变得相当普遍,许多未实行机械化的行业也在按工厂的原则组织起来,以至 1828 年肯特郡一个教区为解决济贫费的来源问题,就把所有申请贫民救济的人组织到一个"工厂"里,让他们自食其力,而这个"工厂"每月的开支,至多不过 6 镑。② 这些事实都说明:当工业革命接近尾声时,工厂工人和大型工作场地的工人确实已成倍地增长,即将成为工人中的主要成分。

外作工和独立工匠的情况就不同了。从长远看,他们的人数明显缩减;但在工业革命初期,这个趋势经历了一个曲折的发展过程。在这方面,手织工的情形是很典型的。当工厂制在纺纱部门确立时,原先手工操作的纺纱工大量失去工作。但这些人中本来就有许多是手织工的妻女,纺纱对她们来说只是一种副业,而且,她们很容易就被工厂吸收,卷入到工厂工人的队伍中去。此外,由于织布部门机械化进展得很慢,织布远远跟不上纺纱,于是手织业也就吃起香来,需要大量的劳动力;再加上手工织布本来不是很难学,手织机造价又不高,于是那些失去工作的纺纱工、半饥半饱的农工、无以为生的流浪汉、离乡背井的爱尔兰人都潮水般涌进手织业,造成 19 世纪初期手织工人队伍大膨胀,手织业也经历了繁华兴盛的阶段。但好景不长,涌进来的人越多,日后遭受的苦难也就越重。随着动力织机的逐步完善和推广,手织工承受的压力越来越大,成为社会上最凄苦无依的一个阶层。斯托克波特是动力织机的发源地,在这里,手织工队伍衰退的迹象也最早出现。1816 年曾有记载说,该市及近郊有 5 000 名手织工;到

---

① *Parliamentary Papers*,1872,c. 602,Vol.16,p.37.
② Elizabeth Melling, ed., *Kentish Sources*, Kent, 1964, p.170.

1822年只剩下2 800名;1832年减少到800人;1834年则不超过400名,仅占人口的1%。其他地区,动力织机引进得稍慢一点,手织业的繁荣也多维持了几年。但19世纪30年代开始,机械织布迅速推广,以致曼彻斯特商会书记在1833年时说:"除某几种特殊的布或其他特殊情况外,手工织布已不再是成年人的职业。"①1838年有个济贫法助理特派员也说:"棉布手织工阶级好久以来人数都在减少,减少得相当厉害,在兰开郡已持续了好几年了。"②到19世纪40年代末,这支队伍已几乎瓦解得干干净净,即使还有,也只是些散兵游勇在奋力支持,其大势已去,残存之日也就所剩无几了。图1-2清楚地显示出手织工在工业革命中先膨胀后骤减的情况。

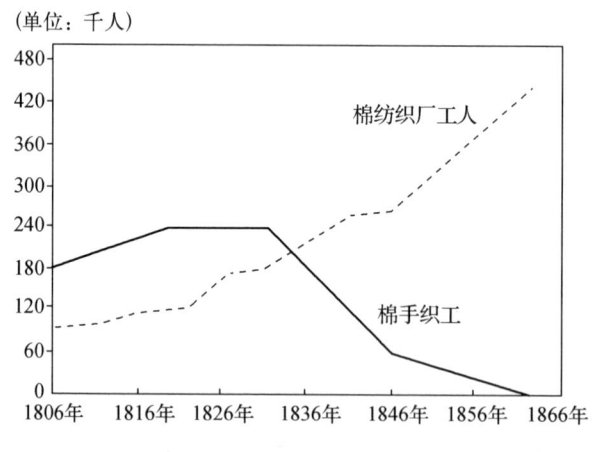

图1-2 棉手织工和棉纺织厂工人数增减情况③

可以想象,一支数十万人的"大军",曾享受过工业革命带来的空前繁荣,可以说是工业革命本身的天之骄子,但突然间在一代人的时间里就被打得七零八落,而且无疑是被工业革命亲手扼杀的,其中的辛酸苦辣、沉浮荣辱,岂是一两句话道得清!这种情况,不能不对工人的思想意识起到重大影响。

---

① Robert Glen, *Urban Workers in the Early Industrial Revolution*, London, 1984, pp.255-256.
② Duncan Bythell, *The Handloom Weavers*, Cambridge, 1969, p.263.
③ 资料来源:B. R. Mitchell, *Abstract of British Historical Statistics*, p.187.

工业革命消灭手工工人的一个重要手段是引进机器和实行工厂制,特别是纺织工业这样一些原先盛行外作制的行业尤其如此。前面说过,外作制一般是在实行了初步分工的基础上实行的,而分工又是机械化的必要前提,因此机器首先在实行外作制的行业中取得胜利也就是顺理成章的事了。机器使用后取代了大量人工,早就有人说过,1812年时,在相同时间里,一个纺工可以纺出哈格里夫斯的珍妮机发明前200人纺的那么多纱。至于动力织机,虽然它最初出现时差不多和手织机一样慢,但到1825年前后,动力织机与手织机的速度比已是7.5∶1了,一个男孩可操作两台动力机,相当于手织工的15倍。到1833年,一个成年织工加上一个童工可以做手织工20倍的工作。曾经有人估计,1827年某纱厂的750名工人可生产相当于20万个手工纺纱工的产品,一个男工和一个男童操作的花布印花机可代替100个手工印花工,而织网机可取代2 000个、后来是10 000个手工枕头花边工。① 动力机械越多,手工机械就越少,这是十分明显的,表1-5即说明了这一点。

表1-5 棉纺织业手织机和动力织机数消长情况②

(单位:万台)

	1813年	1820年	1830年	1833年	1845年	1850年	1861年	1870年
手织机	21.2	24	24	21.3	6	4.3	0.3	0
动力织机	0.24	1.4	5.5	10	22.5	25	40	44.1

到1870年时,手织业已几乎消失了。

除纺织业之外,其他行业也逐步引进了机器。1840年时,议会特别委员会的一份调查报告记载,伯明翰一个别针厂雇有近百名童工使用机器。

---

① Phyllis Deane and W. A. Cole, *British Economic Growth*, 1688-1959, p.183; David S. Landes, *The Unbound Prometheus*, p.86; Harold Perkin, *The Origins of Modern English Society*, 1780-1880, p.112.
② Phyllis Deane and W. A. Cole, *British Economic Growth*, 1688-1959, p.191; Duncan Bythell, *The Handloom Weavers*, p.88; B.R. Mitchell, *Abstract of British Historical Statistics*, p.187.

其中一个车间"安放着49台机器",当女监工走近时,"所有的机器就突然加倍地开动起来"。另一份报告说,1843年伍尔弗汉普顿一个制钉厂的"厂房里都装满了危险的机器,一架挨着一架,连路都不好走","飞轮的咆哮声砰然震耳","男女儿童在冲压机旁工作(机器都是蒸汽带动的),他们的手指每秒钟都有被冲掉的危险"……①制钉是另一个外作制盛行的行业,机器的迅速推广因而也就不奇怪了。但就连通常是独立工匠的世袭领地的一些行业中,蒸汽机也开始占领地盘了。1850年,亨利·梅休(Henry Mayhew)在他著名的劳工问题调查报告中,记叙了伦敦已大量出现使用机器的木工造模厂,其中锯、砍、刨、凿等各道工序都用蒸汽驱动,机器被用来锯木、切榫、开槽、凿眼等等。1台蒸汽刨可取代18人的工作。专供对外营业的蒸汽刨在伦敦就有8台,因此就顶替了144个木工。此外,还有许多厂有自家专用的刨床,顶替了更多的工人。在建筑业中,蒸汽还被用来切开大理石,抛光大理石,磨碎石灰和水泥,车削木材铁料,以及冲洞开眼,等等。可见,蒸汽动力的使用此时已普遍到何种程度。②

工厂主和工人对机器的态度是截然不同的。比如梅休在调查中就说,尽管木工厂的工资比手工木匠高出一两倍,但厂里的工人仍认为"机器只对有钱人有利;对工人阶级来说……它只不过是一种祸根,因为机器的目的正是要取代工人们赖以为生的劳动"。老板们也不否认这一点。一个木工厂老板曾对梅休说:"开榫机在所有的机器中对手艺高的装饰木工们危害最大,它可以做30个人的工作。……我估计伦敦有25台这种机器,因此750人的工作就报销了。"③就连当时最为工业革命的一切阴暗面大唱赞歌的尤尔牧师

---

① E. Royston Pike, ed., *Human Documents of the Industrial Revolution in Britain*, London, 1966, pp.183-184,190.
② Henry Mayhew, *The Morning Chronicle Survey of Labour and the Poor: The Metropolitan Districts*, Vol.5, Sussex, 1980, pp.119-127.
③ Henry Mayhew, *The Morning Chronicle Survey of Labour and the Poor: The Metropolitan Districts*, Vol.5, pp.122,127.

(Rev. Ure)也承认:"工厂制的原则是用机械知识来取代手艺……在自动化生产方式中,技术工人逐渐被简单的机械看管人所接替,而最后终被取代。"①

纺织业的手工工人对此有切肤之感。早在1786年,利兹的梳毛工就在埋怨梳毛机的使用"使成千上万的申诉人失去工作,陷入无穷的苦难之中,无以持家",因此吁请雇主们"抛开偏见和私利",禁止使用机器。但利兹的毛料整饰业老板们则在1791年通过决议表示要坚决使用机器,而"一旦造成就业减少",就"优先雇用……那些不反对使用机器的人"。② 就连比较开明的雇主,如1788年威尔特郡毛业大会主席约翰·安斯蒂(John Anstie),虽承认机器对工人造成极大的危害,却仍认为机器的使用是必不可少的,舍此即意味着行业的衰落。③ 在机器问题上劳资双方的截然对立,是工业革命时社会动荡的一个重要因素。

机器排挤手工工人的结果,是女工、童工取代男工。开始时,资本家使用女工、童工几乎是无意识的,与引进机器没有关系。工厂最初出现时,必须建立在远离市镇的河谷旁,以便利用河中的水力。但随之而来的是劳动力缺乏,工人不愿去偏远的地方工作,更不愿接受工厂严格纪律的约束。这样,工厂主除出高价引诱招聘外,就开始引进童工。棉纱厂主几乎都谈过这个问题。阿克莱特曾说训练工人困难;欧文说过工人难找,不得不"从国内各公共慈善机构中招收儿童";老罗伯特·皮尔则说:"当阿克莱特的机器最早出现时,几乎还不知道蒸汽这个东西,……因此那些想把生意做下去,并靠这些发明发点财的人就只好跑到乡下去,因为那里有许多大瀑布,结果除了徒工外也就找不到其他的劳动力了。我当时就是这样,根本弄不到其他人。"④但工

---

① Andrew Ure, *The Philosophy of Manufactures*, London, 1835, p.20.
② W. B. Crump, ed., *The Leeds Woollen Industry*, 1780–1820, Leeds, 1931, pp.315,318.
③ John Anstie, *Observations on the Importance and Necessity of Introducing Improved Machinery into the Woollen Manufactory*, London, 1803.
④ Brian Inglis, *Poverty and the Industrial Revolution*, London, 1972, p.107;[英]欧文:《欧文选集》(第1卷),北京:商务印书馆,1979年,第26页; T. S. Ashton, *The Industrial Revolution*, 1760–1830, Oxford, 1972, p.79.

厂主们很快就发现,童工比男工便宜得多,这样一来,使用童工就成了自觉的行动。于是,大量童工被源源不绝地送进工厂。起先,童工只是从各地的教区孤儿院里弄出来的,是一种"慈善"事业;到了后来,许多父母离开童工已无法生活了,只好把子女送进工厂。正如人道主义议员、十小时工作制运动的热情赞助人迈克尔·T.萨德勒(Michael T.Sadler)所说,绝大多数把孩子送进工厂的父母"勉为其难,深怀内疚:他们自己也许失业了,或收入极微薄,他们的家庭已穷困潦倒——不这样做又怎么办呢"[1]。

童工的苦难是倾海难诉的,有许多史料记载着这一页辛酸的历史。但那些被迫靠子女养活自己的手工工人们,其身心所受的打击又岂可言传!1842年出版的一份小册子记叙了这样一个悲惨的故事。当从事社会调查的人道主义绅士们走向一个工人家庭时:

> 一个穷苦妇女站在门口等我们,求我们去看她的丈夫。我们跟着她回家,发现她家只是一间小小的屋子,几乎没有家具,却明亮干净。她说她丈夫以前是世界上最好最肯卖力干活的人,但两个月来他没走出过家门一步,寻找工作的努力全失败了,最后他自以为绝望,就再也不去找了。……他们现在唯一的收入是在厂里干活的儿子挣的,那一点工资,在现时这么高的物价下,连买她儿子自己吃的东西都不够。孩子的母亲说,孩子在多数情况下是空着肚子进厂的,很少能吃一顿像样的饭。她丈夫找不到工作后,起初不肯吃用儿子的钱买来的东西,说该留给儿子吃;但自从他神经错乱后,他就抓住不管什么可吃的狼吞虎咽地嚼下去,贪婪无比。……[2]

这种悲惨的情景在我们今天看来仍觉心怵。正因为如此,工人们非常痛恨

---

[1] E. Royston Pike, ed., *Human Documents of the Industrial Revolution in Britain*, p.117.
[2] Joseph Adshead, *Distress in Manchester: Evidence of the State of the Labouring Classes in 1840 - 1842*, London, 1842, pp.36 - 37.

童工制(children employment)。在整个工业革命时期,他们一直要求议会立法限制童工的年龄和工时,到后来形成相当强大的社会运动,这是社会冲突的另一个方面。

女工的情况和童工很像,她们第一价格便宜,第二天性驯服,很合雇主的口味。1842年,议会特别委员会询问兰开郡的一个矿主:"是否更愿意使用妇女而不是男孩做拽煤工?"那个矿主说:"是的,她们比较听话,比较遵守时间;她们会尖叫吵嘴,还有其他种种事情,但从来不服输,而且从来不偷煤,这是又一个好处。"另一个雇主则说:"煤窑中这么喜欢用妇女做拽煤工,其原因之一是:一个20岁的姑娘干一天只拿2先令或更少,同样年龄的男子则要3先令6便士……"[1]正因为这样,女工被大量用于工矿。当然,女工和童工不是到工业革命时才有的,但过去在农业生产和家庭工业中,他们与男子有明确的分工,往往是充当男子的助手,得到男子的保护;不像在工业革命中,妇女、儿童被蓄意用来顶替男工,成为男子的替身。表1-6中可看出纺织工业中女工、童工顶替男工的情况。

表1-6 纺织工业各部门工厂工人性别、年龄分类比例[2]

(单位:%)

A:棉

年代	童工*		成年工	
	13岁以下	13—18岁	女	男
1835年	13.2	30.2	30.6	26.0
1838年	4.6	36.7	33.2	25.5
1847年	5.7	29.7	37.4	27.2
1850年	4.5	11.2**	55.3***	29.0
1856年	6.3	10.3**	55.9***	27.5

---

[1] *Parliamentary Papers*, 1842, Vol.17, p.217; Vol.15, p.27.
[2] 资料来源:B. R. Mitchell, *Abstract of British Historical Statistics*, pp.188, 199, 204, 211.

B：毛

年代	童工*		成年工	
	13岁以下	13—18岁	女	男
1835年	25.5	41.8	9.1	23.6
1838年	11.5	37.9	24.1	26.5
1847年	12.0	29.6	30.4	28.0
1850年	11.0	13.0**	47.4***	28.6
1856年	10.8	10.8**	49.1***	29.3

C：麻

年代	童工*		成年工	
	13岁以下	13—18岁	女	男
1835年	16.1	36.4	35.1	12.4
1838年	3.4	41.1	40.7	14.8
1847年	3.6	34.1	44.7	17.6
1850年	2.3	11.6**	68.4***	17.7
1856年	2.3	11.3**	70.0***	16.4

D：丝

年代	童工*		成年工	
	13岁以下	13—18岁	女	男
1835年	29.1	30.6	27.4	12.9
1838年	25.3	34.4	27.4	12.9
1847年	17.3	29.6	36.9	16.2
1850年	16.8	7.4**	58.6***	17.2
1856年	14.5	7.3**	60.0***	18.2

说明：* 女孩在童工中的比例大致如下：棉业约占56%，毛业约占53%，麻业约占65.6%，丝业约占67.8%。** 不包括13—18岁的女童工。*** 包括13—18岁的女童工。

当时纺织业是英国最重要的工业,无怪乎著名的激进运动领袖威廉·科贝特(William Cobbett,1763—1835)要说:

> 近来有一个最惊人的发现,即我国的强盛和富庶,我们超于他国之上的优势,竟得之于兰开郡的 3 万幼女……这些幼女假如每天比现在少做两小时,竟要导致国家的毁灭!①

可见,在逐步实现机械化的行业中,主要是靠引进机器、雇用女工和童工来夺取手工工人的生计,迫使他们走进工厂,进而消灭他们。

但在一时尚没有条件推行机械化的行业,特别是分工尚未发达因而独立工匠占相当优势的部门中,工业革命也有别的办法来对付他们。和使用机器来取代手工劳动不同,这些部门不是在从事手工劳动的意义上消灭手工工人,而是在从事"独立"生产、进行个体劳动的意义上对他们加以消灭。也就是说,在这些部门中,工人们虽然保留着进行"手工劳动"的性质,却被迫进入新的工业组织结构,使其在生产中的地位事实上和工厂工人一样,甚至更苦。在这方面,陶瓷业是最早的例证。

17 世纪时,陶瓷业已在斯塔福德郡北部生下根来,当时它是一种十分原始的手工业。陶工在自己家里工作,只需要一个小窑,加上一些陶轮、晒盘、搅拌桶等简单工具,就可以进行单门独户的生产了。工人们一般都是自立门户,最大的窑也只雇 6 个人。整个陶瓷区贫穷落后,附近连个城镇也没有,交通很不方便,到处都是茅棚草屋,四周一派荒凉。这种情况被工业革命的先驱者乔赛亚·韦奇伍德(Josiah Wedgwood)彻底改了过来。在他的有生之年,道路修筑起来了,运河开通了,城市形成了,陶瓷业兴旺发达,产品远销国内外,连俄国女皇都到这里来订货。斯塔福德这块贫瘠的土地,俨然成了国际性的"陶都"。但韦奇伍德并没有像阿克莱特或克朗普

---

① Eric Hopkins, *A Social History of the English Working Classes*, 1815 - 1945, London, 1979, p.57.

顿那样的了不起的技术发明,他一生的成就全在于成功地改组了旧工业。1769年,他在汉里附近开始创办埃特鲁利亚陶工场,在场里实行严格的分工,废除过去每一个工人都从头到尾完成每件产品的惯例,把生产建立在按工序划分的车间的基础上。这样就在实际上消灭了过去单个的陶工师傅,而代之以一大批相当专门的新工人,比如陶轮工、镟工、烧窑工、平底陶器安模工、凹形陶器安模工、浸釉工、绘图工、磨光工等等,这和工厂中的情况几乎是一样的。一方面,专业化提高了工人的熟练程度,从而提高了生产率;另一方面,专业化又剥夺了手工师傅的独立性质,把他们贬低为一般的劳动力。由于没有人能够单独做出一件最终的产品了,工人也就成了他所做的那道工序的附属物,正像工厂工人成为机器的附属物一样。工人们永久地融汇在一个大集体中,失去成为小老板的希望。再加上分工使劳动简单易学,许多工序在脑力、体力上都大大降低了难度,于是女工和童工被大量引进,工厂制的一切弊病都开始出现。原先分散、原始的手工业成为按科学方法组织起来的大工业,同时,本来独立的手工工匠(artisans)也成了大规模组织起来的普通工人中的一员,再也没有特色。到韦奇伍德的儿子小乔赛亚接手时,埃特鲁利亚已经是一个近400人的大企业了。这种情况就被其他雇主学去,在短短的二三十年中就把陶瓷业改造成英国最重要的近代工业部门之一。正如欧文所说,这是在直到1845年"仍然是几乎完全没有受到科学的和机械的改良的影响"[①]的情况下取得的。由此可知,韦奇伍德在陶瓷业的创新正如阿克莱特在纺织业的发明一样,都是给旧的工业组织狠狠一击,将其瓦解,而代之以新的生产体制。但韦奇伍德击破的是未经分工的旧作坊制,消灭的是独立工作的手工师傅;而阿克莱特改变的是已经实行了初步分工、实际上处于工场手工业的家庭工业制,消灭的则是实质上已不再独立的半技术性的外作工。不管怎样,是异曲同工。

[①] [英]哈孟德夫妇:《近代工业的兴起》,第159页。

由于韦奇伍德的创新和阿克莱特的发明,四类工人中的前两类处于同样的厄运下,濒临灭亡;而后两类人数则急速增长,不可抑制。

越到工业革命后期,其工匠丧失独立性的行业就越多。1840年,有人记载伦敦一家大裁缝铺里有"80人在一起工作,人们挤成一团,几乎是挨肩擦背。夏天,人的体温和熨斗的热量使室内比室外高二三十度,尤其是蜡烛点起之后,热得几乎要闷死人",作者还特别说明,"这里写的虽然只是裁缝帮工的情况,实际上却流行于许多行业"。① 由于实行了分工,1890年时上院特别委员会已经在报告:近50年来"除了特别好的定做成衣铺外",单独一个裁缝已经做不出整套的服装来,甚至连整件衣服也不会做了;"一个人一般只是专做一种衣服,或一种衣服的一个部分,这比较容易学,现在已经不再雇名副其实的裁缝了,裁缝业分成了许多不同的部门,因此出现了领班即裁剪工,以及粗缝工、机缝工、合缝工、锁扣工、熨烫工和小工等等不同的人。一个证人甚至说有25道分工。分工分得细极了,一个会烫外套的人不一定会烫背心,而烫背心的人烫起裤子来也同样不称职"。② 在木工业,有人告诉梅休,伦敦已大量出现一种被工人叫作"拼命铺子"的木工坊。在这种铺子里,许多人集中在一起工作,"监工的眼睛死死地盯住你,从早6点到晚7点,连喘口气的工夫都没有"。工人们不许交谈,只准埋头工作,"那股死气沉沉的劲真好像是在一个模范监狱里"。由于如此严格地组织起来了,生产力是大大提高了,"一个人可以做过去4个人的活",但工人则被榨干了血汗,"没有人敢想象从血肉之躯中,竟可以弄出这么多东西,奴隶也没有我们干得多"。而且,老板们"同时让四五个人干同样的活",于是工人就不得不拼命干,"生怕别人先干完",自己的饭碗保不住。③

---

① Eric Hopkins, *A Social History of the English Working Classes*, 1815–1945, p.5.
② *Parliamentary Papers*, 1890, Vol.17, pp.4–8.
③ Henry Mayhew, *The Morning Chronicle Survey of Labour and the Poor: The Metropolitan Districts*, Vol.5, pp.103–104.

除了把分散的工匠集中起来形成大型作坊外,有些行业还逐渐推行包工制,特别是在建筑业。比如木匠、瓦匠,过去独自一人走南闯北,顶多带几个徒弟同行,修房造屋时每个工匠都直接与主顾商定工资,完成分内工作后拿了工资就走,保持完全的独立性。但在包工制下,承包商插了进来,他"负责提供建筑所需要的一切物资。于是在大多数情况下,工匠师傅就不是直接受顾客的聘用,而是为一个中间人或代理商工作了,他们承包整座房屋的建筑"①,也就是说,商人控制生产,工匠失去了独立性。承包商为争夺合同往往出标极低,为此必须千方百计降低成本,由此便偷工减料,雇用廉价工人。结果,大量非技术工人从农村涌进城市,充斥各个行业;手艺高的技术工人反而失去工作,或被迫接受不利的工作条件。这种情况非常像童工和女工涌进纺织业取代手织工的情况。梅休的调查报告里就有一份制椅匠工会(Trade Unions)的书面材料。其中说这个行业"受30年前工作制度上的变化之苦极深。那时我们主要受所谓'在业师傅'的雇用。他们向家具匠们发放椅架和沙发架,但此后我们就直接为店商们工作了……这对我们很有害,因为他们不知道一把椅子中我们的劳动值多少。店商们还把定货送出去交给中间人,……中间人把活计一分再分,细到能把成品变得极为便宜,而且能雇用非技术工人和学徒来做才算罢手",因此,制椅匠们深知他们"为保持在社会上体面的立足之地而正在进行一场严重的斗争"。②

另一种工业体制上的变化也严重地威胁着手工工人的生存,这就是许多行业中出现的"成品商店"。这在成衣、靴鞋、制帽、木器等行业中特别严重。成品店老板不一定把工人集中在一起进行生产,但经常把生产过程分割得极细,从而有可能大量使用非技术工人,把工资压到最低限,以降低生

---

① Edward C. Tufnell, *Character, Object and Effects of Trades' Unions*, London, 1834, p.30.
② Henry Mayhew, *The Morning Chronicle Survey of Labour and the Poor: The Metropolitan Districts*, Vol.5, pp.171-172.

产成本。由于非技术工人的涌入，原先的技术工匠就不得不俯首就范，接受不利的工资条件，从而在事实上降到了非技术工人的水平。由此可知，为什么工业革命时期，各行业工人都坚持要求恢复学徒制，限制行业人数。这虽是一种狭隘的手段，却也是被迫如此、不得不为之的。

综上所述，英国工业革命时，不同的行业似乎处在不同的发展阶段上，各阶段上的工人也呈现出不同的特征。但工业革命的趋势是消灭独立工匠和外作工，把工人驱赶到工厂或大型工作场地中去。于是，近代工业无产者诞生了。很难说这个过程是什么时候完成的，但1850年时恐怕已经历了相当一大段；到19世纪70年代，大概可以说是基本完成了。到这时，传统的手工工人作为一支社会力量，大体上已不存在；而作为一支政治力量，则消失得更早。应该说，这个过程同时也就是工业革命的过程，以及工业革命消灭和改造旧式手工业的过程。在这个过程中，手工工人是最大的受害者。

三、生活水平的起落

正如圈地运动曾促进了生产发展又消灭了农民一样,工业革命解放了生产力,却又带给工人阶级无穷的苦难。对他们来说,这是一场"迈达斯的灾难"。尽管如此,如果对前面提到的那四类工人细做研究,会发现其中有许多差别,不同的工人在工业革命中会有不同的命运。图1-3很能说明问题。

如图1-3所示,工资一直遥遥领先的是伦敦建筑业中的手艺人——技术性极强的手工工人,最高时达每周1镑多;工厂中熟练工的工资维持在相当不错的水平上,但在1830—1840年间连续暴跌;手织工的工资曲线几乎是直线下降,显示出无可奈何的颓唐之势。这幅图虽然只显示出四个行业的工资变化,却很具有普遍性。实际上如图1-3中所示,在整个工业革命期间,传统的、高度技术性的手工工人收入一直很高,机器取代不了他们的特种技艺,即使体制变化影响了全行业,使整个行业的工资水平普遍下降,他们也能维持在象牙塔之巅,保持原来的生活水平。但随着技术越来越进步,机器取代不了、体制变化波及不到的行业也就越来越少了,于是越来越多的手艺人被抛进突变的旋涡,面临贫困的威胁。此外,工业革命所创造出来的新技术部门,如纺织厂中的精纺工、机修工,机械厂中的机械工,钢铁业的搅拌工、炼钢工,以及蒸汽机制造工、钢铁轮船造船工、火车司机,等等,他们是新的"技术工人",其工资基本保持着上升的趋势,人数也逐

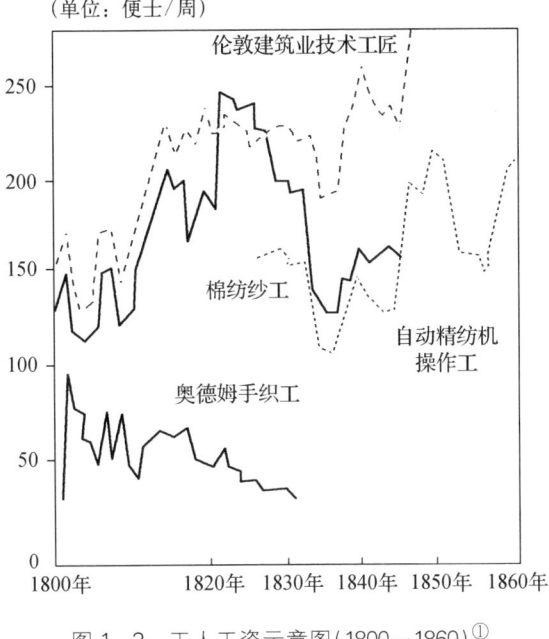

图 1-3　工人工资示意图(1800—1860)[1]

渐增多，在制造业工人总体中，他们只是佼佼者，但多数工厂工人是半熟练工或非熟练工，他们的工资低下，苦难深重，女工、童工就是这样。生活水平方面受害最大的是行将消灭的手工行业，它们是工业革命最大的牺牲品。[2]

马克思主义历史学家 E. J. 霍布斯鲍姆(E. J. Hobsbawm)也提供了类似的数据。据他研究，1838 年利兹各工种中，平均周工资在 20 先令以上的有 9 种，从高到低排列顺序是：机械安装工、枪炮制造工、铁模工、毛料划料工、铸铜工、机修工、金属镟工、制刨工和制帽工。其中具有高等手艺的传统工匠有 2 种：毛料划料工和制帽工，其他都可说是工业革命的产物，是工厂中的新"技术工人"。收入在 15—20 先令之间的有马鞍工、印刷工、铅管工、箍桶匠、鞣革匠、铁匠、石匠、初纺工、木工安装工、羊毛分类工、

---

[1] John Foster, *Class Struggle and the Industrial Revolution*, London, 1977, pp.36, 82.
[2] E. J. Hobsbawm, "The British Standard of Living, 1790 - 1850", in E. J. Hobsbawm, *Labouring Men*, London, 1979, p.81.

砖瓦匠、染匠、轮车匠、漆匠、熨烫工、锯木工等 16 种,几乎全是传统工匠,其手艺尚未被机器所取代。周工资 15 先令以下 10 先令以上的 6 种,即裁缝、镟木工、泥水匠、鞋匠、梳毛工、手织工,几乎全是受机器或新组织形式排斥的手工业者,而且越是受机器排斥,工资就越低。梳毛工和手织工就是这样,他们排列在工资收入的最低层。

其他许多资料也证明了同一观点。奥德姆一个机械工曾回忆,他刚进厂就得到每周 28 先令工资,后来增加到 32 先令,比起他当手织工的父亲来真好像是天上人间;韦奇伍德的陶工场中,许多人工资高达 2 镑一周,为其他行业所望尘莫及;同是手织工,外作工的工资比组织在厂里生产的工资低许多,比如 1838 年曼彻斯特同一家纺织厂雇用的手织工,外作工每周工资为 8 先令 1 便士,在厂里操作手织机的则得到 9 先令 8 便士;即使是伦敦一家火柴厂的童工,其工资也比伦敦市其他童工高出一倍。[①] 所有这些都说明,在工厂和大型工作场地工作的工人,收入相对来说要比衰亡的手工业中的工人工资要高;而且从长远来看,其工资趋上升势。这不是说他们的生活水平在工业革命时已相当好了,而是说相对衰亡的手工业而言他们要好些,而且在长远的发展中有改善的希望,尽管其起点可能是很低的。他们中生活不错的也有,即那些由工业革命本身所创造出来的新技术工人。他们往往处在大生产的关键岗位上,因此最有可能采用罢工、集体议定工资等经济斗争的直接手段。但这批人为数不多,是工人中的上层。而多数女工、童工的命运就十分悲惨了,这是无数史料反复印证了的事实。

濒临灭亡的手工工人情况就不同了。过去,他们的收入极好,离那些中等阶级"体面人"的下层只不过一指之隔,随时有希望爬上更高的阶梯;但突然间,机器毁掉了他们的一切,把他们驱向饥饿的深渊。他们的工资

---

① John Burnett, ed., *The Annals of Labour*, London, 1974, pp.304 - 312; E. Royston Pike, ed., *Human Documents of the Industrial Revolution in Britain*, pp.196, 201; Duncan Bythell, *The Handloom Weavers*, p.134.

按月减少,每到年关,总是唉叹今不如昔,最后终于发现靠劳动已经难以糊口了。摆在他们面前的只有两条路:要么苦苦坚持等待死亡,要么改换门庭向大工业投降。但无论走哪条路,都意味着他们作为一个阶层的死亡。手织工的情况特别有股悲剧气息,因为当工业革命兴起时,他们曾无比繁荣,享受过他们的"黄金时代"。有人回忆 19 世纪初的手织业说:"那是绅士的职业,他们大包小包地把活计带回家;他们有手杖,有时还乘起马车来,他们摆出的派头让人家以为他们是一品官。"另一人则说:"每逢秋收,手织工们就储备起大量的粮食、土豆、奶酪和奶油,足够吃到明年春,还有大量的煤,这种现象很普遍。他们还在圣马丁节腌起肉来过冬。"但到 1833 年,一个教区牧师已经在作证说,手织工"家中的摆设逐年变坏,大人小孩的衣着也越来越差了。……由于贫困,儿童的教育已完全顾不上,大人也因为没有合适的衣服而不再上教堂做礼拜。友谊会和慈善团体因无人问津而销声匿迹了,许多人的生活已成问题"。另一项报告也说,1842 年曼彻斯特的上乔治路地段已"贫苦不堪,虽不限于工人中某个特定阶层,但似乎手织工感受最深,他们每天干 14 小时活儿,挣得的钱还不够吃两顿饭。所以假如持续失业两三个星期,他们就真的要饿肚子了,而近来这是常事"。[①] 下文有克朗普顿——第一个纺纱厂诞生的地方——手织工工资和生活水平恶化的一个统计表(表 1-7),从表中可见货币工资和实际工资的下降程度都是惊人的。另一项调查表明:1834 年,在 35 个棉、毛、丝纺的中心城镇里,占总人口数 1/4 的 49 294 人,平均每人每周收入只有 1 先令 9 又 5/8 便士,其中扣除房租、燃料、照明等共 6 又 1/2 便士,剩下 1 先令 3 又 1/8 便士供衣食之用。[②] 1844 年对全国织袜工生活状况所做的详

---

① Duncan Bythell, *The Handloom Weavers*, p.94; *Manual Labour v. Machinery*, London, 1834, p. 21; Joseph Adshead, *Distress in Manchester: Evidence of the State of the Labouring Classes in 1840 - 1842*, pp.33 - 34.

② *Manual Labour v. Machinery*, p.31.

细调查结果更使人震惊,其中 154 个抽样检查的分析结果表明,这 154 户平均每台织袜机每周收入 10 先令,扣除租机费后只有净收入 6 先令或平均每人每周生活费 1 先令,衣食住行统统在内!①

表 1-7　克朗普顿手织工工资和生活状况统计表(1814—1833)②

工资和生活状况	1814 年	1815 年	1816 年	1817 年	1818 年	1819 年	1820 年	1821 年	1822 年	1823 年
每纺 1 磅纱挣得（先令/便士）	$27\frac{1}{2}$	$23\frac{1}{2}$	18	13	$17\frac{1}{2}$	20	18	17	18	19
中等水平织工每天工作 10.5 小时的每周工资（先令/便士）	13/9	11/9	9/0	6/6	8/9	10/0	9/0	8/6	9/0	9/6
扣除房租、照明、修机费、缠纱费等（先令/便士）	$3/7\frac{1}{2}$	$3/3\frac{1}{4}$	$2/9\frac{1}{2}$	$2/4\frac{1}{4}$	$2/8\frac{1}{2}$	2/11	$2/8\frac{3}{4}$	$2/7\frac{1}{2}$	$2/8\frac{1}{4}$	2/9
用于每周衣食净数（先令/便士）	$10/1\frac{1}{2}$	$8/5\frac{3}{4}$	$6/2\frac{1}{2}$	$4/1\frac{3}{4}$	$6/0\frac{1}{2}$	7/1	$6/3\frac{1}{4}$	$5/10\frac{1}{2}$	$6/3\frac{3}{4}$	6/9
面粉、谷类、肉类平均每周消耗量（磅）	116	104	73	49	62	84	77	85	96	98
工资和生活状况	1824 年	1825 年	1826 年	1827 年	1828 年	1829 年	1830 年	1831 年	1832 年	1833 年
每纺 1 磅纱挣得（先令/便士）	19	$17\frac{1}{2}$	13	13	14	12	10	10	$9\frac{1}{2}$	$9\frac{1}{2}$
中等水平织工每天工作 10.5 小时的每周工资（先令/便士）	9/6	8/9	6/6	6/6	7/0	6/0	5/0	5/0	4/6	4/6
扣除房租、照明、修机费、缠纱费等（先令/便士）	$2/8\frac{3}{4}$	2/7	$2/1\frac{1}{2}$	$2/2\frac{1}{2}$	2/3	$2/0\frac{3}{4}$	$1/10\frac{1}{2}$	$1/10\frac{1}{2}$	$1/9\frac{1}{4}$	1/9
用于每周衣食净数（先令/便士）	$6/9\frac{1}{4}$	6/2	$4/4\frac{1}{2}$	$4/3\frac{3}{4}$	4/9	$3/11\frac{1}{4}$	$3/4\frac{1}{2}$	$3/0\frac{1}{2}$	$2/8\frac{3}{4}$	2/9
面粉、谷类、肉类平均每周消耗量（磅）	87	76	56	52	66	51	41	39	39	45

----

① W. Felkin, *An Account of the Machine-Wrought Hosiery Trade*, London, 1845, pp.24-29.
② 资料来源: *Manual Labour v. Machinery*, p.30.

手工工人的苦难是无边无际的,试举数例:

1833年,博尔顿一个手织工在回答他如何靠微薄的工资来养活妻子和5个孩子时说:"我买1磅麦片熬成粥,再买2夸脱脱脂牛奶,共3便士,一家人就靠这3便士吃早饭。"再问:"午饭吃什么呢?""我们又买2夸脱脱脂牛奶,再花1个半便士买土豆,能买多少就买多少,要是土豆便宜,我们就能饱餐一顿了;但要是贵的话,多半总是不够吃的。"问:"一天中还吃些什么吗?""有时什么也不吃,有时再弄它2夸脱脱脂牛奶,外加1磅麦片。"①

1833年有一封信说,艾尔德莱有个手织工,一家7口人,妻子和2个大孩子都工作,全部收入扣除房租、工具等只剩下每周2先令,要供7口人吃穿。写信人曾问这家人:"你们怎么能靠这么点钱过日子呢?那不是太离奇了吗?"回答说:"过日子是过不下去的,假如你这么说的话,不过我们只有往下挨吧!""那你们吃什么呢?""早上喝粥,中午土豆拌盐,晚上也是一样,要不然来一点麦片稀饭。"②

1842年一个制钉工写信给报纸,申诉其工资低,入不敷出。他们一家7口人,4个人工作,每周工资只有1磅零6便士,"但最起码的生活费也要用1磅3先令9.5便士,还不包括家用器具、衣着和其他必需品,不包括肉、医疗费和送货到批发库去的来回运费……"③

1850年一个木工说:"六七年前我每周能挣26—28先令,后来失业了,就给一家贱货房④做椅子,一落进这张网,就再也爬不出去了。"每逢星期六,他就把做好的椅子拿到货房来。货房老板故意杀价,因为他知道工人非卖不可,否则一星期的生活费便无着落。因此,"本来这把椅子该卖2

---

① Duncan Bythell, *The Handloom Weavers*, p.129.
② *Manual Labour v. Machinery*, p.42.
③ Eric Hopkins, *A Social History of the English Working Classes*, 1815-1945, pp.25-26.
④ 指成品商店。

镑的,因为它是上等桃花心木做的,但我只要 35 先令,然后还价还到 28 先令,最后可以得 30 先令。……我已经出来 3 个半钟头了,老婆在盼我回家,等着去买面包和一点头杂肉——明天是星期天,没有肉就说不过去了,所以今天我非卖不可,不管多少钱都要卖……"①

另一个为成品帽店做活的女工说:"我每天干 18 个钟头,我得活下去,想活下去就别想拿公平的工资,因为我反正拿不到。我吃得很少,只靠粗茶淡饭度日,冷天才吃烤面包,涂一点油滴。但吃得少是一回事,房租就要付 1 先令 6 便士。有时我觉得非进济贫院(work houses)不可了,否则就活不下去。我们工资低不算,工作还没有保障。我巴望能否极泰来就好了,但已盼了这么久……"②

1839 年政府蓝皮书记载,斯皮特菲尔兹一个丝织工的证词:"你有孩子吗?""现在没有了,以前有过两个,都死了,谢上帝开恩!""你是说对孩子的死亡感到满意吗?""正是这样,谢谢上帝!我因此而卸下了养育他们的重担;他们呢,可怜的东西,则免除了尘世间的许多苦难。"这个人据说是斯皮特菲尔兹最好的工人之一。因此,梅休在引述这个故事时说:"假如这就是 10 年前技术最好的工人的生活状况和思想情绪……那么现在,当工资又降低 15%—20% 时,织工们的状况和情绪还不知会怎样呢!"③

但这些还都是有工作的人,他们尚且如此,那些受工业革命排挤而失去工作或没有正常职业的人,其境遇就更不堪设想了。在 1841 年曼彻斯特布道团的报告中,我们读到这样的记录:

> 查尔斯顿街区传教士认为在他的地域内现有 1/3 的人失业……

---

① Henry Mayhew, *The Morning Chronicle Survey of Labour and the Poor*: *The Metropolitan Districts*, Vol.5, p.176.
② Henry Mayhew, *The Morning Chronicle Survey of Labour and the Poor*: *The Metropolitan Districts*, Vol.6, p.158.
③ Henry Mayhew, *The Morning Chronicle Survey of Labour and the Poor*: *The Metropolitan Districts*, Vol.1, p.56.

> 萨福德市靠近伯里街的区域据称有一半人抱怨工作不正常,一大批人已完全失业了。
>
> 萨福德另一传教士说:"我的地域内有许多人家无米下锅,这是由失业造成的……"
>
> 圣玛丽街区传教士称:"在我的区域内约一半人因没有工作而处境凄苦……"

据传教士 T. A. 报告:

> 巴克·万比,家住布鲁克斯街,失业,我走访时正躺在床上,没东西吃,衣服已当光了。
>
> 麦克法伦,有 3 个孩子,住布鲁克斯街,衣服已当完。丈夫是油漆工,失业已久。上次我走访时她说:"我们今天没吃一点东西(当时是 4 点钟了),我得把这些东西当了,给挨饿的孩子买点吃的。"还有一天,她把小男孩的裤子拿去当了,我给她钱去赎了回来。……
>
> 罗伯特·奥布莱恩,住泽西街,染匠,有 4 个孩子,好几个月没工作了;妻子最近生产,一家人好几天没吃东西;家中一切能卖能当的都拿去换东西吃了,或拿去交了他们这间地下室的房租。

另一传教士报告:

> R. 卡恩,一家 5 口人,3 个孩子,全都失业;丈夫有病,一个孩子也病了。病孩躺在地下室潮湿的角落里,身下只铺一层刨花,没有一点破烂可遮身。地下室里空无所有,丈夫说已失业 16 周了。[①]

如此等等。

[①] Joseph Adshead, *Distress in Manchester: Evidence of the State of the Labouring Classes in 1840 - 1842*, pp.27, 31 - 32.

前面我们曾讲过一个父亲靠孩子养活自己的悲惨故事,下面我们用两个死亡的故事来结束这一章。

第一个是一个布道团教士讲的,时间是1840年。他在访问了一家工人之后说:

> 我有一切理由相信,这件事是饥饿导致死亡的又一个例证。这年轻人才26岁,有妻子和一个孩子,女人快临产了。他失业已好长时间,只偶或有一点工作做,因此体质极差。临死前那天晚上他干了一夜活,但好久没吃东西了,一下就从织机上栽下来,昏迷不醒,不久死神便带走了他的贫困和痛苦。

第二个是一位慈善主义绅士的记叙。1841年的某一天,他走进一间地下室,里面:

> 又黑又湿,屋顶不过7尺高,地面只有12平方码。屋内住着一个女人和她的孩子——一个6岁的男孩;还有一个寡妇带着3个孩子,是他们的房客;另一个寡妇也带着2个孩子,住在这儿,她是租这地下室的那女人的妹妹。9个人挤在这又黑又小的地方,完全不适于任何人住。就是在这么个破烂的家里,我们见到了穷人表现出对弱小的同情之心。在我们走访的前一天,穷主妇碰着一个无家可归的女人,她带着2个孩子在流浪,他们又饿又累,几乎就要倒在地上了。这可怜人的丈夫3个月前出去找工作了,她相信一定是还没找着,否则,她说他一定会回来找她的。女主人没有其他地方,只有让她在地下室旁边那个地上没铺东西的暗室里栖身。那里既没床也没被子,只有她用来当枕头的一小堆刨花,饿得半死的母子们千恩万谢,庆幸能有一块安身之地。夜里婴儿死了,他只有11个月大,显然是由于长期受冻,母亲干瘪的乳房中又没有奶水而死的。当我们走进地下室时,看见这饥饿的牺牲品躺在屋顶上吊下来的一块板上。其他孩子……围着他看。

母亲抛下她剩下的孩子,出去乞讨埋葬婴儿的东西去了……①

著名的历史学家哈孟德夫妇曾说:

> 工业革命带来了物质力量的极大发展,也带来了物质力量相伴着的无穷机遇。……然而这次变革并没有能建立起一个更幸福、更合理、更富有自尊心的社会,相反,工业革命使千百万群众身价倍落,而迅速发展出一种一切都为利润牺牲的城市生活方式。②

手工工人在工业革命中的经历,就是这样一部被疯狂的利润所吞噬的历史。他们不仅在工业革命中生活水平一落千丈,遭受了无穷无尽的辛酸苦难,而且作为一个阶层来说,最终竟是被消灭了。工业革命对他们来说,无疑是一场灭顶之灾。可以预期,人数如此众多的一个阶层在痛苦的消亡中必然发出强烈的反抗之声。历史恰恰证明:正是这个阶层,在工业革命的整个时期,充当了工人政治斗争的主体力量——英国工人最早的政治斗争就是由他们开展的。

从以上研究可以看出:工业革命对不同类型的工人有着不同的影响,这不仅表现在他们在生产结构中的地位不同,而且表现在生活水平的升降上。由此,他们对工业革命的反应也就会各个不同。不同类型的工人会用不同的眼光来看待工业革命,从而造成思想认识的差异,造成他们对苦难的原因的不同看法,于是,为维护自身利益而采取的斗争方式也会有所不同。与此同时,随着工业革命的发展,各种类型的工人在数量上此消彼长,

---

① Joseph Adshead, *Distress in Manchester: Evidence of the State of the Labouring Classes in 1840 - 1842*, pp.29, 35.

② J. L. Hammond and Barbara Hammond, *The Town Labourer*, London, 1978, p.293.

在不同的时期中某些类型的工人会是工人阶级中的主要成分。于是在这一特定时期中,这个主要成分的斗争方式也就会成为整个工人阶级的主要活动,他们对社会的看法也会以最响亮的声音表达出来——这是我们研究工业革命时期复杂的工人运动时的基本出发点。

本章的研究还表明:在整个工业革命时期,尽管手工工人的人数不断减少,他们在工人阶级总体中所占的比例也越来越小,但他们一直是工人中的主要成分,而且这种情况一直持续到1850年,持续到工业革命基本完成后才结束。仅此一点就足以设想:工业革命时期的工人活动将主要是手工工人的活动了,他们对社会问题的看法也会是工人阶级思想意识中的主流。此外,他们在工业革命中受害最大,生活水平连连下降,悲惨的遭遇使他们产生了反抗的愿望,这就使他们长期斗争,经久不息,成了工人中战斗性最强的一支力量。但他们终究是一支正在消亡的力量,将让位给正在壮大的大工业的产物——组织在工厂和大型工作场地中的近代无产阶级,因此他们的斗争也将随着他们自身的消亡而消失。

第二章
阶级意识的形成

从第一章的研究中可以看出：原先在制造业工人中占绝大多数的两个类型——手工工匠和外作工，在工业革命的过程中其经济地位发生了巨大变化。一方面，他们遭受绝对贫困化的严重威胁，生活水平日益恶化；另一方面，他们的人数又不断地减少，社会重要性日趋削弱。工业革命迫使各行各业都先后依照工厂制的原则组织起来，"独立"的小生产极难维持立锥之地。这样，工业革命之前曾存在的不同工人类型，随着工业革命的发展却有合一的趋向——向工厂工人转化了。各行业转化的时间尽管有先有后，彼此可相差几十年，但转化的过程几乎都是一样的，即工人丧失独立性，而直接为工业资本生产利润，成为单纯的工具。于是，原先按不同方式组织在不同行业中的劳动者，现在由于共同的经济地位（受资本的直接雇用）和共同的经历（无产阶级贫穷化）而产生了不同于其他社会集团的共同利益，并由此组成阶级，这一点当然没有疑问。列宁曾说，阶级是由于各个社会集团在"一定社会生产体系中所处的地位不同，对生产资料的关系……不同，在社会劳动组织中所起的作用不同，因而领得自己所支配的那份社会财富的方式和多寡也不同"①。列宁给阶级下的这个定义，就是从人们的经济地位这个角度来谈的。

但单是经济利益的一致性还不足以形成完整意义上的阶级。马克思在分析法国大革命后的小农时说："既然数百万家庭的经济条件使他们的生活方式、利益和教育程度与其他阶级的生活方式、利益和教育程度各不相同并互相敌对，所以他们就形成一个阶级。由于各个小农彼此间只存在有地域的联系，由于他们利益的同一性并不使他们彼此间形成任何的共同关系，形成任何的全

---

① ［俄］列宁：《伟大的创举》，参见《列宁选集》（第4卷），北京：人民出版社，1975年，第10—11页。

国性的联系,形成任何一种政治组织,所以他们就没有形成一个阶级。"① 很显然,要形成一个阶级,既要有基于共同"经济条件"上的"相同生活方式、利益和教育程度",又要有"彼此间"的"共同关系",有"全国性的联系",有自己的"政治组织"。总之,仅有"利益的同一性"是不行的。在阶级形成的过程中,人们必须首先认识到这种共同利益的存在,从而联合起来,团结起来,通过政治的手段把自己表现出来。只有这样,才能说在完整的意义上形成了阶级。因此,阶级自我意识形成的过程在阶级的形成中就具有特别重大的意义。第二章就准备从这个角度来考察工业革命时期的英国工人阶级。

---

① [德] 马克思:《路易·波拿巴的雾月十八日》,参见《马克思恩格斯全集》(第 8 卷),北京:人民出版社,1961 年,第 217 页。马克思的这个思想在《共产党宣言》(Communist Manifesto)中也有所表达,书中说,工人的"这种团结由于大工业所造成的日益发达的交通工具而得到发展,这种交通工具把各地的工人彼此联系起来。只要有了这种联系,就能把许多性质相同的地方性的斗争汇合成全国性的斗争,汇合成阶级斗争"。马克思、恩格斯把这叫作"无产者组织成为阶级"[《马克思恩格斯全集》(第 4 卷),北京:人民出版社,1958 年,第 475 页]。可见,无产者并不因其经济地位相同就自然形成阶级。这个思想后来显然没有得到足够的重视。

一、文　化

工业革命时期,通过遍布全国的慈善学校(Philanthropic Schools)、主日学校(Sunday Schools)等,劳动人民有可能接受最低限度的教育。这类学校主要是靠慈善募捐或地方公款开办的,虽说常由宗教团体主持,但收费低廉甚至不收费,为劳动人民提供了接受教育的机会。比如有一所慈善学校对学生来源做如下规定说:"他们必须是劳苦但正派人家的子弟,因贫困或其他原因舍此校而无他处可接受教育。"[①]1800年前后,仅伦敦附近就有179所慈善学校,可见其分布之广。主日学校只在星期天开课,目的就是让平日必须以劳动持家帮助父母的儿童学一点文化,其旨意十分明确。除此之外,还有大量的日学(Day Schools)和女私塾(Dame Schools),都是些星罗棋布又时隐时现的私办学校。这些学校除向劳动人民传授知识外,更重要的是它们的教学大权往往掌握在劳动人民手中。因为任何一个失业工人或残疾工匠,只要识几个字,又能找得到学生,就都可以开办一所"学校"。比如当过店员的威廉·布朗,退伍后找不到工作,就在四乡流浪、乞讨为生。后来他在别人启发下"写了个招生广告,贴在集市上,弄了块木板,写上'威廉·布朗学堂'这几个字,挂在窗户上。……不久,我就有

---

① Eric Hopkins, *A Social History of the English Working Classes*, 1815－1945, p.70.

16个学生了"①。造船工汤姆森也曾回忆说："我办了个学校,这没什么好大惊小怪的。人人都能当教员。人得活下去,办学堂不过和干别的一样罢了。"②即使是教区办的学校,教员也往往是有一点文化的劳动人民。机工伍德就记得他最初上的一个半日制小学是设在水车坊的入口处,因此,那个"找来教书的穷老头"必须一边上课一边照管水车坊,"把洗捣器和大木桩上那个沉重的木槌从呢料堆里踩出来"。③ 学校教师都很穷,矿工洛夫在教书时虽然有40个学生,"但教识字我每周顶多只收1便士,教写字顶多1个半便士,所以工资少得可怜,收入很糟"④。学校的设备当然就更差了,洛夫的学校大概是设在一个谷仓中,里面放些方桌板凳;"布朗学堂"更不像样,一张床几块板,晚上睡觉白天当凳子,学生就在这里上课。因为买不起纸,沙盘往往是习字的簿本;由于缺乏师资,大一点的学生教小一点的学生几乎是普遍的事。就连略微正规一点的教区学校也不例外。鞋匠出身的宪章派邓宁就回忆说："朗读还算可以的孩子被指定去教较小的或低班的孩子,我就是其中的一个,因此几乎没有时间去学算术和写字,更没有时间学语法或地理了。"⑤尽管如此,这些学校却向工人子弟提供了学习文化的唯一机会;没有这些学校,工人阶级的文化水平要普遍低得多。

但更重要的是,这些学校向工人后代提供了某种形式的阶级教育。由于教师来自工人,国家又没有统一的教学要求和考核标准,工人开办的学校就很容易超脱于统治阶级的思想控制之外,而滋生出一种劳动人民的思想感情。许多工人运动的积极分子就是在这种学校里接受阶级意识的初

---

① William Brown, *A Narrative of the Life and Adventures of William Brown*, York, 1829, p.121.
② Christopher Thomson, *The Autobiography of an Artisan*, London, 1847, p.207.
③ Thomas Wood, *The Autobiography of Thomas Wood*, Leeds, 1956, p.7.
④ David Love, *The Life, Adventures and Experience of David Love*, Nottingham, 1823 - 1824, p.14.
⑤ Thomas Dunning, "Reminiscences", in David Vincent, ed., *Testaments of Radicalism: Memoirs of Working Class Politicians, 1790 - 1885*, London, 1977, pp.119 - 120.

步洗礼的,无怪乎罗彻斯特主教要在1800年指责这些"披着慈善学校和主日学校的外衣",实际上却是"雅各宾叛乱的学校"和"无神论、叛国罪的学校"了。①

的确,作为历史的特殊产物,工业革命时期的英国存在着一个游离于国家控制之外的工人阶级教育体系。这在很大程度上是由统治阶级自己造成的。由于"自由放任主义"盛行于世,国家被排斥出一切经济活动;教书既然是一种"职业"、一种谋生的手段,当然就不受政府的干预。由于这种情况,洛夫或汤姆森才可能随随便便地开办一个"学校";也正是这种情况,使一批阶级性很强的工人学校得以存在。这些学校无论其质量如何差、水平如何低,终究是造就了一批能独立思考、会读书写字、不受统治阶级"正统"思想浸染的劳动工人,为培养工人阶级的自我意识做出了贡献。这种情况只是后来才被逐步掌握了政权的资产阶级(middle classes, bourgeoisie)意识到的。因此,1832年改革后辉格党(Whigs)政府开始给某些特定的学校拨款,到19世纪50年代形成了政府控制的国立学校网,这才使资产阶级在初等教育中取得了优势。不过这已是后来的事了。

在一切工人中,手工工人曾占有文化上的优势。这首先是因为他们在经济上曾有过优势,有力量让自己的子女接受教育。其次,他们可以自由支配工作时间,不一定像工厂工人那样一天干十几个小时,还要受严格纪律的约束。因此,一个上了几年学、学会读书写字的工匠,只要有志于学习,总可以自学下去。比如说,一个起先在丝带厂做工,后来到手工作坊织天鹅绒,最后因机器的逼迫不得不又回到工厂去的人,对手工业中较好的学习条件就深有感触。他说:"我发现织天鹅绒很适合于动脑筋——比过去的工作适合多了。织丝带时,工人须同时照管许多丝带,每一条都需要他专心看顾。但织天鹅绒时他自己更能掌管活计,而且只要照看一块料。

---

① Eric Hopkins, *A Social History of the English Working Classes*, 1815–1945, p.72.

因此,只要有好丝而且使用得当,活计就几乎成为机械性的了,很少会打断思路。"在这种情况下,"有些织单丝的工人干活时就在面前放本书看"①。另外一个手织工法里什也说:"我踩动织机时常在身旁摆本算术书和一块石板、一支笔……专心做习题。"②很显然,一个在隆隆的机器旁操作、随时都有可能被切掉手指的工厂工人,是不能这么干的,更不要说在十几个小时的劳动后精疲力竭地回到家哪怕能看一点点书了。此外,有证据表明在女工比例高的地区,文盲率也相应地高。比如说,直至 1846 年奥德姆地区还有 84% 的女工是文盲,而当时在各种纺织厂工作的成年男工只占工人总数的 22.25%。这样,工厂工人在文化上的劣势就更明显了。至于农业工人和仆从,只要给两个数字就能说明问题。其一是 19 世纪中期能够在结婚证书上签字的工匠和小贩,是农工和仆佣的两倍;其二是在 140 本当时工人的自传中,作者受教育最少的一个是仆人,另一个是农工的儿子。这恰好印证了 1838 年一段关于农业工人文化素质的描述:

> 他们活着时是强健有力的牲畜,从小长大,就世代学着扶犁耕地,赶车牵牛,以至最终承受男子的一切重负,长成个扛大活的庄稼汉。他在这段时期中一直学种田,但决不学其他。……后来他长大了,去干活了,头脑简单而无知,辛劳终日不知苦,简直像头拉车的老黄牛。工匠在抽烟吃饭时还会看份报;但乡巴佬呢……他不看报,即使看了也认不得;假如东家念给他听,十之八九会听得打瞌睡。说实在的,他一点兴趣也没有……③

显然,在如此状态下是很难意识到自己的社会存在的。可以设想,最先意识到这一点的人,必定是那最早摆脱了文盲的黑暗的人。

---

① J. A. Leatherland, *Essays and Poems*: *With a Brief Autobioghraphical Memoir*, London, 1862, p.12.
② William Farish, *The Autobiography of William Farish*: *The Struggle of a Handloom Weaver with Some of His Writings*, London, 1889, p.45.
③ J. F. C. Harrison, *The Early Victorians*, *1832-1851*, London, 1971, p.39.

但到工业革命末期,工厂工人的文化劣势逐渐改变了。这一方面是因为一系列的工厂立法(特别是1833年以后)缩短了工时,并规定对童工进行强制教育;另一方面也因为生活水平略见好转,一部分工人开始分享工业革命带来的成果。此外,大量手工工人加入工业无产者的队伍,也给他们增添了活跃的文化因素。与此相对应的,则是手工工人的急剧衰落,工作强度成倍增加,他们接受教育或进行自我教育的机会反而少了。但手工工人的衰落是在一代人的时间里完成的,而这一代人又恰恰是文化修养较高的一代,具有独立思考的能力。因此,经济状况越是恶化,就越逼迫他们去思考,去寻找恶化的原因。正是在这种探索中,他们逐步认识了自己,发现了自己,形成了清楚的阶级意识,从而在工人阶级的政治斗争中站到了前列。

但这种探索是艰苦的,它需要在知识的追求中不辞劳苦。很显然,主日学校的那一点东西是不足以认识世界的,要寻求真理,他们必须学得更多。曾当选为全国宪章派协会(National Charter Association)执委会委员的约翰·J.贝策(John J. Bezer)幼时曾在主日学校学了15年,但后来他回忆这段漫长的年华时怅然发问:15年中"我学到了什么呢?不错,书是读得挺流利了,但仅此而已;直到3年前,我还一点算术都不会,连名字都写不出","我在主日学校学的还不如在新门监狱里学得多"。① 所以,要多学点东西,就必须在自学的阶梯上奋力攀登。

可以说,所有工人出身的领袖,都曾这样攀登过;一切工人运动的积极分子,也都曾沿着这条路奋发向前。学习的条件是艰苦的——根本谈不上有条件。没有课堂、没有教师、没有时间、没有书本;更困难的是,他们是体力劳动者,他们必须辛劳谋生。他们要在艰难的谋生中省一块面包去买一本书,少一点休息去看一份报;当别人回家与妻儿谈笑时,他们却点起一根

---

① John James Bezer,"The Autobiography of One of the Chartist Rebels of 1848", in David Vincent, ed., *Testaments of Radicalism: Memoirs of Working Class Politicians*, 1790-1885, p.157.

烛，钻进低矮的阁楼挑灯夜读；当别人去酒馆消磨时光时，他们却捧起一本书，避开喧闹的人群埋头细看；有时他们饿着肚皮，惺忪着睡眼，却以读书为最大乐趣；他们经常忘记疲劳和筋骨的酸痛，却把学习当作休息。他们这样做，需要的是毅力，是坚持不懈的意志。正如著名的工人激进派（Radicals）、彼得卢大会的组织者之一塞缪尔·班福德（Samuel Bamford）所说："若不能律己，岂可持家？若不能持家，岂可治国？"[1]正是在如此高度使命感的召唤下，工人中的先进分子才能克服重重困难，孜孜不倦地在求知的征途上披荆斩棘。班福德自己就是这样。当他给一个花布印染商当仓库管理工时，"因为只有春秋两季是真正的旺季，一年中的其他时候我间或会有相当的空闲。这时，假如我能弄到一本值得看的书，我就坐在打包房里小隔室的桌子旁，埋头念书。正是在这里，我有机会读了许多书，而这些书我以前只不过听说过而已"[2]。宪章运动的著名领袖、鞋匠出身的托马斯·库珀（Thomas Cooper）更是废寝忘食，他的记叙最令人感动，因此虽然长一点，仍转录如下：

> 工作日早上，无论3点还是4点起床，我的第一件事就是读历史、学外语或者做翻译，直到7点钟我去铺子时才停止。吃早饭时拿本书或杂志，就又能看上半小时了。1点到2点的午饭时间，我又有半小时，有时还是一小时，可以读书学外语——经常是把饭菜切成小块，手里拿把调羹边吃着，眼睛却始终盯着书看。我干活干到晚上8点，有时到9点，然后，不是读书，就是在小小的房间里踱方步，一边背诵《哈姆莱特》，或现代诗人的诗歌，直到筋疲力尽了，不得不去睡觉——要知道，当我坐着干活时，几乎整天都是在轻声背诵的——不是背文化变化，就是记造句用词，要不就是背欧几里德定律、《失乐园》、《哈姆莱

---

[1] Patricia Hollis, ed., *Class and Conflict in 19th Century England*, 1815–1850, London, 1973, p.274.

[2] Samuel Bamford, *Early Days*, London, 1849, p.280.

特》和近代的与现代的作家的诗句。①

对"激进裁缝"弗朗西斯·普雷斯(Francis Place)来说,失业是摄取知识的大好时机。失业的8个月中,他看了"许多卷关于历史、旅行、政治、法律和哲学方面的书,读了亚当·斯密和洛克的著作,尤其是休谟的随笔和论文",这些书"使我受益匪浅,否则我是决不会像这样扪心自问、深思反省的,它奠定了我日后成功的基础,满足了我追求知识的热望"②。而在工人出版家詹姆斯·沃森(James Watson)看来,监狱则是安心学习的上等学校。"在坐牢的12个月里,我饶有兴味地阅读了吉本的《罗马帝国衰亡史》、休谟的《英国史》和其他许多优秀作品——比如说,莫斯海姆的《教会史》,我读后颇有感受。倘若我以前不会独立思考,这最后的一本书也足以把我教会了……书读得越多,我就越感到自己的不足。"③

除自学外,工人们还自发地组织读书会互教互学,这在成年工人业余教育中发挥了很大作用。排字工史密斯在回忆他们成立读书会的经过时说:"一天下午放假,我在克里夫顿多石的野地里漫步时,碰到一个年轻人……他建议我参加一个7人俱乐部,当时他正一心想把它办起来,以为互助提高之用。……他的打算是租一间房子,每星期花三个半先令,房间里放上些书报纸墨,每个人尽其所能出钱出力。"史密斯立刻答应参加。不久,俱乐部成立了,"我们在这里一年聚会近300夜,读啊,谈啊,争论啊,还写小散文,直到时钟敲过了11点。不来的人要受罚,从罚款中拿出钱来,奖励写得最好的文章"。④ 这些组织不仅向成年工人提供了继续学习的机会,而且在启发工人的自我意识方面也成效卓著。宪章派著名领袖威廉·

---

① Thomas Cooper, *The Life of Thomas Cooper*, London, 1875, p.59.
② Francis Place, *The Autobiography of Francis Place*, Mary Thale, ed., Cambridge, 1972, p.119.
③ James Watson, "Reminiscences of James Watson", in David Vincent, ed., *Testaments of Radicalism: Memoirs of Working Class Politicians, 1790-1885*, p.111.
④ C. M. Smith, *The Working Man's Way in the World: Being the Autobiography of a Journeyman Printer*, London, 1853, pp.14-15.

洛维特(William Lovett)就曾说过:"第一次促使我探求知识,并为我现有的一点点学问打下基础的,是我被引进一个小小的文化团体,名叫'自由者协会'……它主要由工人组成,每星期交一点会费,用来办一个图书馆,书在成员间交流,……政治问题也在会里被讨论,以致把我的注意力引向政治著作,最终使我对议会辩论和现实问题产生了极大的兴趣。总之,我的心灵仿佛被唤醒,达到一个新的精神境界;新感情、新希望、新抱负在我胸中荡漾,我把每一点空闲都用来追求某种有用的知识。"① 这就是洛维特投身政治的开始。

关于什么是"有用的知识",工人阶级和资产阶级有截然不同的解释。洛维特自传的全名为《威廉·洛维特在追求面包、知识和自由过程中的生活与斗争》。这相当概括地表达了工人阶级对"有用的知识"的看法。诚然,有些人追求知识是为了"日后的成功",即在社会的阶梯上爬到中等阶级的行列中去,如"激进裁缝"普雷斯后来那样。② 但更多的先进分子,他们追求知识,则完全是为了寻找苦难的根源,探求工人解放的道路。他们因为没有面包而追求知识,追求知识是为了自由。班福德清楚地记得,在他小时候,妈妈去看他那个嫁了个阔佬的亲姨妈时,姨妈对自己的姊妹粗言冷语,视同奴仆,在佣人房中接待她,还在暴风雨中把她赶回家。"这些事想起来好像是昨天。有一次她从那'贵妇人'的府邸回来,脱去湿透的鞋帽,换下滴着水的外套,肘膀靠在窗台上,手撑下巴,两眼望天,泪水顺着指缝流下来。"母亲的眼泪在他幼小的心灵中留下了贫富对立的最初印渍,"它使我憎恨一切邪恶——以我的整个幼小的心全力憎恨——同时又使我怜悯苦难。这是一种媒介,它在我心中唤起两种最强烈最持久的冲力——

---

① William Lovett, *The Life and Struggles of William Lovett in His Pursuit of Bread, Knowledge and Freedom*, London, 1876, pp.34 - 35.
② 详见第 142 页。

正义和同情"①。另一位工人运动的积极分子法恩更是明确地说:"我十分肯定,由目睹父母的苦难而引起的忧心,是使我长期地、真诚地、迫切地,我还要说忠诚而无私地致力于改进工人阶级状况的主要动因。"②基于这种认识,洛维特曾代表伦敦工人协会宣布说:"知识的闸门已经打开,全世界的暴君们曾用它阻挡洪流。我们已尝到知识的甘露,无知和谬误已经过去;我们已知道我们受到了不公正的待遇,感到了身受的奴役。虽说现在还没有力量解放自己,然而我们的解放将依赖这种知识在各国工人阶级中的传播程度,依赖这个过程的有效成果:它将引导我们认识自己在社会上的真正地位——引导我们了解,作为财富的生产者,我们有最先的享受权……"③杰出的宪章运动领袖、优秀的工人思想家布朗台尔·奥布莱恩(Bronterre O'Brien)用更明确的语言宣告:"对工人有用的唯一知识,是增进其不满的知识,是使他们成为不称职的奴隶的知识,这就是我们要教给他们的知识。"④可见,幼年班福德心中朦胧的不平,到成熟的洛维特和奥布莱恩时,已成为清楚的阶级对抗的意识了。

资产阶级的概念却完全不同。新兴的工业资产阶级也提倡传授知识,这与贵族托利党(Tories)人有所区别。但他们第一要求工人有一定的文化知识以适应大生产的需要,第二要求工人安天乐命不威胁现存的秩序。他们的"有用的知识"因此也就带着鲜明的阶级色彩。曾经在辉格党的改革内阁中当过大法官的亨利·布鲁厄姆(Henry Brougham)就有过非常精辟的论述。在谈到科学的作用时,他说:"它使人们在本职工作中更熟练、更内行、更有用,靠这种工作人们挣得面包,并且使得面包在挣来时更有价值、更香甜。"有了科学知识,处于生产第一线、整天与机器打交道的人就会

---

① Samuel Bamford, *Early Days*, pp.6, 39.
② John C. Farn, *The Autobiography of a Living Publicist*, 1857.
③ William Lovett, *The Life and Struggles of William Lovett in His Pursuit of Bread, Knowledge and Freedom*, p.98.
④ *The Destructive*, June 7, 1834.

成为"世界上最适合做出发明制造的人"。他还说,科学能陶冶工人的哲学修养和提高工人的艺术鉴赏水平,并且能够"从单纯的知识中汲取欢乐,而不顾及其肉体的享受"。① 总之一句话,就是知识能使工人忘记尘世的痛苦而追求精神的安乐,把全副精力投入到"本职工作"中去创造更多的财富。在他们看来,知识的作用与宗教无异。在布鲁厄姆的倡导下,中等阶级名流们在1826年成立了"有用的知识传播会"(The Society for the Diffusion of Useful Knowledge),这个团体后来和辉格党政府关系密切,其成员中有大法官、财政大臣、商务大臣等达官要人。1832年,该会开始发行《一便士杂志》(Penny Magazine),向工人提供"趣味的""实用的"知识。比如,蝴蝶的翅膀有多少种不同花纹,10个先令如何持家,等等。资产阶级还在"技工学校"(Mechanics' Institutes)这个成人教育机构方面和工人进行激烈争夺。技工学校最初是由工人首创,旨在对成年工人进行业余教育,相当于现代的"职工夜校"。1823年,伦敦成立了"伦敦技校"(London Institute)。不久,布鲁厄姆就开始插手。首先是否决了造船工人领袖约翰·格斯特(John Guest)提出的在工人中募款办校的主张,使其财政权旁落。然后,又在1825年把讲授"工人阶级政治经济学"(Working Class Political Economy)的托马斯·霍奇斯金(Thomas Hodgskin)赶下讲台,由布鲁厄姆亲自开讲亚当·斯密和李嘉图的学说。可见,和学童教育一样,资产阶级在成人教育中也与工人阶级进行了激烈的争夺。工人中的先进分子对此曾百般揭露,玛丽莱本的一个工匠就曾在一次集会上说道:

人们在运用知识时对知识的理解大不相同。布鲁厄姆这帮人把知识说成是一种荣誉,是对国王和国王之下那些大大小小的当权者们的服从。他们说:"你们可以学点应用科学嘛,但只能是用来使你们成为更好的奴仆。"这是一种狭隘的观点。而我们的看法则建立在众

---

① David Vincent, *Bread, Knowledge and Freedom*, London, 1981, pp.142-144.

所周知的事实之上。技工学校并非想教授最有用的知识,而只是教一些对不劳而获的人有利可图的东西。在我看来,我们应该让工人们去追问一下他们的劳动果实是如何被人用狡诈贪婪的手段偷了去的。知道了这一点就知道了真理,这样,要不了多久就能获取……幸福和大同。①

由于工人阶级的强大宣传,直到宪章运动结束为止,资产阶级的争夺都不是很成功。一份托利党的杂志在1834年就这样讽刺说:

> 教育家的整个体系建立在错误的基础上……他们以为自己津津有味的东西旁人也一样感兴趣。以为培根、牛顿和洛克可以在劳动人民中有效地抑制肉欲的诱惑或犯罪的刺激。……但人类的多数却躲开这些干瘪的话题,而跑到办报人和杜撰小说家那里去,去听他们辱骂上司、攻讦教会或痛斥政府;这些咒骂因财产的不均而大大抚慰着他们的心……②

确实,在这份托利党杂志中以讥讽的口吻提到的"办报人和杜撰小说家",在培植工人阶级的自我意识方面曾有过重大贡献。19世纪初,英国政府对报纸征收重税,目的一方面当然是贴补财政开支,但更重要的是垄断知识,不让劳动人民了解世界。从1815年起,报纸每份抽税4便士,广告税每条3.5先令,纸税每磅1.5—3便士,这使每张报纸的售价至少达7便士,相当于中等水平工人收入的1/4,当然是超乎工人购买力之外的。工人们因此称之为"知识税"。但"知识税"可以被规避,办法是把文章以小册子的形式付印,而不把它叫作"报纸"。1816年,著名的激进派威廉·科

---

① Richard Johnson, "'Really Useful Knowledge': Radical Education and Working Class Culture, 1790-1848", in J. Clarke, C. Critcher and R. Johnson, eds., *Working Class Culture*, London, 1979, p.85.

② Patricia Hollis, ed., *Class and Conflict in 19th Century England, 1815-1850*, pp.334-335.

贝特率先发行《政治纪事》(Political Register)大众版,售价2便士,专为工人疾声请命,深受工人欢迎。1819年所谓的"六项钳口令"将这种做法也禁止了,工人们于是不得不直接去与法律对抗。早期的英雄是锡匠出身的理查德·卡莱尔(Richard Carlile),他创办的《共和报》(The Republican)锋芒毕露,矛头直指法律,战斗性很强。他入狱后,他的妻子和妹妹又相继办报,相继入狱;当卡莱尔一家都被捕后,他店里的工人又顶上来,前仆后继,绝不屈服。卡莱尔的斗争赢得全国的广泛支持,人们不仅筹集捐款,为他缴纳罚款、偿付保释金,挫败政府企图靠经济手段迫使卡莱尔破产的策略,各地还涌现出150名志愿者,自愿为他销售报纸。这一家人连同店里的学徒帮工和各地帮手络绎不绝地被捕入狱,总共坐了200年牢,居然把牢底坐穿了!1824年起,政府停止对他们的起诉;《共和报》如同熊熊的火炬,经久不息。

1830年起,工人阶级发动了声势更浩大的"无印花之战"(Battle Against the Stamp Duties),这次的主帅是亨利·赫瑟林顿(Henry Hetherington)。赫瑟林顿是裁缝的儿子,幼年时给第一个发表议会记录的著名书商卢克·汉萨(Luke Hansard)当学徒,自小就深受言论自由的熏陶。后来他当过印刷工、书贩,自己还开了印刷所。他非常重视工人阶级的教育问题,因此当1823年伦敦技校成立时,他是最早的发起人之一。1830年夏,威廉·卡宾特(William Carpenter)开始发行《时政信刊》(Political Letters),售价4便士,打响了无印花之战的第一枪。秋天,赫瑟林顿以卡宾特为榜样创办《人民的一便士报》(People's Penny Papers)。和《时政信刊》一样,《人民的一便士报》只是一封封互不连续的致某某公开信,如致乔治国王、威灵顿公爵或坎特伯雷大主教等等。名为公开信,实是借题发挥,针砭时事,议论政治。卡莱尔已在1826年停止发行《共和报》,这时他继赫瑟林顿之后又开办《鼓动者》(Prompter)报。由于这些报纸都热情鼓吹工人阶级的选举权,因此自诩以改革为己任的辉格党政府上台后,立刻将这三个人加上科贝特一起交付审讯,各判罚款。这次审判后,赫瑟林顿干脆把《人民的一便士报》改成正式的报纸,称为"贫民卫报"(The Poor Man's Guardian)。大标题之下,在"知识就是力量"的格言旁,还加了个醒目的副标题:"一份为检验'以权压理'有多大能耐而'非法'出版的人民周报"。如此鲜明的旗帜,无疑是对政府的正式挑战了! 但这还不够,在创刊辞中,他竟一一列举他准备触犯的那些法律:"《贫民卫报》……将刊载'新闻、消息和时事'及'有关的评论和意见''议论教会和国家事务',坚决地'煽动对本国依法建立的……政府和宪法的仇恨与蔑视',并'诽谤宗教的陋弊'……"(请注意:凡单引号中所引的字句都是对言论出版自由进行压制的各项法律的条款原文)赫瑟林顿气吞山河地英勇宣战,揭开了英国工人运动史上新的一页。他公开宣布《贫民卫报》是"愚氓和穷人的报纸",把出版自由看作"我们一切权利的巨大保障,通往自由的锁钥",表示将为工人阶级的解放事业战斗到底。① 他这样说了,也这样做了。在此后的 4 年中,他 3 次被判刑,坐牢共 2 年。在不坐牢的时候,他"被追得从一个地方跑到另一个地方,像头野兽;为了看看家人或通个音讯,不得不使尽浑身的解数"②。但《贫民卫报》坚持下来了,其发行量达到 1.5 万份;相比之下,资产阶级最有影响的《泰晤士报》发行了 1 万份,而其他著名报纸如《晨报》《旗帜报》等都只有几千份。

为发行《贫民卫报》,赫瑟林顿用尽了心机。政府一开始用逮捕报贩,对被捕者罚款、判刑等手段进行镇压,企图斩断《贫民卫报》的手脚。赫瑟林顿针锋相对,立刻在第四期上刊出"招聘启事":

> 现急需数百名失业贫民,其一无所有已使冒险成无谓之言;亦急需相当数量之天涯沦落人,其凄苦之状已令监狱成安身之所。凡无视

---

① *PMG*,July 9,1831.
② H. R. F. Bourne, *English Newspapers*, Vol.2, London, 1887, p.58.

可憎暴君强加于受奴役、受压迫人民之可憎法律,愿向贫苦愚昧之辈出售《贫民卫报》之英国爱国者,实不啻有机会以诚实有道之方获安身立命之所,且博取同胞之无限感激之情耳!①

他同时宣布,将对因卖报而身系囹圄的人发放经济补贴。这一招很灵,成百上千的报贩源源而至,完全不顾政府逮捕。由于不能使用一般报纸的发行网,赫瑟林顿曾三度出游各地,建立了南、北、中三条线,形成强大的销售网,使《贫民卫报》传遍全国。政府于是在进出伦敦的大道上设卡堵截,赫瑟林顿则把报纸藏在马车夫的坐垫下,裹在小媳妇走娘家的包袱里,装在包好的鞋盒、茶叶箱内,甚至放在棺材里抬出城去,以至一时间人们大为疑惑:棺材卖得那么快,出殡的丧礼却极少见!赫瑟林顿为这一切承受了极大的牺牲。有一次,一个富有的主顾见到他的铺子里堆满未售完的报纸,便提出若他放弃《贫民卫报》,自己愿赔偿一切损失,并保证此后给他招揽大量的生意,让他发财,但赫瑟林顿坚决地拒绝了。他的斗争精神获得了人民的高度敬仰。用一个友人的话来说:"他是我们中最勇敢的人,他可以舍生忘死;但对于事业和原则所赋予他的职责,他却从没有也决不会掉以轻心。"②赫瑟林顿不愧是工人阶级的英勇斗士。

在1830—1836年的6年间,伦敦和各地总共出现近600份无印花报,其中重要的有威廉·本波(William Benbow)主编的《人民论坛》(*The Tribune of the People*,1832),卡莱尔编辑发行的《鼓动者》和《挑战者》(*Gauntlet*,1833),卡宾特的《时政信刊》和《卡宾特伦敦日报》(*Carpenter's London Journal*,1836),约翰·克利夫(John Cleave)与沃森合作的《工人之友》(*Working Man's Friend*,1832),克利夫的《人民治安公报》(*People's Police Gazette*,1883),赫瑟林顿发行的《贫民卫报》和《毁灭》(*The*

---

① *PMG*, July 30, 1831.
② H. R. F. Bourne, *English Newspapers*, Vol.2, p.55.

Destructive，1833，都由奥布莱恩主编)，理查德·李(Richard Lee)主编的《人报》(Man，1833)，等等。各省城也有一批地方报纸。全国有成千上万的人卷入这场战斗，他们绝大多数是手工工人。比如卡莱尔的代销人在埃克塞特的是剃头匠，在巴恩的是鞋匠，在亚茅斯的是皮匠，在哈德斯菲尔德的是织工，在麦克尔斯菲尔德的是制帽工。在伦敦，销售各种无印花报的人中，更有看仓人、丝织工、家具工、小商贩，等等。领袖们更是如此，如本波是鞋匠，卡莱尔是锡匠出身，克利夫当过水手，赫瑟林顿是学徒起家，奥布莱恩幼年贫困，李是手工印刷工。这些都显示了无印花之战的阶级渊源。4年中，800多人被捕判刑，更多的人被拘留监禁而不加审讯。为营救这些受害者并维持其家庭生活，1831年7月设立了"受害者基金会"，由洛维特担任书记。募集的资金约1/3来自"工人阶级全国同盟"(The National Union of the Working Classes)组织的集会，1/3来自全国各地的其他工人政治团体，其余1/3来自私人捐款。据政府说，每一个被捕者每坐1天牢，就可以得到1先令坐牢费；出狱时还可以拿到10先令津贴。[①]

多数被捕者表现得英勇不屈。麦克尔斯菲尔德的一个制帽工在1819年曾因出售"煽动性"小册子被判4年半徒刑；1831年，他因出售无印花报而再次受审。当法官问他为什么再犯时，就有了下面这段对话：

> **被告**：是这样的，先生，我已经失业好久了，也找不到工作，我一家都在挨饿。……但更重要的原因是，我为同胞的利益而卖报，让他们看清楚议会根本不能代表他们……但愿人人都知道自己上当了……
>
> **法官**：住嘴！
>
> **被告**：不！但愿人人都能看到这些报纸……
>
> **法官**：你太傲慢了，为此要罚你在纳茨福德劳改院监禁3个月，去做

---

① Patricia Hollis, *The Pauper Press*, London, 1970, Ch. 5; "Prosecution".

苦工。

被告：我一点都不感谢你。不过，出来后我还要再卖。而且，当心点，第一份要卖到你家大门口……①

没有群众的支持，无印花之战是不能胜利的。每当一份无印花报遭到迫害时，其销售量就立刻大增。1831年赫瑟林顿被捕时，《贫民卫报》光早晨就销出5 000份，到晚上全卖完了还供不应求。1835年，他和克利夫的报纸被查收后销售量立刻扩大一倍，以致第二天就无报可卖了。1834年夏，政府将赫瑟林顿提交财政部法庭审判。出乎意料的是，伦敦大陪审团宣告赫瑟林顿无罪开释，《贫民卫报》取得了合法地位。此后，无印花报的发行量更大了。有人估计，到1836年，伦敦最大的六家无印花报每周共发行20万份。而根据一般的推算，每份报纸至少可以有10—20人阅读或听别人朗读。出于这种形势，政府不得不于1836年9月把报纸印花税降为1便士，无印花之战大获全胜。

洛维特在写他的自传时说，无印花报标志着"一种新的、公然为千百万大众服务的文化第一次在英国大地上出现，其有益影响至今仍在发扬光大"②。且不论洛维特本意如何（他强调的是工人阶级在"道德"上的进步），这个说法却是千真万确的。无印花报鼓吹工人阶级的权利，宣扬工人阶级的解放，为团结、教育工人群众发挥了无可估量的作用。它培养了一大批工人运动的坚强骨干，为宪章运动准备了基本队伍，像洛维特、卡宾特、克利夫、奥布莱恩等都是后来宪章运动的著名领袖。连无印花之战的基本群众，也都是宪章运动的积极分子。其中如当年赫瑟林顿店中的小伙计G.朱利安·哈尼（G. Julian Harney），后来成为宪章运动的后期领导人。特别重要的是，报纸在揭露资本主义剥削本质、探索工人阶级贫困根源、提

---

① E. P. Thompson, *The Making of the English Working Class*, New York, 1966, p.732.
② William Lovett, *The Life and Struggles of William Lovett in His Pursuit of Bread, Knowledge and Freedom*, p.63.

出改造社会的各种方案方面做出了大量有益的尝试,从而把工人阶级思想理论推进到一个新的高度。① 正因为如此,弗里德里希·恩格斯(Frederic Engels)在《英国工人阶级状况》(The Condition of the Working Class in England)中曾说,工人阶级自己创造的"期刊和小册子,就内容来说,远胜于资产阶级的一切书刊"②。没有无印花之战,就不会有工人阶级普遍的政治觉悟,也就不会有宪章时期大规模的群众运动。从这个角度说,没有无印花之战就没有宪章运动。由此可见,说宪章运动仅仅是个"面包问题"就是极不全面的了。

面对工人阶级的无印花之战,资产阶级也办起自己的"无印花报",《一便士杂志》就是这种类型。由于工人政治热情浓厚,这类"知识性"的杂志吸引不了他们。资产阶级又先后办起《历史报》(Historical Newspaper)和《报纸指南》(Companion to the Newspaper)等,专门宣讲资产阶级的政治、经济、法权和历史观。1834年,他们还成立了"政治知识传播会"(The Society for the Diffusion of Political Knowledge),在布鲁厄姆的指导下专门对工人进行工作,他们的报纸自然是不受"印花税法"约束的。1832年,一个地方官在判处一个出售《贫民卫报》的青年监禁一个月时竟然说:"街上有那么多书刊可卖,他可以借以谋生又不必担风险,比如说,可以去卖《一便士杂志》……"对这种法律的不公正就连资产阶级的《检查官报》(The Examiner)也感叹:"实在太糟了!……我们搞不懂为什么《贫民卫报》就应该受镇压,而《一便士杂志》就可以不受惩罚地违法走私,还可以被法官推荐成是较好的走私品!"③尽管资产阶级组织了强大的反攻,其效果却并不理想。1835年,有人在教育委员会作证时说,这些报刊对工人来说"不合口味;倘若有什么东西向他们宣告,说他们受到了损害、受到了虐待,

---

① 特别是奥布莱恩,详见第96—99页。
② 《马克思恩格斯全集》(第2卷),北京:人民出版社,1957年,第529页。
③ The Examiner,June 17,1832.

那他们就一定要如饥似渴般去阅读的"①。《一便士杂志》终究挡不住《贫民卫报》的凌厉攻势。

恩格斯在谈到工业革命时期英国工人的文化素质时说：

> 我常常碰到一些穿着褴褛不堪的粗布夹克的工人，他们显示出自己对地质学、天文学及其他学科的知识比某些有教养的德国资产者还要多。阅读最新的哲学、政治和诗歌方面最杰出的著作的几乎完全是工人。这一事实特别表明了英国无产阶级在取得独立的教育方面已经有了多么大的成就。②

请注意"独立"这两个字——我们前面的研究完全证实了这一点。既然工人阶级在求知的荒原上已辛勤开拓，可以指望从他们中会产生出丰硕的理论成果。拿今天的观点看，这些理论当然不是完美的无产阶级解放理论，从中可以挑剔出许多的弱点。然而，正是这些理论，记载着工人阶级在寻求解放的道路上留下的艰苦足迹，重现了他们自我意识的发展过程。没有这种长期不懈的探索和自我意识的表露，马克思主义是不可能产生的。当《资本论》最终产生时，它表达的已不是一个人的头脑的思索，而是工人阶级在认识世界和认识自我的过程中所达到的高级境界。我们研究马克思以前的工人理论，并肯定它们的历史地位，就是为了说明这一点。我们不能指望马克思主义作为一种工人阶级世界观仅仅从资产阶级理论体系吸收养料，而对工人阶级中丰富的理论探索不闻不问，无动于衷。马克思主义的来源，应该是和英国工人阶级的早期理论与实践休戚相关的。

---

① Patricia Hollis, *The Pauper Press*, p.142.
② ［德］恩格斯：《英国工人阶级状况》，参见《马克思恩格斯全集》（第 2 卷），第 528 页。

二、理　论

当工人阶级还处在混沌初开、意识蒙眬的时候，托马斯·潘恩（Thomas Paine，1737—1809）是他们的启蒙导师，《人权》（*Rights of Man*）给他们投下了理性的光辉。

托马斯·潘恩出生于诺福克郡一个贫穷的教友会家庭。教友会普天平等的思想从小就给了他深刻的影响。的确，在英国新教各派中，教友会最能够表达劳动人民的思想感情。潘恩小时候上过学，后来到伦敦当学徒，出于偶然的机遇认识了皇家科学院的一个院士，接触到许多知识。后来，他当过船索制造工、地方收税员和小学校教员。这些职务使他熟知社会底层的生活，阅尽人间艰辛，深感社会不平。18世纪60年代，当下层人民开始有要求平等的愿望时，他参加了一个读书会性质的俱乐部，开始接受启蒙思想。1774年，他在富兰克林的介绍下来到美洲，为美国独立立下奇功。他的《常识》（*Common Sense*）已是人所皆知的世界名著，他的名声也响遍了新旧大陆。因此，当他在1790年回到英国时，他已经是个相当成熟的革命家了。就在这时，他开始写《人权》。

《人权》于1791年问世，第二年潘恩又补写了第二部分。从形式上看，《人权》是对埃德蒙·伯克（Edmund Burke）攻击法国大革命的直接回答①,但其中的内容远远超出了这个范围。

潘恩是个民主主义者,他以"人权"为武器,捍卫主权在民的思想。他说:"在社会中,人权不可分割、不可转让,也不可消灭,而只能代代相传,任何一代都无权打破和切断这个传统。"在他看来,所谓"人权",最主要的就是人民决定自己的政治制度的权利:"主权作为一种权利只能属于国民,而不属于任何个人;一国的国民任何时候都具有一种不可剥夺的固有权利去废除任何一种它认为不合适的政府,并建立一个符合它的利益、意愿和幸福的政府。"从这一点出发,他提出"光荣革命"之所以好,是因为当时的人民行使了这个权利,推翻了一个暴君,而不是像伯克声称的那样,为子孙后代创立了永恒不变的政治制度。光荣革命的发动者并没有权利去剥夺后世人自行选择政府的权利,因为"政府是为活人而不是为死人服务的,所以,只有活人才对它有权"。这样,从"天赋人权"出发,潘恩就为政治制度的改革提供了基本的理论武器。"只有通过每个国家对自己的政府进行改革,整个世界才能得到改善,从而享有改革所带来的充分利益。"可见,潘恩的学说首先是变革的学说。②

潘恩又是个共和主义者,他说:"任何一个政府,如果不按共和国的原则办事,或者换句话说,不以公众的利益作为其独一无二的目的,都不是好政府。"但他认为,共和的名称只是个形式,民主才是实质。荷兰和波兰都自称共和国,实际上都是贵族制。革命后的法国虽然保留着国王,但它实行了代议制(Representative System)。因此,看一个国家是不是民主,不看它叫什么名称,而看它有没有实行代议制。"共和政府是为了个人和集体的公共利益而建立和工作的政府。它无需同任何特定的形式相联系,但是

---

① 伯克于1790年写了《法国革命感想录》,对法国革命(The French Revolution)大肆攻击,全面肯定英国的政治制度,否定人民主权,提出由光荣革命(The Glorious Revolution)奠定的一切绝不能更改,从而为以后半个世纪中畅行英国的保守主义提供了理论大全。
② Thomas Paine, *Rights of Man*, London, 1979, pp.67, 146, 165, 239.

它很自然地同代议的形式结合起来,因为代议制最适合于达到国民要付出代价来支持的目标。"①潘恩的这个说法显然与法国革命当时(1792年)的发展阶段有关,因为他是在为法国的事态进行辩护。但这样一来,潘恩的共和主义就可以与不要求触动国王和上院、只要求改革下院实行人民代表权的政治设想和平共处了。这就说明了为什么时隔许久,仍有那么多议会改革派奉他为先祖,即使他们不反对君主制。

潘恩的代议制是彻底的民主制,这在《人权》中表现得相当清楚。在另一篇文章中,他说得更加明白。他说:"代议制政府的唯一真实基础是权利的平等,选举中一人一票,不能更多。"他反对按财产资格规定选举权,说一旦以财产的多寡作为选民的标准,那就无异于"拥有这些财产的人联合起来排斥没有这些财产的人"。但有财产不等于有美德,无财产不等于品行低;相反,财产往往是奸诈的证据,贫穷往往是无辜的表现。如果把财产作为选民的标准,那就更应该把取得财产的手段当成选举的资格。社会不应当只保护财产,更应当保护劳动,因为劳动就是大多数人民的唯一的财产,劳动创造了一切。对劳动人民来说,"选举议会代表的权利是其他一切权利赖以得到保障的基本权利。取消这个权利即把人变为奴隶"②,很显然,这是在为劳动人民说话、为劳动人民伸张权利了。

但假如仅此而已,潘恩就只不过是个激进的民主主义者罢了,谈不上是工人阶级的启蒙师。他的特别之处,是把民主共和思想建筑在对社会贫困的分析上,把民权和产权联系起来,试图探讨其间的关系。这样,他就跳出了"天赋人权"的狭小圈子,而升华到一个更广阔的空间。

翻开《人权》,处处可以看到他对贫苦人民的深切关注。他一再大声疾呼,要人们注意泛滥成灾的贫穷和无知。这使人们感到,当他在写作时,心

---

① Thomas Paine, *Rights of Man*, p.200.
② Thomas Paine, "Dissertation on First Principles of Government", 1795, in Philip S. Foner, ed., *The Complete Writings of Thomas Paine*, New York, 1945, pp.577 – 581.

中想着的一定是劳苦大众。他说:"当我们在号称文明的国家中看到老年人进济贫院、年轻人被绞死时,政府制度就一定是出了毛病。这些国家从表面看,似乎一切都是幸福的;但是在一般眼光观察不到的地方,却有那么多苦难的大众,他们除了在贫穷或屈辱中死去外,别无其他出路。"他哀叹:"在所谓文明的国家中,有一大部分人却生活在贫穷和不幸之中,处境远远不如印第安人。"既然如此,贫穷的原因又何在呢?潘恩说,是税收:"今天,一个有妻子和两三个儿女的男劳工,每年纳税不下七八镑。……由于捐税至少拿走了他一年收入的1/4,结果他就养不活一家人,特别是他自己或家中任何人生了病的话。"英国在赋税的重负下残喘,"在所谓现存的宪政下,英国每人要纳税48先令6便士,大人小孩都一样,总共将近1 700万镑,为数达100万以上的征税费用还不算在内"①。但在英国这样一个富庶的国家中,既然民政费用很少,各地开支又无需由中央政府负担,甚至连"国家的内部防卫费也不由国库支付",那么,这么多税收都用到哪里去了呢?潘恩说,是国王、贵族和贿赂成风的下院耗尽了民脂民膏。在他看来,国王只不过"意味着一年100万镑收入的挂名职位,其任务就是拿这笔钱";"君主制百般盘算,就是要达到这个目的。君主制是政府的教皇制度,一种用来逗弄愚人、叫他们乖乖交税的手段";"贵族院的唯一用途……无非是要逃避地产税,而把负担转嫁给它本身受影响最小的消费品"。此外,贵族还通过各种挂名的公职领取干薪,"一个贵族阶级加给国家的负担,数目几乎同贫民的救济费相等"。至于下议院,它更是贿赂公行、鲜知廉耻的场所:"这种类型的政府的动力是必须行贿……它非收买理性不可。"总之,"国家的财力都浪费在国王、宫廷、附庸、骗子和娼妓身上,连那些衣食无着的穷苦人也不得不去支持那种压迫他们的欺骗行为"。国家那种哀鸿遍野、饿殍满目的凄惨现象,就是由此造成的;如果能把这些

---

① Thomas Paine, *Rights of Man*, pp.216, 233, 240, 262.

钱都省下来花在穷人身上,那就能"铲除"社会的"一切弊害,并改善除宫廷之外的每一个人的生活条件"。这就是潘恩对贫困根源的基本分析。①

从以上这些话可以看出:第一,他认为权利的分配决定财富的分配,不平等的财产权是由不平等的政治权造成的;富人有权能抽税,富人抽税而致富。按照马克思主义的观点,这显然是本末倒置的说法,原因和结果弄倒了。第二,既然权利决定财富,那么贫苦人民就应该首先争取政治权利,建立起民主的代议制政府,然后用这个权利去消灭贫穷。第三,当他说政府各种机关都仅仅是为税收而存在时,他实际上是把社会分为两个阶级,征税的阶级和被征税的阶级(贵族和人民)。这当然不是什么新发明,而且资产阶级也是反对贵族税收制的;但当他把税收与贫困联系在一起时,他代表的就不是为发展工商业而反对贵族垄断的资产阶级,而是在为手工工匠和工资劳动者说话了。他实际上是在对劳动人民说:你们贫困是因为纳税,之所以纳税是因为无权。因此,要想摆脱贫困就必须取得权利,而要想取得权利就必须改变不合理的政治制度;但要想改变不合理的政治制度就必须首先控制议会,因为议会的法律能决定一切;而要想控制议会则必须取得普选权(Universal Suffrage),因为只有取得普选权,才能使没有财产的劳苦大众都得到平等的政治权利;而一旦占全国人口绝大多数的劳动群众都取得选举权时,他们就能控制议会,就能够保证国家的政权为自己谋利了。可见,潘恩在《人权》中提出的,就是此后几十年中工人阶级要求改革的全套理论。正因为如此,工人激进主义(Working Men Radicalism)把潘恩看作理论上的开山鼻祖。

除了解释贫困的根源,潘恩还提出消灭贫穷的方法,这就是在人民掌握了立法权、建立起代议制政府后,通过立法手段取消苛捐杂税,设立累进所得税,用对富人的征税推行社会福利计划,解决贫穷问题。他提议给穷

---

① Thomas Paine, *Rights of Man*, pp.162-163, 216, 240, 246, 250, 251.

人的孩子每人每年4镑生活费,直至15岁;给50岁以上的穷苦老人6镑养老金、60岁以上的穷苦老人10镑养老金;为130万穷人子弟开支教育费;穷人妇女每生一个孩子发给1镑津贴;穷人夫妇结婚可领取1镑补助;开办工场,为到首都来寻找工作的穷人安排临时就业;发放复员军人津贴费;取消长子继承权;给客死他乡的穷人提供安葬费;等等。很显然,这简直就是20世纪"福利国家"的蓝图!他还特别指出,"需要赡养的是农民、普通工人、各行各业的工匠和他们的妻子,水手和退伍士兵,年老力衰的男女仆人以及穷苦的寡妇"①。因此,他的这个计划的阶级倾向是相当明显的。当然,在这个计划中,很少或几乎没有社会主义(Socialism)成分,更谈不上所有权公有的共产主义因素。但在欧文主义(Owenism)出现之前25年就提出的这个方案,对受苦受难的劳苦大众来说,无疑是一部美妙的福音。通过这个方案,潘恩第一次把政治改革的要求和劳动人民的切身利益联系起来,在英国历史上第一次向劳动人民指出了进行政治斗争的必要性。也正是因为这一点,早期的工人运动把《人权》视为自己的政治启蒙教科书。

《人权》在英国工人思想史上有深刻的影响。不仅在18世纪末人民运动的高潮中,《人权》作为工人激进派的必读之书在英国广泛流传;而且直到宪章运动时,工人们还在不断重复潘恩的说教。② 他关于社会分为贵族和人民的看法,关于税收是贫穷的根源的分析,关于劳动人民有天赋权利管理政府的论点,关于政治权利将改善穷人的经济地位的理论,等等,直到工业资本主义已相当发展时,还在宪章运动的理论家们那里时隐时现。这

---

① Thomas Paine, *Rights of Man*, p.264.
② 有人在谈到宪章运动时期苏格兰的手织工时说:"手织工为摆脱苦难而提出的最主要的解决办法是普选,这不是说他们以为给每个人一张选票这件事本身能改进他的环境,而是因为他们非常普遍地相信普选权是通向目标的手段,没有它就不能解除他们深深抱怨的疾苦,不管这些疾苦是真实的存在还是凭空的想象。"参见 Kenneth D. Brown, *The English Labour Movement*, New York, 1982, p.99.

样就提出一个问题:《人权》代表的究竟是什么人?应该说,《人权》代表的是工业革命时期工人阶级的重要组成部分——手工工人。在潘恩的思想中,赋税和贫穷的关系是问题的核心,共和主义、民主主义、政治权利和政治斗争等全都是围绕这个基本分析而展开的。如果承认"存在决定意识"是一个马克思主义的基本原理,那就会发现,在当时独立的或自以为"独立"的手工工人看来,他们受剥削的根源是沉重的税收,他们的压迫者是国王和贵族,他们每日的辛苦所得,都纷纷落入税收的罗网,终年操作劳苦,却不能满足妻儿的温饱,而造成这万恶的税收制度的,却只是一纸议会的法案。因此,很自然地,他们把万恶之源归咎于议会,而这个议会,在当时又只是地主贵族的一统天下。由于"独立地"从事生产,他们是不受工业资本的直接压榨的,因此,他们也就不能理解工厂制剥削,不能理解资本主义社会的症结所在;要他们看出资本是剥削和压迫的根源,这几乎是不可能的事。正因为这样,潘恩的赋税致贫论对于手工工人来说,简直是千真万确的事。其实,潘恩的学说反映了工人阶级最初的意识水平,是和他们当时的现实经济地位十分相称的。潘恩的赋税致贫论后来随工业革命的深入发展而逐渐过时,被一种新的"反资本主义经济理论"(即"工人阶级政治经济学")所取代,而这个过程,又和手工工人的衰落过程相一致。历史可以证明,不管给潘恩这个人怎样定性,说他是什么阶级的什么派,他的《人权》,却的确是被早期的英国工人阶级主要是手工工人当作自己的理论来接受的。实际上,不能把潘恩的《人权》和资产阶级激进主义混为一谈,因为资产阶级激进主义是在有了产权的基础上要求政权,而工人激进主义是想通过取得政权来要求产权,二者间其实有本质的差别。《人权》提倡的是后者,它是工人激进主义最早的呼声。

在潘恩和"工人阶级政治经济学"之间,还有几个值得一提的人物。首先,是科贝特。

科贝特肯定不是工人阶级思想家,但他在工人中有很大的影响。1816

年,他首先发行 2 便士一份的大众报纸,这是对工人阶级进行大规模宣传活动的开始。科贝特的祖先都是长工,但他父亲靠俭省开了酒店。他自己从小就下地种田,给人帮工,只是靠主人的藏书才识了一点字。后来他去当兵,被派往加拿大,然后在美国定居。法国大革命时,他竭力为英国的制度辩护,写小册子咒骂法国,因此很得英国政府的赏识。他 1800 年回国后,就在政府资助下办报。但他很快就和托利党政府吵翻了,由保守派一变而为激进派,成为自由主义(Liberalism)的头号旗手。2 便士的《政治纪事》便是他政治上的转折点,从此他开始为工人阶级说话。从他的这些经历可以设想,他的思想中会带有某种农民意识和保守主义的倾向,而这正是他最大的弱点。他一生中的最惊人之举是把潘恩的遗体从美国盗到英国,当作圣物让激进派朝拜。但后来尸体又被弄丢了,以致直到现在无论是美国还是英国都无法为潘恩竖碑立冢。

科贝特的思想反映在他的《政治纪事》中,共 88 卷。但他的思想却不成体系,而是就事论事,忽左忽右。不过在这些杂乱无章的政论中,有两点却贯穿始终:第一是攻击"腐败的旧制度",第二是追悼"快乐的英格兰"。"腐败的旧制度"是指光荣革命后开始的政府依靠贿赂控制议会多数实行政治统治的方法。"快乐的英格兰"则是他想象中昔日那种"一匹马三头牛,老婆孩子热炕头"的小康农民生活。这两点对手工工人有特殊的吸引力,因为:第一,他们都认为沉重的赋税是压在头上的主要大山,亟望结束"腐败的旧制度";第二,他们都和土地有千丝万缕的联系,渴望回到昔日那不受重税压榨、"独立"进行生产的"快乐的英格兰"去。因此,当科贝特热情地喊出"我希望看到英国的穷人像我出生时那样生活"[①]时,他受到真诚的欢迎。

有一点应引起注意,即严酷的事实曾使他看到,社会正越来越向两极

---

① George Spater, *William Cobbett: The Poor Man's Friend*, Cambridge, 1982, p.191.

分化："我们正日益变得只有两个阶级存在了——主人及其鄙贱的从属。"①因此，他的矛头不再只对准贵族，而是说："我们没有新的要求，我们只要求祖先所享有的东西，即那些被股票经济人、争权夺利者、皮特之流和棉业大王们拿走的东西。"②这说明尽管他竭力往后看，时代的变迁终究把他向前推进了一步，发现"人民和贵族"的划分已经不能解释世界了，他的矛头已开始指向资产阶级。但他强烈反对有组织的行动，主张大家都单枪匹马地去与"暴政"战斗。

继《政治纪事》之后，在工人中有巨大影响的报刊是《黑矮人》(*The Black Dwarf*)，其编辑是工人出身的 T. J.伍勒(T. J. Wooler,1786—1853)。伍勒是约克郡的印刷工，年轻时参加读书会，阅读了激进的报刊，因而受到激进思想的影响。他极力主张工人阶级进行有组织的斗争，说"那些责备结社的人要么是不知道他们能做什么，要么是什么也不想做"③。这显然是针对科贝特的。在《黑矮人》的号召下，北方工业区掀起组织工人政治团体的高潮，最终导致了彼得卢事件(Peterloo Massacre)的爆发。但伍勒只主张公开的合法的活动，认为这是挫败政府密探的唯一方法。在社会结构方面，《黑矮人》上曾刊登过这样的话："支持现存制度的人希望人民的劳动果实只由少数富人来享受，温和改革派希望这个果实由较多的富人来享受，而激进改革派则希望人民自己来享受。"④这段话的意思是：第一，权利的分配决定财富的分配，这显然是在重复潘恩的观点；第二，社会上有三种人，其物质利益各自不同。因此，"阶级"这个词虽然没有被明确使用，但至少利益集团是存在的，而且很明显这三个集团分别是指贵族、中等阶级和劳动人民（主要是工人）。这个看法基本上反映了19世纪初社会阶级结构

---

① E. P. Thompson, *The Making of the English Working Class*, p.759.
② D. C. Somervell, *English Thought in the 19th Century*, London, 1957, pp.35 - 36.
③ *BD*, September 9,1818.
④ *BD*, July 28,1819.

的客观现实。

除科贝特和伍勒外，还有卡莱尔。卡莱尔是潘恩的忠实信徒。他曾说："潘恩之对于政治和神学，一如欧几里德之对于几何学。正像欧几里德的名字将永垂于光辉的几何学一样，潘恩的名字将永远和代议制政府连结在一起……潘恩奠定的政治制度不需要任何补充，也没有留下任何改进的余地；我们可以放心大胆地追随他前进，但舍此之外将没有其他的阳光大道。"他说潘恩"是人类的救星，伟大的再生之父。我因自以为是他的学生而感到自豪，因能尽力使他的著作更广泛地流传于世而骄傲"①。正因为如此，卡莱尔在战后率先翻印潘恩的《人权》和《理性时代》这两本书，并为此身陷囹圄。但他显然把潘恩的结论看作教条了，而忘记了结论所由之得来的出发点。他是个彻底的共和派，认为共和就是一切，一切为了共和；而不像潘恩那样灵活，把消灭贫困和建立社会平等看作目标所在，政府的形式并不那么重要。他又是彻底的无神论者，公开摒弃一切宗教；但又不像潘恩那样讲究策略，在谈论政治问题时故意回避宗教分歧，以免引起改革派分裂。但一个公开宣称自己既是共和主义者又是无神论者的人，在当时既是王权又是神权的英国，其勇气确实非凡。特别是他的无神论，更超出潘恩自认的自然神论之上。他曾公开地说："我把基督教看成是一种神话，现在它滑稽可笑，其起源和发展则粗鄙残酷。"他要人们在科学和神学间做出选择："你要么承认你的智力之所及能够使你理解那无所不在的运转力，这种力与其说给予自然以规律，不如说就是自然之本质；你要么就坦白地说，现时的或往昔的一切宗教，在现在或过去都只是偶像尊崇和虚伪的膜拜。在我看来，这一切都起自那虚幻的概念，膜拜者把这个概念叫作

---

① R. Carlile to Joseph Brayshaw, February 20, 1821, in a broadsheet printed and published by M. A. Carlile, London, 1821, p.7.

神。"①他指责基督教:"除了引起倾轧和屠杀外一无影响,它形成后所发生的每一次战争,几乎都打着基督教的旗号。基督教是暴君的庇护所——是民族毁灭的根源,是通向科学的障碍!"②因此,在宗教问题上,卡莱尔大大地超过了潘恩,代表着工人阶级意识形态的另一发展方向。

另外两个有特色的工人思想家,一是约翰·韦德(John Wade),一是托马斯·斯彭斯(Thomas Spence)。

韦德是分毛工出身,1818—1819年间以编辑《女怪》(The Gorgon)闻名。他的特点是企图把功利主义学说引进工人阶级理论,在功利主义中寻找工人权利的基础。他说:"普遍功利是社会唯一的最终目标,一切自然的或习惯的权利若与之相对,都决不能认为其正当或有效。"既然社会的最终目标是"最大多数人的最大利益",那么,究竟是哪些人构成这个"最大多数"而国家的政策必须为之服务呢?这就必须对社会结构做一个分析。韦德说,社会分为两大阶级:一是"寄生阶级",二是"生产阶级"(productive classes)。"寄生阶级"包括由神俗显贵组成的"上层等级"和由政教官员组成的"中层等级"。"生产阶级"则是指一切从事实际生产的人,既包括各种专业人才和企业老板,也包括"那些通过劳动而增加社会基金的人,如农人、工匠和劳工等",而且这些人对社会来说更重要,因为主要是靠了他们的劳动,才能创造社会的财富。韦德说:"在四种主要工业中,即棉、麻、毛、铁四业中,也许原材料平均下来占不到其价值的1/10,其他9/10都是由织工、纺工、染工、铁工、刀工和其他几十种工人劳动创造的。"这样,在"生产阶级"中,实际上就包括两个组成部分了,即资本和劳动,而劳动更重要。于是,从功利主义出发,韦德把自己的思想不可避免地引向某种政治经济学。但韦德的政治经济学是混乱的,上面这段话就表明他的"劳动价

---

① R. Carlile to the Rev. W. Wait, February 12, 1821, in a broadsheet printed and published by M. A. Carlile, London, 1821, pp.12 - 13.
② *The Republican*, February 4, 1820.

值论"还拖着条 1/10 的资本小尾巴。在工资问题上,他曾说工资和利润互为消长,工资提高了,就会"把资本挤出那个工业部门",因而对劳资双方都有损害——这是典型的正统政治经济学。但几个月后,他说一切事实都表明工人的联合可以阻止生活状况的恶化:"工人的境遇一点都不取决于主人的繁荣或利润,而取决于工人有多大的力量去为他们的劳动开列——不,索取一个高昂的价格。"也就是说工资取决于"工人结社"的程度,因此这是在表达工会主义(Trade Unionism)的看法。但再过 16 年,到 1834 年,他又退回到正统政治经济学上去了,说什么"劳动是一种供出售的商品(按:这还有一点近于真理)……因此商业的一切原则,凡适合于买主和卖主的,也一样适合于工人和雇主。工资像价格一样(按:这也有一点近乎真理),必须由市场的自由竞争来决定"①! 所有这些都说明,工人阶级理论家曾经在政治经济学方面混乱到何种程度!

  无论是科贝特还是伍勒,卡莱尔还是韦德,不管其思想有何种差异,有一点却始终和潘恩一脉相承,即都认为产权来自政权。在这一点上,斯彭斯独树一帜,最正确地解释了财产权和政治权之间的相互关系。托马斯·斯彭斯(1750—1814)是潘恩的同时代人,1750 年出生在泰恩河畔的纽卡斯尔。父亲是织网工,后来贩卖五金器具。他自己给人当过簿记员;之后又当教员,办过一个学校;最后到伦敦谋生,靠开书亭度日。从 1795 年起,他就不懈地宣传自己的土地计划(Land Plan)。他把土地公有的主张印成传单,写成墙报,四处散发。但他的宣传并没有效果,他活着时默默无闻;他死后,才由其信徒们扬出名来——倒不是因为传播他的学说,而是由于他们自己的活动——激进主义运动史上最大胆的一次密谋尝试。②

  但斯彭斯的思想的确闪烁着天才的光辉。他比潘恩高明得多的,是他

---

① E. P. Thompson, *The Making of the English Working Class*, pp.771-773; Patricia Hollis, ed., *Class and Conflict in 19th Century England*, 1815-1850, p.44.
② 即卡图街密谋(Cato Street Conspiracy),详见第 194—196 页。

认为财产是权力的基础,单纯的政治权利并不能帮助穷人摆脱贫困,在生产资料公有之前将没有真正的平等可言。他把财产公有叫作"真正的人权"。1775年,他以此为题第一次表达了公有制思想:"土地财产权和人民的自由在自然状态下必然平等,对这一点应当说很少有人会愚不可及地去否认的。既然如此,那么任何一个国家,在正常情况下当然是人民所共有,其中每一个人都拥有平等的地产,拥有用这份地产上的动物、植物和其他出产去为自己和家人谋取生存的完全自由。"在另一篇文章(《斯彭森尼亚叙事》)中,斯彭斯更清楚地表达出私有制是一切压迫的根源:"根据自然法律,土地私有制要么合理,要么不合理。它的不合理性从它所造成的不正常的压迫后果中表现出来。假如一切暴政和劣治都是从土地的垄断制产生的,那土地垄断制就一定是暴政的源泉;纵观历史就会看出,一切国家的政府过去是,现在也还是掌握在土地所有者手中。因此,如果人民希望自己掌握政府,他们就必须首先把土地拿过来。"①

在这个前提下,斯彭斯开列出他的救世良方——土地公有计划。他的土地公有制是一种教区集体所有制。教区以全体居民的名义占有土地,但不得买卖。教区的土地可以招标出租,教区向租种者收取地租。地租收入中一部分用来修路造桥,开办学校,设置医院和图书馆,照管病人及失业者,以及其他种种社会福利事业;其余的款项则在教区一切居民中平分,无论男女老少,一律平等。在这种公有制的基础上,教区将成为国家的基层组织,由全体居民共同管理。教区居民大会是最高的权力机构,此外每个教区还有权向全国代表机构派出一名议员,由全体居民普选产生。中央政府只拥有国防、仲裁、协调等几项极有限的权力,其他社会职能全部由教区执行。② 可见,从生产资料公有出发,斯彭斯推导出一个完全平等的理想

---

① H. T. Dickinson, ed., *The Political Works of Thomas Spence*, Newcastle-upon-Tyne, 1982, pp.1,32.
② H. T. Dickinson, ed., *The Political Works of Thomas Spence*, all pages concerning.

社会。这和潘恩从平等权利出发去争取生活资料的公平分配,恰恰是反向运动。为实现这个计划,斯彭斯希望理性能教导各教区居民自觉地接管土地,实现土地公有化;但当人民已准备好时,应该有"几千个热情坚定、武装精良的人,由指定的军官领队,有一个由忠诚、坚定而有知识的人组成的委员会作为临时政府来指导他们的行动,实现既定的目标",由这些人来制定革命的策略,把旧国家在一夜之间改造过来,而万一贵族进行反抗,就"把他们连根铲除"。[①] 因此,在斯彭斯的思想中,含有暴力革命的因素。

毋庸多说,斯彭斯代表的是一种前工业社会的农业社会主义(Agrarian Socialism),在他的理想国中根本就没有工业的地位。但假如把他关于"土地私有权"的提法换成"生产资料私有制",那他关于"土地垄断制是暴政的源泉"的理论不就相当可取了吗?因为只要这样一改,就非常接近于马克思关于推翻资本统治的学说了。斯彭斯本可以给后世带来巨大影响的:一方面,主张革命的先锋队有可能从他的"土地公有"和"革命临时政府"的思想中吸取灵感;另一方面,他的救世良方中如果把"土地"换成"机器"、把"教区"换成"行业",那简直就和后来的"基尔特社会主义"(Guild Socialism)一模一样了。但可惜的是,他的理论没有能传播开来,他的著作也很快就被忘记了,他的思想像一颗明亮的火花,在长夜中倏忽一闪,很快就湮灭在无边的黑暗之中。

19世纪20年代是工人阶级意识发生重大转折的时刻。机器的隆隆声终于把往昔的沉梦从现实中惊醒,潘恩的"赋税致贫论"不再能解释世界了。工人阶级若不提出一种新的理论说明他们受苦的根源,他们便不能在新的世界上立足。于是,一种被叫作"反资本主义经济理论"的工人阶级政治经济学,在时代的呼唤下应运而生。它的最杰出的代表是托马斯·霍奇斯金。

[①] H. T. Dickinson, ed., *The Political Works of Thomas Spence*, pp.36-37.

霍奇斯金是个海军军官,参加过拿破仑战争,还在25岁时就因为触犯军纪而退出了现役,靠半薪的年金打发余生。1823年,他参加《晨报》的编辑工作,开始接触工人运动。几乎在同一时候,他与别人合办了一份《技工杂志》(Mechanics' Magazine),以此为基础,开始筹建技工学校。他是伦敦技校的最初发起人之一。伦敦技校成立之后,他主持该校的政治经济学讲座,用深入浅出的语言向工人讲授政治经济学。不过,他的政治经济学不是风靡当时的李嘉图学说,而是针锋相对,他提出了一套为劳动申诉、反对资本的工人阶级学说。1825年,他把他的讲稿发表在《技工杂志》上,这就是著名的小册子《反对资本、为劳动辩护》(Labour Defended Against the Claims of Capital)。这本书和威廉·汤普森(William Thompson)的《财富分配原理探索》(Inquiry into the Distribution of Wealth,1824)一起,是最早用工人的眼光来看待资本与劳动的关系,而对李嘉图学说加以系统批驳的开创性著作,为工人阶级政治经济学打下了最初的基础。

在《反对资本、为劳动辩护》中,霍奇斯金一开始旗帜就非常鲜明,他在全书的第一句话就是:"现在,劳资冲突正在全国各地激烈进行,……但迄今为止,绝大部分有影响的报刊书籍都站在资本家一边。……因此,提出一些有利于劳动的论点去反对资本,这就是本书出版的主要动机。"[①]因此,他的书的阶级性质相当清晰。霍奇斯金把他的立论主要建筑在劳动价值论的基础上,而这一点也是大卫·李嘉图的基本出发点之一。但他批评李嘉图等人在肯定了劳动是一切价值的源泉后,又把资本分离出来,使它成为一个独立的因素,让它和劳动对立,并且把资本说成是劳动得以维持下去的必要条件,从而把政治经济学变成了为资本辩护的教条。为驳斥这种理论,霍奇斯金从分析什么是资本着手,首先分析了流动资本。据资产阶级经济学家说,在工人开始劳动之前,必须有一笔流动资本,以商品货物

---

① Thomas Hodgskin, *Labour Defended Against the Claims of Capital*, London, 1922, pp.21 - 22.

的形式储存在那里,为工人提供衣食住行。没有这批存货,工人就无法生存,劳动也就无从开始。因此,没有流动资本就没有生产本身。霍奇斯金说,这种说法是完全错了。世界上有几个资本家,会在开始生产前先给工人准备好衣食住行呢?全国的资本家阶级,难道是先预备好一个星期的食品,然后才开始招工用人的吗?这显然很荒唐,即使资本家愿意这样做,也不可能这样做,因为绝大部分的食品都是在临吃之前,才由工人的劳动最终完成而供吃食的,根本不可能存放一星期之久。工人之所以能够从事各种劳动,只是因为他知道当他在从事某种劳动时,别人正通过其他的劳动为他准备吃食,他可以用自己的劳动(工资)去换取面包。因此,维持工人劳动的,不是流动资本,而是其他人同时的劳动,工人们知道:"当我们正在生产别人需要的东西的时候,别人正在生产我们需要的东西。"总之,是劳动在维持工人的劳动,全体工人相互依存,而那个关于"一批储存着的货物",即"流动资本"的神话,根本就不存在。既然如此,资本家凭什么来雇用工人呢?霍奇斯金说:"只是凭了他手中能够支配的一些人的劳动,而不是拥有一批存货,资本家才能维持并进而雇用其他工人。"[1]也就是说,对别人劳动的支配权,是资本主义雇佣制的秘密所在。

接下来,他分析了固定资本。据李嘉图等人说,资本家在生产中投放了资本,提供了机器和生产工具,因此有权获得产品的一部分,而且是主要的部分。霍奇斯金问道:这是凭什么呢?难道提供了固定资本,就可以不劳而获,而且获得主要的份额吗?然而作为固定资本的机器和工具,它们本身是死的,不能生产价值,更不能生产利润;只有在工人手中,也就是与工人劳动相结合后,才能进入生产过程。但在这种生产过程中,原先积聚在机器中的过去的劳动逐渐被消耗了,这些过时的劳动并没有产生新的价值,因此,"固定资本的实用性并非来自过去的劳动,而是来自现在的劳动;

---

[1] Thomas Hodgskin, *Labour Defended Against the Claims of Capital*, p.52.

固定资本并不因其被储存而带给所有者一笔利润,而是因为它是取得对劳动的支配权的一种手段"①。此外,铁匠生产犁是因为他知道农人会提供粮食;农人生产粮食是因为他知道铁匠会提供犁;犁作为工具之所以被生产出来,是因为它可以交换粮食。由此可见,机器和工具并不是资本和劳动的共同产物,而仅仅是劳动本身的产物,"一切固定资本,不仅在开始时……而且在社会的每个阶段,在人类历史的每个时期,都只是劳动与技能的产物,当然是各种不同的劳动和技能的产物,但仅此而已,绝无其他"②。这样一种由劳动和技能创造出来的东西,本来是人利用自然力战胜自然的表现,现在却被说成是一切劳动果实的唯一创造者,"工人的技能和技巧不见了,工人自己被说得一文不值,他亲手创造的东西则成了崇拜的对象",这一套荒唐的理论由政治经济学家们创造出来,没有其他目的,仅仅是为了"说明现存社会制度的合理性"③。

霍奇斯金进一步指出,流动资本和固定资本用以增加生产的方式不同,二者差别很大。然而尽管如此,"相同数量或相同价值的这两种不同类别的资本,却给其所有者带来同样多的利润"。从这个现象出发,霍奇斯金得出了本书最重要的结论:"资本家因使用了固定资本而声称应得的产品份额,不是从增加了生产效益的工具中得来,也不是因使用了这些工具而得到,在这两种情况下,利润都来自资本家对工人的权利,这些工人消耗流动资本,而使用固定资本。"④也就是说,利润来自对工人的剥削。霍奇斯金说,正是这种剥削使资本家致富。资本家作为资本的所有者,站到了生产粮食和生产衣服的人中间,站到了生产工具和使用工具的人中间,他既不生产又不使用,却在交流双方产品的过程中只拿出一部分给另一方,而

---

① Thomas Hodgskin, *Labour Defended Against the Claims of Capital*, p.55.
② Thomas Hodgskin, *Labour Defended Against the Claims of Capital*, p.56.
③ Thomas Hodgskin, *Labour Defended Against the Claims of Capital*, p.66.
④ Thomas Hodgskin, *Labour Defended Against the Claims of Capital*, p.70.

把绝大部分给自己留下。因此,一个工人在得到一双鞋或一个面包前,"他必须在超出自然所要求的劳动量之上,给资本家一个大得多的劳动量",他必须支付农场主的利润、商人的利润、工厂主的利润……以及整个资本家阶级的利润,这个利润率,可能是他本人所需的劳动量的六倍!① 整个资本主义制度,就是建筑在这样一个剥削工人的基础上的。"正是资本(追求利润)这样一个压倒一切的本性,在社会法律的支持下,在人类惯例的支持下,再加上立法机关的支援和政治经济学家热情的卫护,才造成并将永远地维持工人的贫困与苦难。"②因此,从劳动价值论出发,霍奇斯金得出了资本的剥削是苦难的根源这样一个正确的结论,而且霍奇斯金的探索已开始触及这种剥削的关键——剩余价值(surplus value)了。然而正是在这里,他未能向前推进一步,最终发现不了资本主义剥削的秘密所在。正如他自己承认的那样,资本家"是如何取得"对工人的权力的,"对此我暂不考察,而只想说这种权力是从全国到处取得的"③。而正因为发现不了剩余价值的秘密,他的理论,无论其如何天才,终未能发展成工人解放的科学理论。

尽管如此,霍奇斯金却是第一个全面阐述资本主义是一种剥削,资本是剥削的手段的人。他给"流动资本"和"固定资本"所下的定义,实际上是在向马克思的"可变资本"和"不变资本"靠近。他关于工人的超额劳动是一切利润的源泉的论断,已非常接近剩余价值论原理了。他还认为,财产权的基础是阶级的对立,政权在任何时候都只是统治阶级的经济权力在政治上的表现,这就把从潘恩开始的头尾倒置的理论再颠倒过来了。而且,他的学说,在更大程度上反映了标准的工资劳动者——近代无产者的社会存在现实。这些工资劳动者虽然不一定是大机器生产的工厂工人,却也不

---

① Thomas Hodgskin, *Labour Defended Against the Claims of Capital*, pp.75-77.
② Thomas Hodgskin, *Labour Defended Against the Claims of Capital*, p.80.
③ Thomas Hodgskin, *Labour Defended Against the Claims of Capital*, p.70.

是自以为"独立"的手工工匠。所有这些，无疑都曾给马克思相当大的启发，因而马克思在《资本论》中，曾多次提到过霍奇斯金。然而也正因为他主要是代表了一个正在形成中的阶层，那个未臻成熟的工业革命的产儿——工厂工人，因而他特别不相信政治斗争，预言人民将对政治失去兴趣。他所开列的救世良方是工人阶级独立的教育加上工人普遍的联合，即组成工会。这些，对正在从事政治斗争的手工工人来说，是不能同意或觉得不够的；而因为他未能阐述剩余价值的科学理论，他的学说又满足不了日益成熟的工业无产阶级的求知要求。由于这些原因，霍奇斯金仅在1823—1832年的十年间对工人运动有影响。到宪章运动手工工人的政治热情极端高涨时，他已经被遗忘了。

尽管如此，工人阶级政治经济学的基础理论却为工人运动中的先进分子所吸收，从而改造并发展了工人斗争的政治理论，其中奥布莱恩就是一个杰出的代表。奥布莱恩（1804—1864）出生于爱尔兰一个中产阶级家庭，父亲做过烟酒生意，亏本后离家出走去西印度群岛，不久死在那里，留下孤儿寡母艰难度日。由于受到故乡一家大户的青睐，奥布莱恩青年时受到很好的教育。26岁时，他从伦敦四法学院毕业，律师的灿烂前程已铺在他脚下。可是他违背了他那有钱的恩主的期望，开始投身到激进报刊运动中去。他和赫瑟林顿长期合作，于1832年9月开始主编《贫民卫报》，1833年2月又兼管《毁灭》。他是伦敦工人协会第一批名誉会员，又是宪章运动的杰出领袖和优秀理论家。他的文章往往署以"布朗台尔"的笔名，因此在工人中，布朗台尔反而成了人们熟悉的称呼。

和早期甚至同时代的工人激进领袖不同，奥布莱恩不再把税收看作是贫穷的根源，他已把矛头指向资本。他曾批评科贝特"像他的前辈潘恩一样喋喋不休地把国家的灾难归咎于赋税，而现在看来这只是幻觉"；他认为贫穷的根源不止一端，其中有"地租、什一税、货币利息和通行税，特别是资本产生的利润,比所有其他负担加在一起还要重"。① 不认识资本的剥削本质,就不能理解当代社会。他驳斥"资本来自勤奋"的说法,说"从'低等级'爬上来的人可以百般吹嘘,说他们当工人时是如何的勤奋,并把他们的财富归结为这种勤奋;但略有一点知识的人都能清楚地知道,这些人不是作为工人,而是作为雇用工人的人才取得财产的"②。他揭露私有财产的剥削本质,他说:"在贵族和资本家谈论财产的'神圣'时,他的意思是说,通过资本的媒介,一个人有把其他人的劳动果实占为己有的神圣权利。"③所以说,资本一开始就是剥削,是产生贫困的根源。他接受霍奇斯金等人的理论,认为"生产阶级"生产的,要多于他自身所消费的,而这之间的差额,就是富人夺走并用以致富的那个部分。他曾用通俗的语言来表达这个思想。他说,"生产阶级"靠辛勤的劳动每年创造出 4 亿 5 000 万镑的财富,在这笔财富中,贵族首先从每镑中抽去 4 先令 6 便士的各种捐税,这就是总数的 1/4;"接下来是利润贩子——那些敲诈穷人、哄骗富人……贱买贵卖、掺水作假、分发出售的人——他们从生产出来的每镑中提取 7 先令 6 便士",比贵族的提成还要高;然后,还有"许诺你们死后进天堂"的教士和"不准你们乱说乱动"的兵士;在扣除所有这些之后,"生产阶级"真正能拿到的,就只是每英镑财富中剩下的 4 先令 6 便士,这只是他刚好能维持生存的收入。但就连这一点收入都是没有保障的,失业的威胁时刻在等待他。一个出卖劳动力的人只不过是资本的奴隶。"当资本家需要他时,就叫他拼命地干,每天要干 12 到 14 小时,付给他的报酬则刚好能叫他活下去并维持在第二天继续干活;但当他对投机家们不再有用时,他这个倒霉鬼就被赶走,会有人告诉他先去挨上半个月的饿再说。"在这种情况下,资

---

① *The Operative*,November 18,1838.
② Alfred Plummer,*Bronterre: A Political Biography of Bronterre O'Brien*,1804 - 1864,London,1971,p.251.
③ *PMG*,July 26,1834.

本主宰一切，"劳动在一个叫作资本的暴君控制下奴隶般地顺从，资本任意地停产或扩大生产，随心所欲地指挥着千百万人去吃或去喝，去死或去活，去享福或有祸，任何人都逃不出资本这个暴君的手心……一个人不管有什么能力有什么手艺，是有智能还是有技巧，离开了资本家他什么也做不成！结果是人类的多数成为奴隶，即使我们遮掩不说也罢"。而资本家呢？他们的生产目的不是"社会需不需要这种产品，而是这种产品能不能给他们带来补偿的利润"。① 如果回忆一下马克思在《资本论》中的许多论述，我们就会发现奥布莱恩的这些言论和马克思的说法多么相似；而所有这些言论，又都是在《共产党宣言》发表之前做出的，《资本论》的写作甚至尚未开始呢！这一切都说明，当《资本论》这颗种子还在胚胎中孕育时，英国工人中的阶级意识土壤已经很深厚了；当马克思从欧洲大陆移居英国时，他带来的只是一颗种子，而这颗种子只有在英国的这块土地上才能生根发芽，结出理论的硕果。

资本的实质是剥削，剥削有赖于剩余财富的存在，这一点在奥布莱恩那里是清楚的，但资本家如何能取得这笔剩余财富，换句话说，剥削的秘密何在呢？正是在这一点上，奥布莱恩又退回到潘恩的老路上去，而未能把反资本的理论推进一步。他和潘恩一样，认为产权来自政权，他曾说：

> 大约 1/7 的人有选举权，其他 6/7 则被排斥在法律之外。前者，即有特权的那个部分，包括一切"有产"者；后者则包括所有的劳动者，即以劳动为生的人。那么，既然一切财富都是劳动的产物，而特权者自己又不生产，这些人靠别人的劳动为生就很清楚了。但既然每一个人都认为只要为自己工作就行了，靠别人为生又怎能做到呢？做到这一点半是靠欺骗半是靠暴力。"有产"者自己制定法律，设置并维持欺骗性的机构，靠这些机构他们设法（在虚伪的借口下）把生产者的财富

---

① Alfred Plummer, *Bronterre: A Political Biography of Bronterre O'Brien*, 1804–1864, pp.39,118.

据为己有。而国家一切有关土地和金钱的机构都是这种类型。①也就是说,剥削是靠政权实现的。正因为如此,他告诉工人:

> 普选权归根结底是激进主义的真正试金石,……没有选举权,你们就只能唯他人之马首是瞻。……恶棍们说你们没有代表权是因为你们没有财产。我说相反,你们没有财产是因为你们没有代表权。每个勤劳而又为自己及家人生产出(**在价值上**)超过其自身需要的生产用品的人,都应当拥有那笔超额的财产。……但你们为什么拿不到那笔差额呢?是因为法律和国家机构把它交给了制定法律的人。假如你们和他们一样有代表权,你们就能有完全不同的法律和国家机构,这些法律和国家机构就能把财富赋予挣得它的人,从而使最勤劳的人得到财富的最大份额。因此,你们的贫困是没有代表权的结果,而不是原因。②

这样一来,"工人阶级政治经济学"就被纳入潘恩开创的激进主义老路上去了,而"全力争取控制法律"便是工人阶级的首要任务。因为如果"没有控制法律的权力,我们就没有办法去控制土地和货币"。③ 正因为如此,奥布莱恩把争取普选权看得高于一切。

在把政治权利看作是公平分配财富的手段这一点上,奥布莱恩和潘恩一脉相承。也正是这个基本的共同之点,把从潘恩到奥布莱恩这几十年间工人阶级的意识形态连成了一条线,政权决定产权——通过争取政治权达到消灭贫困,这就是工业革命时期工人激进主义最基本的特色和理论核心,它有别于其他一切工人理论。对于奥布莱恩来说,由于认为权利不平

---

① *PMG*,July 26,1834.
② Alfred Plummer,*Bronterre: A Political Biography of Bronterre O'Brien*,1804 – 1864,pp.177 – 178.
③ *PMG*,March 1,1834.

等是造成财产不平等的根本原因,他就不必去设想财产平等的社会主义,他也就不可能成为社会主义者。这也是从潘恩到奥布莱恩几乎所有工人阶级思想家和活动家的共同特点。一般来说,工人激进主义者都不是社会主义者,这反映了当时工人阶级中一支最主要的政治力量——手工工人的经济地位的现实。对那些"独立"或半独立的手工工人来说,出毛病的不是他们从事生产的方式,而是国家错误的政治制度,是没有"完全、真正的"人民代表权,他们在国家的直接压榨下残喘,因而总是把改革国家制度看作是消除贫困的根本手段。但奥布莱恩的时代终究和潘恩的时代不同,他的时代已是资本驾驭的社会。议会改革(Parliamentary Reforms)已经把工厂主塞进"有权阶级"的行列,工人和资产者的同盟关系已最终断裂,工人们于是把资产者也放在"有权"的一方加以反对,提出了反对资本的口号。但即使如此,手工工人们也还是更多地把工厂主看作是"有权的"阶级而不是"剥削的"阶级来加以反对的。1834年的新济贫法深刻地触痛了他们。这个由资产者倡导的法案无疑是要加快手工工人的消亡速度,把他们统统驱进工厂的魔窟。于是,手工工人真正感受到资本的威胁了。然而即使这样,这个威胁还是来自国家政权,因为还是议会通过了这个法案。手工工人的真正的悲剧是:他们永远体会不到资本的直接剥削。工业革命一旦使他们开始体会到这种剥削,他们就开始消亡;而当他们完全体会到这种剥削时,他们就完全消亡了。因此,作为一个阶层,手工工人的思想意识将永远局限在激进主义的范畴内。

尽管如此,工人激进主义的后期思想家对揭示资本主义剥削的实质仍做出了巨大贡献,假如把奥布莱恩的思想和斯彭斯的社会学说结合起来,其中只要把"土地私有"换成"生产资料私有制",那就和马克思的理论非常接近了。这里只有一个缺环,却又是关键性的缺环——资本如何剥削劳动。这个缺环正是由马克思用剩余价值论接补起来的。正因为如此,恩格斯把剩余价值的学说称作"马克思的第二个重要发现"。由于这个发现,就

"彻底弄清了资本和劳动的关系,换句话说,就是揭露了现代社会内,在现存资本主义生产方式下资本家对工人的剥削是怎样进行的"①。马克思的学说实质上是剩余价值的学说。

由于手工工人的悠久历史和丰富传统,加上他们在人数和文化上都曾一度占有优势,他们在工人运动的早期是一个比较成熟的部分,因此当时各种工人理论主要是反映他们的世界观。但从19世纪20年代起,工厂工人的意识形态开始表达出来了,这主要通过两个渠道:一个是欧文主义,一个是工会主义。欧文主义在社会主义发展史上的地位众所周知,此处不多谈。除了他的社会主义理论外,欧文还肯定了劳动价值论,指出"人类劳动或人类所运用的体力与脑力的结合是自然的价值标准"②。这就第一次把正统政治经济学的原理引进工人阶级的价值观念,对马克思显然会有重大影响。工会主义则主要不是一种理论,而是一种经验的积累,一种对外界存在的集体反应。组织工会虽不是工厂工人的发明,但在他们那里发展成为主要的斗争方式。欧文主义和工会主义尽管有很大区别,而且在许多原则问题上互相抵触,却又都有一个共同的特点,即他们都认为资本主义自由竞争是贫穷的根源。从消灭竞争这种愿望出发,欧文主义提出要铲除竞争的经济基础即生产资料私有制;工会主义则从长期的经验中得出结论,认为工人的集体行动能有效地抵御竞争的威胁,因此罢工和集体议定工资就成了他们的斗争法宝。从这个共同点又派生出另一个共同点,即它们都只注重直接的经济手段。工会主义的这种倾向自不消说;欧文也曾多次斥责过政治斗争,说即使实行了普选制,"也不会给工人阶级带来多大好处,甚至根本不会有好处"③。这个现象反映了工厂工人在早期时不理解

---

① [德]恩格斯:《卡尔·马克思》,参见《马克思恩格斯全集》(第19卷),北京:人民出版社,1963年,第124页。
② [英]欧文:《致拉纳克郡报告》,参见《欧文选集》(上卷),北京:商务印书馆,1965年,第302页。
③ A. L. Morton, *The Life and Ideas of Robert Owen*, London, 1962, p.124.

政治斗争的重要性的现状;但到 19 世纪 70 至 80 年代,就连工联都开始投入到争取工人代表权的政治斗争中去,因此不能把排斥政治运动看作是工会主义的固有特色。

意大利共产党的卓越领袖、著名的马克思主义者安东尼奥·葛兰西(Antonio Gramsci)曾说过,一个阶级能不能开展阶级斗争,要看"这个社会集团是否有它自己的世界观,即使这个世界观还处在萌芽状态的也罢";如果"由于卑躬屈膝和思想上的依附,这个集团只是从其他集团那里借来一个不属于它自己的世界观",那么阶级斗争是不可能开展的。[1] 工业革命时期的英国工人阶级,特别是其中的手工工人集团,在长期的摸索中形成了自己的独特理论。尽管这些理论还相当幼稚,很不成熟,却足以发动起轰轰烈烈的阶级斗争了。

---

[1] Antonio Gramsci, *Selections from the Prison Notebooks*, edited and translated by Quintin Hoare and Geoffrey N. Smith, London, 1971, p.327.

第二编
工业革命时期的工人政治运动

第三章

锋芒初试(1789—1799)

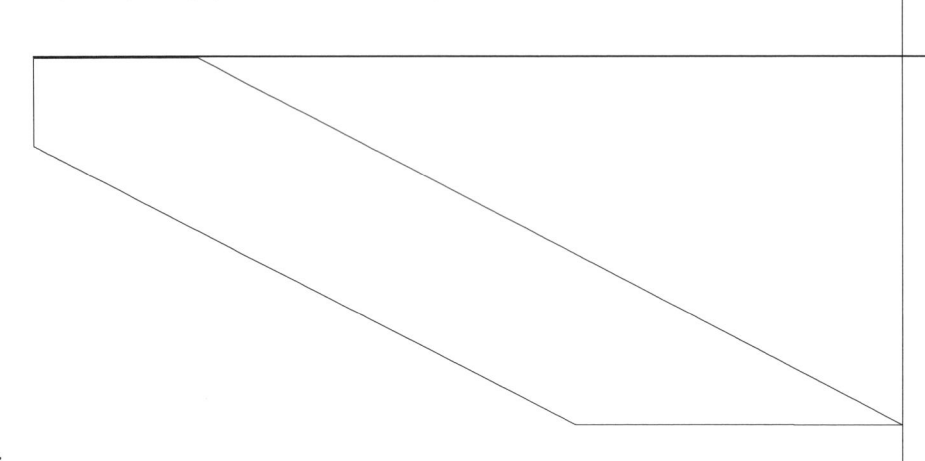

1789年，法国革命爆发了，巴士底狱在炮声中陷落。海峡对岸的胜利使英国人奔走相告，欢腾雀跃，他们把法国的胜利看成是强劲的东风，认为它将有助于解开英国的冰冻。他们给法国革命者写信，说法国"不仅在维护自己的权利，也在维护和发展人类普遍的自由"①，"法国做出的光辉榜样将鼓舞其他民族去维护不可剥夺的人类权利，从而导致欧洲各国政体的全面改革，以及世界的自由与幸福"②。他们歌颂法国革命的光芒："点燃了燎天巨焰，将把专制制度烧为灰粉，温暖并照亮着整个欧洲！"③这种情绪就连在贵族中也有反映，辉格党党魁查尔斯·J.福克斯（Charles J. Fox）就曾说，这是"世界上最最伟大、最最优秀的事件"，它将有助于"保持和激励自由的精神"。④ 看来，英国大有乘法国革命之风，破陈腐保守之浪的趋势。统治阶级对此十分担忧，渴望能遏止从法国传来的冲击波。

在这种情况下，伯克抛出《法国革命感想录》，为英国保守的政治制度做辩护。为反驳伯克的论调，潘恩紧接着发表《人权》，为改革和进步伸张权利。这两本书，一本是保守主义的集大成者，一本是人民主权的坚强卫士。书出版后，立刻把英国分成两个阵营，支持伯克和支持潘恩的人纷纷写书投入论战。在短短的几个月内，成千上万的书籍、报刊、小册子如泉水般涌现，宣传、演说和讨论会也随处可见。一场前所未有的政治大辩论席卷全国。潘恩的《人权》尤其受到下层人民的欢迎，许多人以问答教义、通俗讲话和打油诗的形式向群众宣讲《人权》。一时间，街头巷尾都

---

① Alfred Cobban, ed., *The Debate on the French Revolution*, 1789 – 1800, London, 1950, p.41.
② G. D. H. Cole and A. W. Filson, eds., *British Working Class Movements*, London, 1951, p.39.
③ H. T. Dickinson, ed., *Politics and Literature in the 18th Century*, London, 1974, p.175.
④ John W. Derry, *William Pitt*, London, 1962, pp.75 – 76.

变成议论政治的场所,革命和《人权》则成了老少皆谈的话题。原来只供上层社会消遣驱使的政治,这时也就打破门第的界限,"飞入寻常百姓家"了。《人权》成了平民政治的助产婆,它在出版的第一年就卖出5万多册,到1793年止销售量已达20万,开创了英国书刊发行史上亘古未有的最高纪录。相比之下,伯克的《法国革命感想录》在2年中仅售出3万册。一个政府官员曾抱怨说,"要不是伯克先生不合时宜而判断错误的狂想所致,《人权》这本小册子本来是不会出笼的";现在,"人民被叫出来判断是非",结果比一个反对国教的牧师"在圣坛上做50次布道"还要糟。①

这样一个声势浩大的政治大辩论对劳动人民来说,无疑是一堂生动的政治启蒙课,而潘恩的《人权》就是他们的政治启蒙书。《人权》意味着对美好未来的憧憬,意味着将来的希望,因而激励着他们奋起斗争的热情。1792年泰恩河畔矿工水手大罢工时,一个船主给政府写信时说:"这个地区到处充斥着成千上万的矿工、车夫、煤船装运工和其他工人,粗笨的脑子里装满了平等的新说;到处布满干柴,一颗火星就能把它点燃。"②罢工的工人曾对一个将军说:"你看过托马斯·潘恩的小册子吗?""没有。""那就去看看吧——我们很喜欢它。你有许多钱,将军,我们很快就要来瓜分它了!"③《人权》使工人的政治觉悟大大高涨,有一份传单这样描写一个雇工和老板的对话:

——老板,早上好。我想通知你今天我不能来干活了。

——怎么了,约翰,病了吗?

---

① Alfred Cobban, ed., *The Debate on the French Revolution*, 1789–1800, p.96.
② H. T. Dickinson, *Radical Politics in the North-East of England in the Later 18th Century*, Durham, 1979, p.16.
③ E. P. Thompson, *The Making of the English Working Class*, p.103.

——没有,谢谢上帝,但我有约会,我要去赴会。

——约翰,得想一想,你有老婆,有四个孩子,他们全靠你养活。即使你每星期只偷一天懒,你就把全家的生活费丢掉六分之一了,这可对不起你全家啊!

——嘿!老板!和自由比起来,老婆孩子算什么!我这是和自由的朋友相见啊!每当我想起《人权》的时候,我从来不考虑家庭的得失!①

伦敦通讯会(The London Corresponding Society)就是在这种政治背景下诞生的。它的成立标志着英国工人阶级第一次组织起来,独立地走上政治舞台。在它生存的6年多时间中,它始终高举斗争旗帜,成为全国工人的核心和表率。主要是由于它的活动,政府曾两次中止《人身保护法》(*The Habeas Corpus Act*),最后指名取缔了它。它的领导人一批批被捕,一批批坐牢,又经历了18世纪英国历史上最轰动的政治大审判,然而它的旗帜始终不倒,它的精神世代相沿,它所开创的道路一直相传下去,为后来的人提供了楷模。正因为如此,伦敦通讯会代表着英国近代史上出现的新曙光。

---

① Reginald Reynolds, ed., *British Pamphleteers*, Vol.2, London, 1951, p.20.

一、组　织

1792年1月下旬，一个寒冷的冬天，9个普通的工匠辛劳一天之后，来到伦敦商业区河滨马路上的钟声酒吧里，如约聚会。他们先吃晚饭，然后抽烟，话匣子也就随着打开了。大家抱怨这艰难的时世，物价飞涨，民不聊生，普通老百姓的日子越来越难过了。政府横征暴敛，权贵中饱私囊，捐税越抽越重，国债越欠越多，民脂民膏耗干榨尽，王室、贵族脑满肠肥，真是"朱门酒肉臭，路有冻死骨"。大家觉得，这种情况若不改变，百姓是绝无再生之日了。于是，话题很自然就转到了"把我们聚到一起来的那件事——议会改革"上。大家认为，只有议会改革才能把劳苦大众从水深火热中拯救出来。经过反复考虑，大家决定成立一个组织，"用力所能及的一切手段去争取"议会改革的成功。9人中的8人当场入会，每人交出1便士算作会费，并且在一个小小的本子上签了名，算是注册登记。就这样，在这个只有普通老百姓才光临的钟声酒吧里，产生了世界上第一个具有重要历史影响的工人阶级政治组织——伦敦通讯会。①

伦敦通讯会的创始人是托马斯·哈迪（Thomas Hardy，1752—1832），一个在苏格兰出生的鞋匠。他在美国革命时接受民主思想的初步启蒙，开

---

① Thomas Hardy, "Memoir of Thomas Hardy", in David Vincent, ed., *Testaments of Radicalism: Memoirs of Working Class Politicians, 1790-1885*, pp.44-45.

始考虑政治问题。他从艰苦的劳动生涯中体会到残酷的剥削和压榨,便力图探寻贫苦的根源。他觉得,在英国这样一个物产丰富、百姓勤劳的国家里,不应该有贫困。因此,苦难"绝不会来自土地的贫瘠或人民的怠惰,而必须到别的地方去找原因。而一旦开始寻求根源,那无需花很大力气就能发现:贫穷的根源正是那些以人民代表为自我伪装的人们的贪污和腐败。实际上,他们只是由相比之下人数极少但很有势力的一帮人中挑选出来的,而这帮人只顾积攒营私,从不考虑社会的利益"。他因此坚信,要想摆脱贫困,必须进行改革,实行普选,让劳动人民选出自己的代表,参与制定国家的政策。《人权》出版后,在当时席卷全国的政治大辩论中,哈迪开始设想把和自己一样的穷苦同伴们组织起来,共同协商改革大计。于是,他起草了一个章程,加上一段前言,拿给他的三个朋友看。朋友们都支持他的主张,于是约好多找几个人,到钟声酒吧来开会,详细研究哈迪的建议。结果,这次聚会就成了伦敦通讯会的成立大会,哈迪则当选为协会的第一任书记兼司库。[①]

伦敦通讯会建立伊始就表现出强烈的阶级特色。在最早讨论哈迪计划的三个朋友中,有一个是裁缝,另一个是钟表匠,还有一个就是钟声酒吧的老板。通讯会成立后,哈迪曾说他的会员都是"手艺人、机匠和开店的"[②]。4月,当通讯会准备发表第一份宣言时,曾为会员中大多都"出身微贱"、缺乏有身份的人签署声明而大伤脑筋。哈迪后来回顾当时的情形说,宣言写出来后,没有人肯出面签字,有些人害怕"老板会解雇"自己,另一些人则害怕"丢失主顾"。[③] 这说明会员都是劳动人民。在通讯会后期活动中发挥过重要作用的约翰·宾斯(John Binns)也在其回忆录中说,通讯会

[①] Thomas Hardy,"Memoir of Thomas Hardy", in David Vincent, ed., *Testaments of Radicalism: Memoirs of Working Class Politicians*, 1790 – 1885, pp.43 – 44.

[②] Thomas Hardy,"Memoir of Thomas Hardy", in David Vincent, ed., *Testaments of Radicalism: Memoirs of Working Class Politicians*, 1790 – 1885, p.46.

[③] Add MSS 27814, ff. 1 – 38.

主要是由"开店的、手艺人、机工和打杂工"组成的,会员中"极少有几个自由职业者或有钱的人"。① 混在伦敦通讯会中的政府奸细门罗在 1792 年 11 月曾报告说,在他所去过的几个分会中,"出席者都是最低贱的工匠,其中多数看来是苏格兰鞋匠"②。另一个奸细格罗夫斯在 1794 年 6 月也报告说,通讯会总委员会的代表由三部分人组成:第一种"看外表是体面的工匠",他们"勇敢却又谨慎",但"人数极少";第二种"身份低得多——显然是帮工",他们"坚定而有决断,对所有的提议只要带有一定程度的大胆,就一概投票支持";第三种人数量最多,"是由社会最低层人物构成的——连看起来顺眼的都很少,其中有些穿得又脏又破,另一些简直就是邋遢的贱货,任何受过良好教育的人,哪怕是只坐在他们身边,都需要很好地控制住自己必然会有的自尊心"。③

可惜的是,在伦敦通讯会成千上万个会员中,知道职业的只有 346 人。但即使是这样一个小数目,也足以显示出它的阶级成分了。346 人中,鞋匠及相关行业的有 43 人,织工及有关行业 27 人,还有 24 个裁缝及皮裤工,这 3 个行业占了总数的 1/4 以上。相比之下,医生、律师、军官、商人等"中等阶级"所占比例就很小(详见附录一)。另据某分会花名册记载,曾在该分会报名入会的 98 人中,计有钟表匠 9 人,织工 8 人,裁缝 8 人,家具工 6 人,鞭匠 5 人,制革匠 4 人,木匠、染匠、理发师各 3 人,商人、花边工、屠宰工、制袜商、雕刻工、瓦工、针织剪裁工、皮裤工、床架工、烧陶工各 2 人,文具工、制帽工、面包师傅、装饰工、锁匠、金属拉丝工、乐师、外科医生、翻砂工、上釉工、锡盘工、漆匠、报贩、镌版工、绸布商、货栈老板、农业工人各 1 人,其他 12 人未标明身份。所有这些情况说明,从组织成分上来看,伦敦

---

① John Binns, *Recollections of the Life of John Binns*, Philadelphia,1854, p.46.
② Mary Thale, ed., *Selections from the Papers of the London Corresponding Society, 1792 - 1799*, Cambridge,1983, p.28.
③ Mary Thale, ed., *Selections from the Papers of the London Corresponding Society, 1792 - 1799*, p.184.

通讯会是个工人的群众团体,但其成员又主要是手工业工匠,谈不上是现代意义上的"无产阶级"。现代意义上的无产阶级,在整个工业革命时期都处于正在形成的过程中,在伦敦通讯会时几乎还没有;相比之下,手工工人则一直处在社会经济激烈变动的中心地位上,这一点在前面第一章已详为论述过。因此,由他们来开掘英国工人阶级政治运动的先河,是完全符合历史逻辑的。

通讯会的领导层,其阶级成分也是这样,前面格罗夫斯对总委员会成员的描述就可资证明。另外,据不完全统计,通讯会成员中先后被政府逮捕、起诉过,因而也是最积极、最活跃的51人中,各种类型的手工工人有23人、小商小贩5人、自由职业者(主要是医生、律师)10人、商人1人、军官1人,其他11人职业不明。在伦敦通讯会中先后担任过主席、正副书记和司库的20个主要领导人中,除了职业不详的3人外,只有1个商人、1个医生和3个小知识分子(讼师、簿记员),其余都是手工工匠(详见附录二)。因此,在伦敦通讯会中,手工工人不仅占数量上的优势,而且掌握着领导权;伦敦通讯会基本上是个手工工人的组织。

通讯会的阶级成分既如此,其组织原则又如何呢?哈迪说,协会的首要原则是"让我们的成员无数"①。根据协会章程,凡年满20岁,在英国住满1年,同意议会改革的原则并愿为之奋斗、每周交纳1便士会费的人,都可以成为会员;"除年龄不足、神志不清或违反社会法纪者外,不得阻止任何人入会"②。这样的规定就保证了协会的群众性,保证协会向一切劳动群众敞开门。其中有决定意义的是每周1便士的会费,它保证了通讯会的劳动群众性。

在伦敦通讯会生存的时期内,伦敦还有两个有影响的议会改革组织,

---

① Thomas Hardy, "Memoir of Thomas Hardy", in David Vincent, ed., *Testaments of Radicalism: Memoirs of Working Class Politicians*, 1790–1885, p.46.
② Address of the LCS, April 2, 1792, in Add MSS 27812, ff.2–4 v.

一个是辉格党的"人民之友会"(Society of the Friends of the People),另一个是中等阶级的"宪法知识会"(Society for Constitutional Information)。它们的会费都在每年1几尼①以上,甚至高达5几尼(相当于一个景况不错的手工工人全年收入的1/8)。这当然不是一个普通工匠所能负担得起的,因此也就把广大劳动人民排斥在外,决定了这些组织的阶级性。伦敦通讯会则不同,它的目的就是要把劳动群众组织在一起。哈迪曾说,通讯会"吸收一切种类的帮工工匠——这个阶级的人应该从靠了他们的劳动和创造才能生存并发财致富的人那里,得到更好一点的待遇"②。这段话恰恰反映了正在萌发的阶级意识,因此1便士的会费能够保证把具有政治觉悟又要求政治改革的工人群众都吸收进通讯会来,使它成为阶级色彩鲜明的群众性政治团体,通讯会人数最多时达上万名会员,同情支持者无数。③

一个毫无社会地位、备受折磨欺凌的阶级,从来只能卑躬屈膝地逆来顺受,服从和忍辱仿佛成了生来的天性,要他们突然间站起来,闯进从来只是上等人的禁区的政治,去讨论议会改革"如此重大的一个问题"④,其心理上的巨大变化是可想而知的。当他们摸索着向政治跨出第一步时,必然会受到传统偏见的束缚。他们会问,像他们这样的人,也有权问津政治吗?对此,就连那些缔造通讯会的人也觉得没有把握。因此在伦敦通讯会第二次会议时,即钟声酒吧聚会的下一个星期,他们提出了三个问题:(1)下院需不需要改革?(2)改革有没有好处?(3)(也是最关键的一个)"我们,作

---

① 几尼:Guine,一种古代英国的黄金货币,1几尼 = 1.05英镑 = 21先令,最初是用几内亚(Guinea)黄金铸造,因此得名。
② Add MSS 27814, ff.1 - 38.
③ 很难推算伦敦通讯会的准确会员数。但据估计,正常缴纳会费、一贯参加活动的会员,即积极分子,在1792—1793年约有650人;1794年上半年约800人,下半年约250人;1795年下半年发展到约3 000人;1796年上半年约2 000人,下半年约1 000人;1797和1798年分别为约600人和约400人。在通讯会的花名册上,有上万名登记的会员,其中许多人只是偶尔缴纳会费,在名册上挂个号而已,并不常参加活动,但这些人至少是协会的热情支持者。
④ Thomas Hardy, "Memoir of Thomas Hardy", in David Vincent, ed., *Testaments of Radicalism: Memoirs of Working Class Politicians*, 1790 - 1885, p.45.

为手艺人、小店主和机匠,有没有权利去争取议会改革?"这三个问题看起来简单,却使他们接连争论了 5 个晚上,最后才统一思想,认为"我们有能力去做这件事"。从此,协会的章程就写上,一切新入会者必须先回答三个问题:(1)议会需不需要改革?(2)普选应不应该实行?(3)"你是否愿意用一切正当手段去争取议会的改革?"只有对这三个问题都做出肯定答复的人,才能入会。① 这是协会又一个重大的组织原则。

随着组织发展,通讯会很快就采用分会制。根据协会章程,任何一个分会若满 36 人,其中 16 人就分立出来,经总会批准另立新分会。在协会最昌盛时(1795—1796),曾有过 90 个分会。各分会必须每周活动一次;任何会员都必须隶属于一个分会,参与其中的讨论和表决;所有会员都有权列席其他任何分会的会议,可以发表意见,但没有表决权。通讯会还欢迎任何非会员列席旁听。由于这些因素,各分会开会时往往有上百人参加,哈迪的第二分会甚至有两三百人,规模相当大。各分会选举 1 名书记处理杂务,在每次开会前推选 1 名主席主持会议。到后来,协会屡遭政府镇压。为加强组织的稳定性,又设"十人长"一职,每 10 人选举 1 名队长,但这一设置并未起重大作用。

每个分会各派出 1 名代表,组成总委员会;代表民主产生,任期 3 个月,对本会会员负责,可以随时撤换。代表的职责是上传下达:汇报本分会的活动情况,转达本分会的决议提案,参加总委员会的讨论并代表本分会投票决定重大问题,然后负责向本分会传达总会精神。代表并将各分会的会费按时上交,除留下一周 1 先令供本分会使用外,余款均由总会支配。

总委员会全称"全体代表总委员会",是伦敦通讯会的最高决策机构,由各分会全体代表组成;到了后来,由于政府镇压,常出现代表无故缺席或不能出席的情况,才决定各分会增派 1 名副代表。但当正代表在场时,副

---

① Add MSS 27814, ff.1-38, also in *State Trial*, Vol.24.

代表无表决权,仅仅是列席。再到后来,连十人长也准许列席总会会议了,但这已是相当虚弱之时。总委员会每星期四开会,因此这一天任何分会不得活动。总会开会时,先听取各分会汇报,讨论各分会建议,然后进行表决。遇有重大问题或有重大分歧时,总委员会往往将讨论议题下交各分会表决,根据表决结果再做出决定,这像是代议政府下的"公民表决"一样。总会决议很少有束缚力,各分会可以拒绝执行。

总委员会选举协会的领导,通常是1名主席、1名书记、1名司库,后来增选副书记,处理日益增多的信件。总委员会还可以推选一些临时的委员会,经办一些具体事务,比如通信委员会,专门与全国各地通信;救援委员会,营救被捕的会员;等等。后来还设立过一个执行委员会,但这个委员会实际上也只是执行通信委员会的职责;为防止执委会"专权",执委们连在总委员会上发言和表决的权利也没有,只允许消极执行总委员会决议。主席和书记也没有实权,主席通常只主持总会的会议,书记处理日常事务,由两人共同签署协会文件。①

从以上这些情况可以看出:(1)伦敦通讯会实行彻底的民主制,"任何会员都有权参与本会的管理——除非其被剥夺会员资格"②。这说明工人运动从一开始就有深厚的民主传统。(2)伦敦通讯会的组织结构,实际上是他们想象中理想的政治制度的反映;他们设想的议会改革,就是要把议会改造成这样一种自下而上的直接民主制形式,因此他们的活动就含有对理想制度进行试验的意义。(3)伦敦通讯会民主有余,权威不足,总会缺少坚强的领导核心,各分会又没有固定的领导。(4)对斗争的复杂性缺乏认识,因此没有制定行之有效的组织条例保护自己。

总委员会没有权威,这从第12分会的分裂就可以看出来。1793年2

---

① The London Corresponding Society (LCS) to the Nation at Large, May 24, 1792, in *The Trial of Thomas Hardy*, London, 1794, Vol.1, pp.209-211, also in *State Trial*, Vol.24.
② Address of the LCS, April 2, 1792, in Add MSS 27812, ff. 2-4 v.

月,第12分会选派戈登勋爵的法律代办为代表,总委员会表示反对,认为此头若开,会丧失阶级性,使协会容易受到贵族的干涉和操纵。这个意见显然是对的。但第12分会拒绝撤换代表。总会于是交付各分会表决,结果会员多数同意总会意见。总会于是通过决议,认为在多数会员同意的情况下,总委员会可以撤销分会选派的代表资格。第12分会于是在3月发表声明,指责总会"专横",宣布退出通讯会,另立新组织。在伦敦通讯会的全部历史上,围绕着总委员会到底应当有多大权力、应不应当设立一个有高度权威的中心领导机构的问题,一直开展着激烈的斗争。照理,随着政府镇压日益加剧,强化领导以统一行动已是斗争的客观需要了,可惜的是,伦敦通讯会一直到最后被强行解散为止,都未能做到这一点。1794年2月,通讯会曾起草过一个新章程,赋予总委员会相当大的权力,而且设立了一个有名有实的执行委员会,担负领导工作。但这个草案被各分会否决了,理由是它"不符合协会的自由理想"。6月,总委员会将草案大做修改,大大限制了总会的权力,执委会也变成了通讯委员会,只负责与外界的通讯联络工作。可是这个修改案还被看作太专权,在许多分会的反对下被迫撤销。由于这个弱点,伦敦通讯会在重大决策关头行动不速,花费了过多的时间争执讨论。

但另一方面,通讯会的民主原则又是使协会保持兴旺发达、历尽风雨而不衰的重要因素。在通讯会中,人人有权发表意见,也有权保留不同意见。主席轮流当;这次当主席,下次就去守门,通讯会中绝无高低贵贱之分。干部对群众负责,是群众意志的执行者,完全谈不上把群众当阿斗。即使是因意见不同而分裂出去的人,总会仍对他们宽怀大度,弟兄相称,结果使大部分离开的人又重新回到通讯会的怀抱。协会章程还规定,协会的唯一思想原则是支持改革,不准许在会内讨论信仰、宗教等问题。这在当时宗教斗争纷繁、教派对立严重的情况下,显然能够维护工人阶级的团结。正因为这些情况,才使得全会上下一致,生动活泼,人人目标明确,心情舒畅，保证了协会的团结。由此可见，处理好民主与权威的关系，向来是工人政治运动中从来就有的重大课题。

伦敦通讯会从来没有采取过有效措施来保护组织的安全，这对它是个更加致命的弱点。新会员入会只需两人介绍，再没有其他安全审查。会员的姓名、住址都可以乱填，从没有人去核实一下，看他到底是什么人。有一次，曾有人提议，新会员的入会登记表需要审查，以防坏人混入，但这个建议立即被否决了，因为"如果有人不愿说真话，那他必定有自己的道理"。正因为如此，通讯会中奸细丛生，密探四布，许多奸细还混入总委员会、执行委员会等领导机构，其中隐蔽最深的甚至还一度当上了总委员会副书记（鲍威尔），而且始终未被识破。这种情况使政府对通讯会的一举一动了如指掌，因此镇压起来得心应手，有的放矢，完全控制了主动权。另一方面，奸细多对会员的心理也造成不利影响。许多人风声鹤唳，疑神疑鬼，彼此间互相猜疑，互相指责，没有信任感。1795年初，第16分会指责第12分会的代表是政府奸细。双方打官司打到总会，总会否决了这个指控。于是，两个分会几乎同时退出通讯会，一方认为总会软弱无力、藏奸纳垢；另一方则认为受到污辱，含愤而去。靠相互间的指控揭发内奸，再成立一个"法庭"加以审理的事件，在伦敦通讯会的历史上层出不穷；但这种方法既误伤了好人，又从来没有揭发过真正的奸细，对保卫组织毫无效用。由于奸细大量存在而又识不破，造成通讯会中军心不稳、士气浮动，同时也助长了两种极端倾向的发展：一种人认为防范奸细的最好方法是一切公开，反对保留任何秘密，他们甚至邀请政府正式派一个"合适"的人来列席总会会议，让政府用"光明正大"的方式来了解协会的行为。这种人于是提倡完全的合法斗争，散布和平主义思潮。另一种人则觉得必须把秘密控制在最小范围内，才能有效地对付奸细的破坏。他们于是搞巴贝夫式的密谋，怀疑群众运动，崇尚神秘主义。但这两种极端，都未能解决有效地保护自己这样一个重要课题。

像伦敦通讯会这样的组织,在当时的英国出现了许多。1791年12月,设菲尔德出现了一个叫"设菲尔德宪法知识会"的组织,其成员"主要是由设菲尔德的手工业者"组成,到1792年3月已经有"近两千名会员,而且每天都在增加,还不算邻近村镇的人,他们也在组织类似的协会"①。设菲尔德宪法知识会是全国第一个工人政治团体,比伦敦通讯会还早一个月成立。它还是第一个创造分会制组织形式的群众团体。它的成员每10人一组,每组推派1名代表,10个代表组成一个更高的层次,以此类推,直至最上面的总委员会。这个原则后经伦敦通讯会改造并加以运用,成为所有工人激进团体通用的形式。1792年4月,与伦敦城隔泰晤士河相望的萨索克也出现一个主要由工匠组成的政治组织,取名为"人民之友社",其组织章程几乎与伦敦通讯会完全一样,比如"让成员无数",收取一个半便士的会费,各分会向总会派代表,等等。② 不可否认,在18世纪90年代初成立的群众政治团体中,有相当一批在开始时是工人阶级与中等阶级的混合体,而且常由中等阶级控制了领导权。但后来,许多这样的团体逐渐演变成纯粹的工人组织,领导权也落到工人阶级手中,诺里季市就是这种情况。这种趋势到1794年政府大镇压后变得更明显。当时中等阶级几乎全部退出积极的政治活动了,坚持斗争的只有工人。而在另一些地方,工人组织一开始就独立于中等阶级而存在,并且地区间彼此联系、相互通气,结成全国一张网。因此,在法国大革命期间,英国工人阶级已开始做到组织上的独立,这一点该是没有疑问的。

---

① Sheffield Constitutional Society (SCS) to Society for Constitutional Information (SCI), March 14, 1792, in *State Trial*, Vol.25, Col. 135.
② *State Trial*, Vol.25, Cols. 139–141.

二、纲　领

伦敦通讯会成立的宗旨是"争取议会改革",这在哈迪初创协会时就明确规定了。① 在通讯会全部历史上,它曾三番五次地重申说,它所要求的改革必须有两个基本原则:一是成年男子普选,二是每年大选一次。因此,说伦敦通讯会的基本纲领是基于普选和年度议会原则上的激进的议会改革,看来是说得通的。然而,假如仅此而已、不深入一步,那就未免太肤浅了,伦敦通讯会的真实纲领要比这深刻得多。问题在于:这些"出身微贱"的"手艺人、工匠和机工们",为什么要求改革?

答案是很明确的,伦敦通讯会的文献清楚地说明了这一点。当最初9个人在钟声酒吧聚会、讨论成立通讯会时,他们就曾"感叹人民落到了何等悲惨的境地,我们相信,这种情况完全是由于下院的代表权不公正、不平等而造成的"。正因为如此,他们才考虑"怎么才能纠正这个弊端",最后得出结论说,必须进行改革。② 也就是说,要想摆脱苦难,必须改革议会。这种看法对手工工匠有普遍的号召力。因此,在1792年4月2日通讯会的第一份公开声明中就这样说道:"由于议会代表制度偏执又不公正,从而不

---

① Thomas Hardy, "Memoir of Thomas Hardy", in David Vincent, ed., *Testaments of Radicalism: Memoirs of Working Class Politicians*, 1790 – 1885, p.46.
② Add MSS 27814, ff. 1 – 38.

能充分代表人民,加上选举议员时贿赂公行,这些就造成赋税暴虐,法度失衡,自由受限制,公款被挥霍。"①可见,他们把不平等的代表制看作是不合理的税收的根源,而沉重的赋税和"公款(即税收)被挥霍"则是当时"独立"或半独立的手工工匠们最感切肤之痛的时弊所在。因此,他们要求改革,为的是取消重税,寻求经济上的解放。

这一点在伦敦通讯会1792年8月6日的《告大不列颠居民书》(Address to the Inhabitants of Great Britain)中说得最明白。在这份纲领性的重要文献中,伦敦通讯会根本不重复"生来的权利"或"英国人自古就有的自由"等陈词滥调,而是直截了当地提出劳动人民自己的改革理论:

> ……朋友和受苦难的伙伴们,你们不会不知道,权力、地位、年金和头衔,是多么普遍地被用来奖赏那些为宫廷做事,因而对国家最为有害的人。你们已深感其害了:赋税扶摇直上,其中一大部分只是被胡花滥用;国债沉重不堪,举债时是想建立一个靠金钱支持的强大宫廷党,而为同样的目的竟越借越多,直至如今数不胜数,而从一开始它就想阻碍我们的自由!官府霸道,昏官贪财,国法错乱,战争频繁,百姓水深火热、苦难深重。所有这些岂不都证明,当我们自夸有最好的宪政、有最自由的政府时,我们其实是奴隶!
>
> 然而公民们!无论我们的苦水何其多,无论自由的枷锁何其重,只要有一变就会有万变,疾苦统将随之而去(着重号为引者所加)。一旦恢复每年大选,一旦议会由一切人公正地推举出来,人民就将重新分享国家的治理;到那时,他们那不为偏见所惑、不为收买所动的选票,就一定能造出一个多数;靠着这个多数,就一定能创造自由、平等的新世界。②

---

① *The Trial of Thomas Hardy*, Vol.1, p.208.
② Address from the LCS to the Inhabitants of Great Britain, August 6, 1792, in *The Trial of Thomas Hardy*, Vol.1, p.217.

由此可知伦敦通讯会为什么要坚持普选和年度议会。因为在他们看来,只有普选才能使每个人都"分享国家治理",让议会的多数屈从人民的意志,从而保证法律为人民谋利;而只有每年都进行大选,让选举频繁到任何人都没有足够的金钱去行贿舞弊、收买选票时,才能根除时弊,选出那个"正直的多数"。隐藏在这两点背后的,实质上是:(1)选举权不受财产限制——普选;(2)选举时不受财产支配——年度议会。如果能这样来看待改革的两项原则,其阶级特色就比较明显了。

但这还不是全部,他们指望得更多。因此,当一个每年选举一次、人人都有选举权的"正直的"议会制实现之后,他们预期"很快就能看到:自由得以恢复,出版不受限制,法律得以简化,法官公正无偏,陪审团独立自主,不必要的官职和年金减省了,过高的薪金降低了,公务改善了,税务减轻了,穷人容易得到生活必需品,青年受到更好的教育,监狱不再人满为患,老人获得更好的照顾,用穷人的饥骨举办的华筵美宴不再常有"[①]。总之,一个更公平、更合理的新世界将随之出现。因此,如果问伦敦通讯会改革的目的何在?那就该说,通过政治改革,达到经济解放。

这个目标是当时觉悟的手工工人的共同目标。设菲尔德宪法知识会的书记、刀匠威廉·布鲁姆黑德(William Broomhead)在1794年受审时就说,该会的目的是"启发人民,告诉人民受苦受难的原因和根源。他们每天辛辛苦苦地劳动十三四个钟头,每周工作七天,却养不活自己的家庭。……要告诉人民为什么会这样,为什么养不活自己的家"[②]。由手工工人组成的诺里季爱国会也在1795年4月20日的宣言中说,"捐税多如牛毛,沉重而无必要","战争毫无原则,既无须,又造成灾难","生活品昂贵,人民买不起"……所有这些苦难,都来源于议会制度的不公正。因此,

---

[①] Address from the LCS to the Inhabitants of Great Britain, August 6, 1792, in *The Trial of Thomas Hardy*, Vol.1, p.218.

[②] *State Trial*, Vol.24, Col.630.

只有实行普选和年度议会,才能摆脱贫困。①

必须指出,在当时,普选和年度议会并不只是工人阶级才提的口号,早在 1776 年,中等阶级激进派的代表人物、宪法知识会的创始人和主席约翰·卡特莱特少校(Major John Cartwright,1740—1824)在《抉择》(Take Your Choice)一书中,就明确指出了这两项原则。②后来,宪法知识会也一直把这两项原则作为基本的改革要求。在由中小乡绅形成的一个议会改革运动中,威斯敏斯特小组委员会在约翰·杰布牧师(Rev. John Jebb)的领导下,便提出了后来《人民宪章》(The People's Charter)中的所有六条!③ 甚至连里奇蒙公爵(Duke of Richmond)也曾在 1783 年 8 月 15 日给沙曼中校(Lieut.- Col. Sharman)的信中,提出了普选和年度议会的要求。④ 那么,中等阶级,甚至辉格党贵族的改革纲领,与工人提出的改革要求,有没有什么区别呢? 如果有,区别在哪里? 在这里,表面的一致性是虚假的,答案必须在目标上找。

里奇蒙在信中解释过他为什么要求普选和年度议会。他说,实行了这两点,就可以消灭贿赂,节省开支,从而进行廉洁的选举。显然,这是在重复辉格党的"经济改革"理论,矛头指向靠收买选票控制议会的托利党政府。在反驳有人说普选会使贵族增大影响,让他们利用租佃关系胁迫农民违心投票,从而操纵选举这样一种反对意见时,里奇蒙回答说:"财产当然会有影响,它在一切政府中从来都是有影响的。我很清楚,在我的方案中,

---

① Albert Goodwin, *The Friends of Liberty*, London, 1979, p.377.
② John Cartwright, "Take Your Choice", in David C. Douglas, ed., *English Historical Documents*, Vol.10, London, 1953, pp.209 - 211.
③ 1780 年 4 月 12 日,威斯敏斯特小组委员会提出改革纲领,其中包括"平等选区"(第二条)、"年度议会"(第三条)、"男子普选"(第四条)、"无记名投票"(第九条)、"有俸议员"(第十四条)和"取消议员财产资格"(第十六条)等六条,此为《人民宪章》六条之所源。参见 John Jebb, *The Works of John Jebb*, Vol.3, London, 1787, pp.403 - 423.
④ Duke of Richmond to Lieut.-Col. Sharman, August 15, 1783, in *The Trial of Thomas Hardy*, Vol.4, pp.4 - 17.

财产和才能品德相结合,将维持一个合适的分量。一个受人敬重、为人热爱又拥有巨大财产的人,当然应该有最大的发言权;但暴政和压迫,尽管有财富在手,却应该加以反抗,而且不应再把地产权留在它手中供它支配。"①这样,里奇蒙公爵为辉格党争权的意向就十分清楚了。不仅如此,他还认为普选权造成的政治上的平等,可以抵销人们在财产上的不平等,从而消除社会动乱的根源,"一旦他们每年都有机会改选代表,通过自己的代表用安全、简便又合法的方式去控制政府的失误,就没有理由去依赖尽管有时必要却又相当危险的动武了"②,显然,这是站在统治者的角度看问题,为统治者提供资治良鉴。但即使如此,贵族中支持这两项原则的人也还是寥寥无几;里奇蒙本人后来也放弃了这些原则,摘去了他的"红色公爵"的面纱。

中等阶级的情况有所不同。宪法知识会作为一个组织一直在鼓吹普选和年度议会;在它解散以后很久,中等阶级中也还有人同情这两项原则。因此,中等阶级与工人的区别仿佛更模糊一些,但必须清楚,中等阶级都是些有财产的人,他们是"有产阶级"。他们要求改革,是因为有产而无权,因而想通过改革来取得政权——由改革而参政是他们的唯一目的,绝无更多,因此,他们的箴言实际是"改革而绝无其他(Reform and No More)"。中等阶级改革派的著名代表约翰·霍恩-图克(John Horne-Tooke)曾以坐车为喻,说许多人在同一起点上了车,目的地不同,有些人先下,有些人后下,"我只要下院的改革","如果我和几个人同车驶往温莎,我一到议会街就下;谁想走得更远,他可以一直坐到温莎去,或者他想去的任何地方;但我一到议会街(意指下院)就下,决不更远;我可以对天发誓"。③ 1794 年卡

---

① Duke of Richmond to Lieut.-Col. Sharman, August 15, 1783, in *The Trial of Thomas Hardy*, Vol.4, p.10.
② Duke of Richmond to Lieut.-Col. Sharman, August 15, 1783, in *The Trial of Thomas Hardy*, Vol.4, pp.5, 10.
③ *State Trial*, Vol.25, Cols.330–331.

特莱特出庭作证,当被问到"你是想在议会街下车呢?还是想走得更远?"时,他回答:"我想走到下院改革时为止。"① 相比之下,工人阶级并不把改革作为最终的目标,他们要得更多。作为无产或几乎无产的阶层,他们想通过变革政权而改善产权,因此,他们的箴言就是"改革以及其他(Reform and Something More)"。要不要"其他"这两个字,就成了工人阶级和中等阶级改革纲领的试金石。

尽管工人的纲领是改善产权,手工工匠却从来没有要求过平均产权,伦敦通讯会曾再三声明:他们绝不是平等派,决不主张财产平等。② 设菲尔德宪法知识会也曾宣布过:"我们不讲虚幻的财产平等,实行财产平等会使世界荒凉废退,退回到最黑暗最野蛮的洪荒时代去;我们所要的平等,是把奴隶变成人,把人变成公民,把公民变成国家的一个组成部分,使他成为一个主权者,而不是臣民……"③ 正因为这种在财产上的主张,早期工人政治运动才属于激进主义范畴,而不是社会主义性质的。但不能因为它不是社会主义的,就说它不是工人运动。

综上所述,英国工人在法国大革命时期已形成独立的政治纲领,正是这个纲领的独特色彩,构成了英国"工人激进主义"的主要内容。恩格斯曾在《英国工人阶级状况》中说过:"民主党是在18世纪80年代和无产阶级同时并在无产阶级内部发展起来,在法国革命时期强大起来并且在缔结和约后成为'激进的'政党。那时,它的主要中心在伯明翰和曼彻斯特,以前是在伦敦。"这个在18世纪末在"无产阶级内部发展起来"、以伦敦为中心的"民主党",显然是指以伦敦通讯会为首的工人阶级激进组织,可见恩格斯是肯定这些组织的工人性质的。恩格斯还说:"工人的激进主义是和资

---

① *State Trial*, Vol.25, Col. 339.
② Address of the LCS to the other Societies of Great Britain, November 29, 1792, in *The Trial of Thomas Hardy*, Vol.1, pp.238-241.
③ An Address to the British Nation, by SCS, April 7, 1794, in *The Trial of Thomas Hardy*, Vol.2, p.208.

产阶级的激进主义携手并进的。"请注意"携手并进"这几个字,这表明恩格斯不仅承认工人激进主义的存在,而且承认它的独立存在,承认它不依赖于"资产阶级激进主义"的单独存在。这里,恩格斯虽然讲的是宪章运动早期的情况,但同样也适用于18世纪末的工人运动,因为"宪章派是从民主党中产生出来的"[①]。由此看来,马克思主义的经典作家早就指出了宪章主义和法国大革命时期形成的工人激进运动之间一脉相承的亲联关系,但这个观点不知在什么时候被后来的"马克思主义"历史学家们悄悄地回避了,以致人们一直认为,英国最初的工人运动是开始在宪章运动之时。

---

① 《马克思恩格斯全集》(第2卷),第516—517页。

三、行　动

伦敦通讯会成立后,创始会员们很快就意识到"全国大多数人极端愚昧而无知。这是获得解放的最大障碍,因此我们协会的目的就是要好好地组织起来,尽力去驱除那些愚昧和偏见,用报纸杂志向他们灌输自由人的权力观念,宣传他们对自己和对子孙后代应尽的责任……"[①]因此,伦敦通讯会在其日常活动中,把教育会员、提高他们的政治觉悟看得很重。

分会的活动一般从晚上八点开始。首先是接收新会员:当两名介绍人介绍过申请人的品行之后,申请人就开始回答三个问题,表示将为改革事业努力奋斗。然后交会费,领取会员证,会员证上印着"伦敦通讯会第×分会第×号"字样,还刻着通讯会的箴言"团结、坚持、自由"。在这样的入会仪式中,可以看出现代无产阶级政党的雏形。仪式结束后,代表开始传达上一次总会开会的情况,由分会对需要表决的提案进行投票。各分会还组织自由讨论,任何会员都可以无拘无束地提出自己对会务以及今后的行动计划等等的看法。这些建议如果获本分会通过,就写成议案的形式,委托代表向总会提交。当这些活动完毕后,就读书、读报,介绍法国革命进展的情况以及其他地区的改革活动,等等。据奸细报告,分会活动时还出售

[①] Add MSS 27814.

宣传性小册子，唱激进歌曲。

许多分会还把星期天定为政治学习日，曾经是通讯会后期主要领导人之一的普雷斯对此有过描述。他说：

> 主席（大家轮流当）从书中读一章或一章中的一段，然后，凡是认得字的人就把书带回家去传着看。下次开会时，这章中的一小节就又读一遍，然后请在座的发表评论，想发言的人都可以谈，但不站起来；然后再读一节，再请大家发言——最后读剩下来的部分，第三次请大家发言，一直没有说话的人这次就应该开开口了，随后大家自由讨论……

普雷斯认为，这种读书活动对提高工人的"道德标准"十分有效。①

重视思想教育是当时工人组织的共同特征，设菲尔德宪法知识会的一次会议是这样开的。

会议开始，首先宣读潘恩的回信，上次开会曾决定要求他允许协会出版《人权》，现在潘恩同意了。然后宣读宪法知识会领导人霍恩-图克的回信，他答应设菲尔德协会派12名代表参加宪法知识会。随即酝酿代表人选。这以后开始政治学习，朗读书报、杂志，接着自由讨论，发言中有个"陌生人"站起来为政府和法律辩护，说他们"为权力不受侵犯提供了保证"。"这引起全场骚动，会议大乱，维持秩序的要求一再提出，一个会员措辞激烈地坚称这位先生是'傻子'。但在这个拥护政府的人的朋友（他是个会员）做出一番解释后，他的意见很快得到谅解。不过他们表示可怜他，因为他没有读过《人权》……"②

如果说分会是提高政治觉悟的理想场所，那么总委员会就是演习议会民主的生动课堂了。总会开会时着意模仿下院的秩序：会议室前排摆着

---

① Francis Place, *The Autobiography of Francis Place*, Mary Thale, ed., pp.131, 198-199.
② David C. Douglas, ed., *English Historical Documents*, Vol.11, London, 1959, pp.314-315.

一张讲坛,高出地面3英尺,主席坐在正中,两边是执委会委员和司库,书记坐在主席台前侧,台面离地面1.5英尺。会议注意记录,仿佛是下院在记录议会辩论。开会时很强调纪律,主席有绝对的权威。代表发言时面对主席,好像是议员在向议长呈词,发言强调秩序,不得争先恐后;每个代表都有权就每一议题发表一次意见,但不等其他代表说完,同一人就不得对同一问题发言两次。开会时有提案,有辩论,有表决,最后还有决议。翻开伦敦通讯会的记事簿,随便抽出一天为例,就可以看到总会日常会议的程序。比如,"1795年8月27日总会会议,主席普雷斯公民,副主席威斯特福尔……"

这份记录首先记下各分会上周活动时的实到人数和新吸收会员的人数;接着点名,看哪几个分会未派代表出席;随即指定总会特派员前往视察,看他们出了什么问题。接下来讨论成立一个新分会的事,发生一些争执,但最后同意了申请人的请求,成立新分会,命名为第55分会。然后,批准了第26、第14和第5分会一分为二的决定,因为他们人数已太多。接着,报告找到了一些新的地点,可供各分会作活动场所之用。随后是执行委员会汇报8月24日和25日两天的会议议程,主要是有关来往信件的情况。接下来逐条讨论各分会提交的议案,比如任何人不得就同一问题发言超过两次,每个分会只能有一人在总会发言,等等。这些议案有的获通过,有的被否决,有的因为找不到附议人而被搁置。随后,在要不要召开一次全体会员大会的问题上展开了激烈的辩论,辩论的双方各执其词,互不相让,最后一致决定把这个问题提交各分会表决。接着,又围绕伦敦通讯会前些时候递交给国王的一份请愿书的下落问题进行讨论,提出了好几种对策方案,但都没有结果,只好以后再说。这以后又谈了一些琐碎的会务,最后宣布散会。① 这次会上最重要的一个决定是要求各分会讨论是否应召

---

① Minutes of LCS General Committee, August 27, 1795, in Add MSS 27813, ff.113v-121.

开一次全体会员大会。后来,各分会讨论了,决定要召开一次公开的群众大会;这次大会对伦敦通讯会的命运,对整个议会改革运动(Parliamentary Reform Movements)的进程都具有深远的影响,不过这已是后话了。

综上所述,可以看出最早的工人组织,一是重视思想教育,注重提高政治觉悟;二是努力培养政治素质,演习议会民主程序。通观这些组织的历史,他们确实把相当主要的一部分精力放在内部建设上。这对于刚刚登上政治舞台、完全没有政治斗争经验的工人阶级来说,当然是必要的。

除了内部建设,这些组织在初创时的主要活动就是相互联系,竭力在全国结成一张网。哈迪在创建伦敦通讯会时的目标之一,就是"想尽量弄清没有代表权的那部分人的真实想法,看看他们有多大决心"①。正因为如此,他把组织的名称定为"通讯会",取通讯联络之意。为了这个目的,他在1792年3月8日写出第一封信。这封信是他的一个首创行动:他在报上看到设菲尔德也有一个类似的组织,便决心和他们取得联系。但他对设菲尔德的情况一无所知,又没有熟人,他便冒昧地给一个著名的反蓄奴主义牧师写了一封信,请他帮助牵线,猜想他有可能是那个改革组织的成员。没想到这真的让哈迪给碰上了。设菲尔德和伦敦建立了联系。当设菲尔德的回信被在伦敦通讯会大会上宣读时,会场一片欢腾,会员们第一次听说"在相当遥远的地方也有人和自己想的一样,而且做到了一块",心中高兴极了,因此,当场就对哈迪"打开如此重要的通讯渠道"表示感谢。② 从此,伦敦通讯会就和全国各地的改革派组织书信来往,频繁接触,不仅传书互勉、共商改革大计,而且研究方案、统一行动步骤,逐步开创了一举百举、此呼彼应的可喜局面。

有许多信件表明,伦敦通讯会是工人组织的群龙之首。由于它在所有

---

① Thomas Hardy, "Memoir of Thomas Hardy", in David Vincent, ed., *Testaments of Radicalism*: *Memoirs of Working Class Politicians*, 1790 - 1885, p.46.
② Add MSS 27814, ff.1 - 38.

工人政治组织中人数最多、力量最大,成立时间又相当早(仅次于设菲尔德宪法知识会);也由于它地处伦敦,置身于国家政治生活的中枢;更由于它勇敢决断的斗争精神及其众多会员的英勇献身,所有这些,都使伦敦通讯会在同类政治组织中享有崇高的声望。因此,各地组织中写信来向它求教、要求指导、希望支持的,不在少数。1792 年 9 月底,斯托克波特的一个组织来信谈到,伦敦通讯会的指导"对我们这个刚成立不久的组织来说相当有用。我们特别需要你们的经验,我们知道你们的帮助最大",接下来,它就询问应该采取什么样的步骤去争取改革,对此伦敦通讯会建议要加强组织上的联系。① 1794 年 4 月 24 日,纽卡斯尔一个组织写信给哈迪,说伦敦通讯会的英勇斗争使"我们愿意效法你们的榜样,假如你们不嫌弃,就请向我们说明你们的观点和意向,……这将激励我们的会员,并增加我们的人数"②。1795 年底,伍斯特有人来信,说那里新成立的一个组织慕通讯会之名,很想与他们建立合作关系。通讯会答复说,新组织应在"伦敦通讯会走过的道路上坚持不懈,因为正是这条路使伦敦通讯会赢得自由之友们的高度敬仰和信任"③。1796 年,当工人政治组织因政府加紧镇压而处境已相当困难时,伦敦通讯会还收到雷德布里奇、莱斯特、诺丁汉等地的信件请求指导,曼彻斯特还询问该不该和辉格党合作。④ 在伦敦通讯会生存的 6 年间,它与全国各地交换了成千上万封信,与各个组织都有通信联络关系,为促成全国大团结发挥了巨大作用。在一段时期中,伦敦通讯会曾号召各地的工人组织都采用"通讯会"的名称,组成一个"大不列颠联合通讯会"。这个号召曾获得热烈响应。

这种全国联合的趋势一开始就使统治集团十分害怕,因此从 1792 年

---

① *State Trial*, Vol.25, Cols. 614 - 616.
② *The Trial of Thomas Hardy*, Vol.1, pp.407 - 408.
③ Add MSS 27815, ff. 22 - 2v.
④ Mary Thale, ed., *Selections from the Papers of the London Corresponding Society, 1792 - 1799*, pp. 344, 345, 364, 376.

起,一场改革与反改革的斗争就在不列颠的大地上激烈展开了。为了理解这场斗争,有必要回顾一下议会改革运动的历史。

议会改革的原则早在17世纪革命时代就有所阐述,比如独立派的《建议要点》(Heads of the Proposals)和平等派的《人民公约》(Agreement of the People),就都提出过改革的具体方案。① 1640 年,长期议会中甚至有人提出:"最穷苦的人也应该有选举权,因为这是英国人与生俱来的权利。"②可以说,这是要求普选权的最早呼声。但议会改革作为一个派别的政治纲领正式形成,是18世纪60年代的事。由于乔治三世企图恢复独裁统治,使光荣革命所建立的君主立宪原则受到动摇,统治英国达半世纪之久的辉格党贵族丧失了政权,于是开始要求"改革"。他们先在罗金汉侯爵(Marquis of Rockingham)领导下要求"经济改革",以为一旦议会能控制王室经费的使用、切断国王贿赂议员的财源,就能恢复辉格党的权势。在20年望眼欲穿的等待之后,1782年,他们终于乘美国革命胜利之机完成了"经济改革",乔治三世实行独裁统治的企图也彻底破产了。但辉格党掌权的希望仍遥遥无期,托利党反而更强盛了。此后几经分裂,辉格党终于在福克斯周围形成了一个坚强的反对派核心。1792年4月,他们组成"人民之友会",以同情的目光注视着中下层人民的改革要求,时而也在议会提出改革方案。因得力于其有利的社会地位,他们常起到充当中下层人士的保护伞的作用,然而他们支持改革的目的是"检查一下制度本身,找出在执行宪法时可能存在的问题并提出纠正的方法",从而"防止灾祸",即防止革命。③

中等阶级的改革运动是由"威尔克斯事件"触发的。1762年,约翰·

---

① 参见 Samuel R. Gardiner, ed., *The Constitutional Documents of the Puritan Revolution*, Oxford, 1906, p.317; A. L. Morton, ed., *Freedom in Arms*, London, 1975, pp.139–140.
② John Cannon, *Parliamentary Reform*, Cambridge, 1973, p.4.
③ Alfred Cobban, ed., *The Debate on the French Revolution*, 1789–1800, p.109.

威尔克斯(John Wilkes)在辉格党的怂恿下写了一篇文章攻击国王,引起乔治三世大怒,因而三番五次地亲自指使议会剥夺他的议员资格。这使得伦敦的商业资产阶级大为不快,认为侵犯了他们自由选择议员的神圣权利。而议会,由于腐败之风日盛,竟自甘堕落为专制国王的御用工具。因此,他们不仅在 1768—1769 年间不顾议会的禁令连续三次选举威尔克斯为议员,而且还成立了一个威尔克斯后援会。这个团体很快就转化为"权利法案支持者协会"(Society for the Supporters of the Bill of Rights),是第一个中等阶级的改革组织。1780 年,首都的中等阶级改革派联合起来,组成"宪法知识会"。该会成立的宗旨是宣传议会改革,"传播有关宪政自由这一伟大原则的知识,特别是关于议会的选举和任期的知识"[①]。18 世纪 80 年代初期,宪法知识会出版、散发了许多宣传议会改革的书籍、小册子,对启发人民的觉悟很有贡献。比如哈迪就是在阅读了这些政治小册子之后而开始考虑改革问题的。但中等阶级不支持群众运动,因此到法国大革命爆发时,宪法知识会几乎已经奄奄一息了。《人权》的出版给了他们一针强心剂,由于他们的努力,《人权》被大量发行,而且被以极便宜的价格出售,这无疑是发动劳动人民参加斗争的一个重要步骤。但直到工人群众组织起来之前,宪法知识会的活动都不具备群众运动的特点,它的会员数也一直不多。

除以上两支改革力量之外,18 世纪 80 年代还盛行过一个"联合会"运动。这是以各地中小地主为骨干的全国性活动,其要求是增加郡属议席(实际上就是增加中小地主议员),实行经济改革,组织"廉洁议会",等等。[②] 这个运动无论从成员成分来说还是从纲领来看都相当保守,而且延续时间也不长,但它开创了有组织的全国性运动的先例。在英国的群众运动史上,它第一次召开了全国代表大会,设立常设机构,把各地中小地主都

[①] Declaration of the SCI, in Darvid C. Douoglas, *English Historical Documents*, Vol.10, pp.220 - 222.
[②] 参见 Christopher Wyvill, collected, *Political Papers*, London, n. d., Vol.1, No.2, pp.41 - 113.

统一到一面大旗下;它在各地建立地方性小组委员会,协调行动,组织结构比较严密。由于这些特点,它能一呼百应,形成浩大的声势。正是因为联合会运动的声势,才帮助辉格党顺利地完成了"经济改革"的夙愿。这又为后来提供了先例:人们认为一个组织良好、声势浩大的群众运动,能够迫使统治集团做出让步,实行某种改革。

因此,当伦敦通讯会登场时,改革舞台上的场景是:经济改革已经完成;人民之友会尚未成立;辉格党冷眼旁观、无所作为;宪法知识会刚刚复苏、惰性未除;中等阶级消沉已久,不知该做什么好;工人阶级初登舞台,充满生气却毫无经验;但联合会运动的相对成功,明显地蕴藏着某种提示。

工人阶级刚上场,就使英国沉闷的政治舞台出现了生机。由于哈迪的倡导,伦敦通讯会很快和全国各地取得联系,而且还和宪法知识会及人民之友会有书信来往,这样,各阶层的改革派开始联合到一起了。这是使托利党政府深感不安的第一个信号。

1792年9月,伦敦通讯会又与各协会联系,发起向法国国民公会致书的运动,表达与法国人民的战斗团结。伦敦通讯会的信中这样说道:"法国人民,你们已经自由了,英国人也将这样做。……不是君主的同盟,而是美、法、英三国人民的三边同盟,将带给欧洲以自由,带给世界以和平!"[①]不久,另外11个团体也发出类似的信件,其中包括设菲尔德知识会和宪法知识会。中下层人民第一次的联合行动使政府深感恐慌。

1793年1月,设菲尔德知识会写信给各改革协会,要求制定统一的行动方案,以争取改革的胜利。他们提出三种可能的选择:一是向国王请愿;二是向议会请愿;三是召开全国改革派代表大会,蔑视议会权威。通讯会接信后立即做出两项决议:一是与伦敦各改革组织磋商联系;二是要全体会员就"在目前的情况下,要取得有效、直接的激进改革,哪种方法最

[①] Joint Address to the French National Convention, September 27, 1792, in Albert Goodwin, *The Friends of Liberty*, Appendix I, pp.502 – 503.

好?"展开讨论。经过近一个月的几上几下,伦敦通讯会决定采用向议会请愿的方法,并建议各地组织"分头向下院请愿"①。在给设菲尔德的信中,通讯会解释说:"我们一致认为这种请愿不会导致改革,但几经考虑后,我们觉得假如全国每个协会都提出请愿,最终兴许能成功。因为这样就可以迫使议员们老是在讨论改革问题,而他们对待改革的态度,一旦印在纸上,就最能唤醒群众,让他们注意我们的目标。"而一旦下院开始辩论,各阶层又都认为有必要进行改革时,"我们的事业就算完成一大半了"。② 其他多数组织也持这种看法。一个请愿运动于是就开始了。2月23日,伦敦通讯会总委员会下令起草请愿书,在各分会会议上传阅并征集签字。不久,又决定在伦敦市内公开设点,号召广大群众签名。请愿书最终获得6 000人签名,并于5月初递交议会。据通讯会记事簿记载,请愿书"被下院收下,宣读,然后备案待议"③。

在这次请愿活动中,各地共提交了36份请愿书,其结果像伦敦通讯会这样的还算是好的。有许多请愿书下院根本不接收,理由是他们"语言粗鄙,不合议会体例"。设菲尔德的请愿书就这样被退回。议会的这种做法完全打乱了改革派的部署。他们本来指望靠不断地请愿能迫使议会不断地辩论,从而造成舆论上的优势,但议会干脆关起门来,不予理睬!改革派一时乱了手脚,不知如何是好。这时伦敦通讯会再次带头采取行动,打开了人民运动的新局面:在提交给议会的36份请愿书中,有24份来自苏格兰,这使它了解到苏格兰改革派的潜在力量。1793年5月17日,请愿运动失败后不久,哈迪和通讯会主席莫里斯·马格罗特(Maurice Margarot)就托人带信给苏格兰人民之友联合会的书记威廉·斯克文(William Skirving),要求和苏格兰联系。信中说"任何一个组织都不能独立完成"改

---

① Add MSS 27812, ff. 33–34, 35v–36.
② LCS to SCS, March 4, 1793, in *The Trial of Thomas Hardy*, Vol.1, p.242.
③ Add MSS 27812, ff. 42v–44.

革事业,因此,"让我们尽可能团结起来,不仅在你我之间,而且把全国每一个组织都团结到一起",共同争取改革的成功。信件接着说,"如你所知,我们的请愿全失败了,我们因此应当考虑某种更有效的办法。我们愿听从你们的意见,请你们相信:我们愿采用最坚定的方法,只要它合法就行"①。

斯克文在回信中建议召开全英国民代表大会,因为他认为"现在的政府一旦倒台","无政府主义状态"就会出现;而只有"人民自己的大联合"才能防止这种情况。② 可见,在斯克文的思想中,确实是准备用一个人民的代表大会去取代现存的议会的。

苏格兰此时沿格拉斯哥—爱丁堡一线有一大批改革组织,基本上是中下层人民的联合,又都叫"某某地人民之友会"。1792年12月,他们在爱丁堡召开过一次国民大会,由温和的中等阶级操纵控制。但在次年4月30日开始的第二次国民大会上,下层人民取得优势,在此期间哈迪和马格罗特的信寄到,受到热烈欢迎。但这触犯了政府当局。会后不久,苏格兰开始镇压,"人民之友联合会"的副主席和另一个改革派著名人士被捕判刑。对此,苏格兰改革派决定报以召开另一次国民大会。10月初,斯克文正式邀请伦敦通讯会等英格兰组织派代表赴会。伦敦通讯会立即接受邀请。24日,通讯会选举马格罗特和约瑟夫·杰拉尔德(Joseph Gerrald)为赴苏代表。总委员会发出九条指示,其中最重要的一条是,代表"在任何情况下都不得背离本会的基本目标和原则,即用合理合法的手段去争取年度议会和普选权",此外,总会还指示代表要支持给议员发放工资的提议。③ 不久,宪法知识会和设菲尔德知识会也各派出一名代表参加苏格兰大会。

伦敦通讯会的代表在苏格兰大会上发挥了重要作用,他们一到,就成为大会最活跃的人物。大会本来早已开始,但秩序混乱,议程松垮;后来为

---

① *The Trial of Thomas Hardy*, Vol.1, p.243.
② *The Trial of Thomas Hardy*, Vol.1, pp.244-247.
③ Add MSS 27812, ff. 73-77v.

等待英格兰代表,又延期召开。11月19日,英格兰代表到达后,大会重新开始。马格罗特立即动议整顿纪律,包括审查代表资格、发放代表证、划分小组、制定议程等等。据政府一项报告称:"从会议记录看,最初三天大会主要讨论程序问题,但1793年11月22日改称'联合起来争取普选和年度议会的全英国民代表大会',此后,他们就几乎在每一细节上都模仿法国国民公会的方式开会了。"他们设立组织委员会、指导委员会、财政委员会和安全委员会;采用"公民"互称;把大会划分为"区";由各区提出决议草案和报告;有些文件还以 Vive la Convention(公会万岁)开头、以 Ça Ira(酌此办理)结尾——有些还标以"全英国民代表大会元年"的日期等等,①所有这些重要措施,几乎都是由伦敦通讯会的代表提出的。28日,马格罗特便建议设立秘密委员会,以便一旦被政府镇压时能负责召开紧急会议。此后,镇压的风声越来越紧了。12月4日,大会又在马格罗特的建议下通过决议说:"如果发生紧急情况,比如政府逮捕代表、中止《人身保护法》、引进外国雇佣军进行镇压等等时,此即行动信号,全体代表应立即奔赴秘密委员会指定的地点集合,组成一个永久性的人民代表大会。"②果然,就在这项决议通过后的第二天,12月5日,苏格兰当局出动大批军警包围了会场,强行解散了大会,逮捕了大会主要领导人及英格兰诸代表。宪法知识会的代表向政府自首变节了,马格罗特、杰拉尔德和斯克文则被判处14年流放,到澳大利亚服苦役。后来,只有马格罗特一人活着回到英国。在英国工人运动史上,这是第一批为正义献身的英雄人物。直至今日,爱丁堡市的卡尔顿小山下,在那威严的苏格兰事务部的办公大楼旁,还耸立着一块石碑,纪念这些"改革祭坛上的第一批烈士"。

第二回合的斗争就这样被镇压了,但这次镇压暴露了托利党政府的残

---

① G. D. H. Cole and A. W. Filson, eds., *British Working Class Movements*, p.55.
② For Proceedings of the Edinburgh Convention, Cf., in *The Trial of Thomas Hardy*, Vol.1, pp. 277 - 337.

酷本质。苏格兰法律本来就比英格兰严厉，在审判过程中，法官的蛮横无理和肆意孤行更显示出这是一次压制民主的政治审判。这使许多人对改革派表示同情。因此，尽管苏格兰的改革组织受到沉重打击，有许多甚至一蹶不振了，但英格兰的改革势头反倒强盛起来。10万份审判记录在全国不胫而走，十分畅销；马格罗特和杰拉尔德成了世人皆知的英雄。各地改革派组织纷纷抗议，在庆祝协会成立两周年的盛大聚餐会上，伦敦通讯会发表"致大不列颠和爱尔兰人民公开信"，强烈指责政府背离了从大宪章到光荣革命的自由传统，号召人民在"自由"和"奴役"间做出抉择。公开信接着说，在一个文明的国度，法律是解决纠纷的手段，"但正如万物之主……教导我们：荆棘中收不到葡萄，蓟丛中收不到浆果，我们因此只能靠自己的法律去寻求解放，而不能指望我们敌人的法律，指望那些抢夺者压迫者们的法律"。显然，这是伦敦通讯会在认识上的一大飞跃。此后，关于"合法的"行动就包含新的内容了。接着，伦敦通讯会做出决议，说在目前的形势下总委员会将每天开会，密切注视政府的一举一动；一旦政府有所动作，试图镇压（比如中止《人身保护法》，实行戒严，等等），通讯会将立即与各协会联系，"召开一个全体人民的代表大会"①。10天后，在协会主要理论家约翰·瑟尔沃尔（John Thelwell）的提议下，通讯会成立了秘密委员会，准备应变。3月初，秘密委员会向各改革组织发出传阅信，建议"在此危急关头"，召开"另一个全英国民代表大会"，要求各组织立即回答，并申报与会代表的人数。② 这封信很明确地显示了伦敦通讯会在运动中的领导作用，受到各地组织的广泛响应。

虽然人民之友会对代表大会的想法十分反感，说它会给政府镇压提供借口，但宪法知识会很快表示原则性支持，并要求与通讯会共同组成联席

---

① *The Trial of Thomas Hardy*, Vol.1, pp.351-356.
② Mary Thale, ed., *Selections from the Papers of the London Corresponding Society, 1792-1799*, pp.119-120.

会议,具体商讨大会事宜。4月4日,两协会的各六名领导人开始在瑟尔沃尔家会谈,几天后做出决定:(1)赞成召开国民大会,但宪法知识会坚持不肯用"国民大会"(Convention)的名称,而要把它叫作"自由之友总会议"(A General Meeting of the Friends of Freedom),结果两个叫法都写上了;(2)加快与外地联络;(3)两协会联合组成"合作委员会"以协同行动,这表明工人阶级与中等阶级正式结盟。4月10日,通讯会总委员会批准上述决定;次日宪法知识会也投票通过。此时,外地许多协会也已来信表示支持"国民大会"的设想,形势发展显然很快。在这种情况下,工人阶级再次把运动推进了一步:4月10日和14日,设菲尔德知识会和伦敦通讯会分别召开盛大群众聚会,创造出英国人民历史上的一种新的活动形式。

早在3月,伦敦通讯会秘密委员会就建议召开一次全体会员大会,一方面鼓舞士气,另一方面显示改革派的力量。后来,又决定向全体居民开放,欢迎群众参加。4月14日大会就是这样召开的。会址是一个农场,到会的有两三千人,主席是理发匠约翰·洛维特(John Lovett,不是后来宪章运动中的洛维特)。大会重申改革的决心,并通过好几项决议。这次会议规模虽然不大,却是伦敦通讯会召开的第一次露天群众大会,为以后的大规模集会打下了基础。相比之下,设菲尔德的大会不仅规模大,而且更重要。这次大会在一个小山坡上举行,到会者号称上万。大会谴责议会退回人民的请愿书,它问道,如果议会可以因"语言粗鄙"而拒人民的呼声于大门之外,那么工人、农民的意愿如何表达呢?大会说,普选是一种权利,而不是靠人施舍的恩赐。"我们不会吞吞吐吐,欲言又止;我们喜欢坦白直率,讨厌别人装腔作势。……我们要对下院说:我们受侵犯受虐待——你们愿意过问吗?愿意解除我们的疾苦吗?如果愿意,我们欢迎;如果不愿意,我们就另找其他办法……"①这次大会是英国历史上第一次大规模群众集会,对后来的群众运

---

① *The Trial of Thomas Hardy*, Vol.3, p.207.

动显然有深刻影响。英国的激进派们很快就发现这是一种极好的群众运动形式,其气氛既烈,能鼓舞人心;其声势又大,能给政府造成相当大的压力;它把当权者公开逼迫到人民的对立面上去,从而启发群众觉悟。正因为如此,在以后的改革高潮及宪章运动中,这种方式被频频采用,成为激进运动的一个重要特点;而这种手段的发明权,是属于英国工人阶级的。

改革派如此接连的进攻,使政府决定实行镇压。1794年5月12日,哈迪和宪法知识会书记丹尼尔·亚当斯(Daniel Adams)在家中被捕。14日,下院成立秘密委员会审查两协会活动。不久,上院也成立相应组织。随后几天中,伦敦通讯会13人和宪法知识会5人又相继被捕,政府中止《人身保护法》,捕人的浪潮立刻席卷全国。10月6日,政府以叛国罪对哈迪等12人开庭审判,这是英国18世纪中最轰动的一次政治大审判。

福克斯派辉格党竭尽全力保护激进派。当议会中止《人身保护法》时,他们曾进行顽强抵抗,迫使议会表决了14次。开庭审判后,人民之友会的著名律师托马斯·厄斯金(Thomas Erskine)出庭辩护,在他的帮助下,被告的营救工作组织得非常好。对哈迪的审判持续了9天,每天都一直搞到深夜。最后一天,当陪审团退庭合议时,气氛紧张到即将爆炸的程度。当时,法庭外人山人海,法庭内声息全无,空气好像凝结了,弥漫着激战前才有的沉寂。3小时后,陪审团回到法庭。陪审长宣告合议结果时,紧张得只是微微动了动嘴唇,就瘫倒在椅子上了。但法庭内外顿时爆发出雷鸣般的欢呼,"无罪"的喊声传遍全城。哈迪激动得只对陪审团说了一句"同胞们,谢谢你们",就被当场释放。① 当晚,伦敦城如逢狂欢节一般,哈迪被群众塞进马车,拉着在全城游行。以后几天,政府只对宪法知识会的霍恩-图克和伦敦通讯会的瑟尔沃尔开庭审判,宣告无罪又开释了;其他9人未经审讯就被全部释放。这次审讯,标志着伦敦通讯会第一阶段活动的结束。

---

① *The Trial of Thomas Hardy*, Vol.4, p.444.

四、和平与暴力

政府本想通过政治大审判来压垮改革运动,想不到适得其反,反而在人民面前丢了丑。不过,政府的目的还是部分地达到了。宪法知识会此后一蹶不振、寿终正寝了。许多外地组织也散了伙,其中主要是中等阶级的改革组织。这样一来,工人阶级成了唯一的一支改革力量。但是在工人组织内也发生了分化,哈迪从此消沉了,退出了积极的政治活动。在他被关押时,他的妻子被暴民们恐吓至死,腹中还留着个未出生的孩子。哈迪获释后,当他终于能一个人安静下来时,他做的第一件事就是到他妻子的坟上,久久地跪在那里默泣。和哈迪同时被捕的人中,有的消沉,有的流亡国外。瑟尔沃尔退出了协会,宣布他信仰未变,但不愿使自己的行动连累通讯会,以后他将孤身作战。伦敦通讯会人数大减,原有的 31 个分会中,只有不到一半还在继续活动,而且每次到会的人数也寥寥无几;就连一向被看作是各分会之母的第 2 分会——哈迪的分会,有一次也只有 14 人到场,其中 7 人还是旁听的,没有表决权。为营救被捕者,通讯会花光了一切积蓄,开展其他活动几乎都不可能了。这真是个异常艰苦的时期。正是在这样一个艰苦时期中,关于使用"和平"还是"暴力"手段的分歧,开始逐步在伦敦通讯会内部发展起来,并越来越尖锐化了。

一方面,和平主义思潮在工人运动内部一开始就根深蒂固。1792 年 4

月 2 日,伦敦通讯会的第一份宣言上就明确写着:"本协会坚决反对动乱和暴力,本会目的是改革而不是无政府状态,在反抗坏政府的时候,理智、坚定和团结就是本会采用的唯一手段,也是本会希望我国同胞采取的唯一行动方法。"①这以后,在通讯会的几乎每一份公开文件上,都要重申一遍和平合法的宗旨。当赴苏格兰的代表准备启程时,总委员会还特别关照,只能用"合理合法的手段"去争取改革。哈迪被捕后在枢密院预审时,也再三强调:"现在存在着那么多社团,当然不可能不混有某些狂暴之徒,其中也不乏政府的奸细;然而不管这些无赖之辈……如何叫嚷要动用武力,像我这样一些真正的爱国者是反对任何暴力主张的。我们孜孜所求的……仅仅是议会的改革,而且是采用合法与和平手段的改革。"②设菲尔德知识会也曾一再声明,该会的"唯一目的是:在适当的时机,通过和平的改革,为恢复下院更平等的代表权而竭尽绵薄之力"。1791 年 12 月 19 日,他们在该会第二封"公开信"中也说:由于政治上的不合理是在"执行"宪法时产生的,而不是"原则上的毛病",因此政治制度中"原先的那种纯洁精神是可以恢复的,而无须对其使用暴力"③。

但另一方面,主张革命暴力的也大有人在,而且从一开始就不乏其人。混在通讯会内部的奸细,几乎每个人都报告过会员中有浓厚的革命情绪。奸细亚历山大曾说,他曾听有的会员声称将到法国去,然后带着法军打回来,推翻英国政府。奸细格罗夫斯在 1794 年 2 月汇报,有个会员曾向他展示匕首,说这是用来"结果皮特先生④和他那边的头领们的。这事当然不会在今天或明天就发生,但很可能发生在 6 个月之内"。奸细梅特卡夫在 1794 年 4 月报告,说第 11 分会的总会代表曾对他说,他认为通讯会应该学

---

① Add MSS 27812, ff. 2 - 4v.
② Thomas Hardy, "Memoir of Thomas Hardy", in David Vincent, ed., *Testaments of Radicalism: Memoirs of Working Class Politicians, 1790 - 1885*, p.58.
③ Albert Goodwin, *The Friends of Liberty*, pp.167 - 168.
④ 首相——引者注。

会使用毛瑟枪,学会如何列队布阵;说他打算在总委员会上提出动议,要求每个代表在自己的分会中讨论这个建议。奸细戈斯林几乎在同时也报告说,通讯会中许多人都认为,如果改革"不能用正当的手段取得,那就使用武力"。他甚至汇报说,伦敦通讯会的一些主要成员正在做军队的策反工作,为准备暴动而储存武器,比如"设菲尔德正在造好几千长矛——矛头将从那里运来,在伦敦贮藏"。他还说,这些工作由1793年接替马格罗特担任主席的约翰·巴克斯特(John Baxter)负责指导,而巴克斯特曾亲口对戈斯林说:"应该准备流点血——皮特先生和里夫斯先生[1]还有其他人把人民污辱得够了,人的生性已不能再容忍下去,人民应该而且必须复仇。"[2]尽管伦敦通讯会后来发表正式声明,说戈斯林在政府指使下故意挑逗造反情绪,设下陷阱拉人下水,从而无中生有地栽通讯会的赃;但从巴克斯特后来的表现来看,戈斯林的说法不能说一点根据也没有。当然,奸细出于其邪恶的本性,经常会捕风捉影、无中生有,把芝麻大的事吹得比天还大。但不能据此就否认工人运动中从来就有的革命倾向。1792年成立的一个叫作"兰伯思忠诚协会"(Loyal Lambeth Association)的武装组织,它与伦敦通讯会有千丝万缕的联系。据这个组织的公开章程说,它是为"保卫国家、生命和财产"而建立的,而且只在"兰伯思的圣玛丽教区内"执行"灭火、防暴"等任务;但这个组织的成员全都是伦敦通讯会的会员,其领袖是通讯会的一个重要人物约翰·P.弗兰克娄(John P. Franklow),担任过1793年通讯会的副书记,而且有许多证据表明,马格罗特仿佛也清楚这个组织的情况。"兰伯思忠诚协会"公开宣称自己是个"军事组织",成员中包括"1个上尉、1个中尉、1个旗手、1个军士长、3个军曹、3个班长、60名兵士和2

---

[1] 政府指使的反革命协会负责人——引者注。
[2] Mary Thale, ed., *Selections from the Papers of the London Corresponding Society*, 1792-1799, pp. 90, 113, 128, 141, 156-157.

个吹鼓手"。① 他们按时活动,学习使用刀枪器械,接受军事训练。他们的两个活动地点都是伦敦通讯会的分会所在地,其中一个是斯彭斯②家。我们知道,后来,当伦敦通讯会最终被镇压后,在斯彭斯的周围逐步聚集起一批通讯会的老会员,形成了一个主张密谋暴动的革命集团,在激进主义史上有过相当的历史地位。

以上这些都说明,在工人政治运动刚刚开始的时候,就存在着"和平"与"暴力"这两种倾向。不过,在哈迪审判之前,伦敦通讯会的发展比较顺利,两者间的分歧被掩盖在表层之下,并不表露出来。在哈迪审判之后情况就不同了,政府蓄意镇压已昭然若揭,两种策略上的分歧也随之日益加深。温和派认为,为保存组织,应尽量避免给政府造成任何借口,因此通讯会的活动应完全和平,把重点放到读书看报、开会讨论、宣传教育和提高道德上去。这一派的代表人物是普雷斯。普雷斯是个裁缝,从小受苦很深。1793年,他曾领导过一次同业罢工,显示了高度的组织才能,不过也因此而做出巨大的牺牲:雇主都不再雇用他了,他在贫困中潦倒,一个孩子又得了天花死去。1794年6月,正当哈迪在狱中等待审讯、通讯会许多会员"被吓跑而其人数急剧减少"时,普雷斯却感到有责任"履行义务",因而参加了伦敦通讯会。③ 他的才干使他很快就入选总委员会,又当上执行委员会委员,最后在1795年9月当选为总会常务主席,他一直担任这个职务到1796年下半年辞职时为止。在如此重要的岗位上,他曾制定了温和派的策略。他说,在1795年,当许多人认为内外交困的困难处境将迫使政府做出让步、实行改革时,"我不抱这种希望"。他认为,政府将一意孤行下去,直到坏事做尽了出现危机,才会有一个否极泰来;而只有这时,人民"才有

---

① "Rules, Articles and Regulations of the Loyal Lambeth Association", 1792, in *The Trial of Thomas Hardy*, Vol.2, pp.315–317.
② 见前第89—91页。
③ Francis Place, *The Autobiography of Francis Place*, Mary Thale, ed., p.130.

机会"实现他们的愿望;在此之前,只能够教育人民,"让他们懂得代表权的好处,引导他们要求完全的责任制政府……而一旦政府的行径引起危机时,他们就能够支持那些最可能建立起精干廉洁的政府形式的人"挽回局势;"我因此建议,通讯会的活动应尽量保持无声无息、不惹人注目"。① 他于是竭力提倡把通讯会改造成读书会的性质,在活动时强调学习文化、陶冶情操。不过正如他自己所说,他的这种观点"只有很少几个助手同意",大多数人都要求采取更主动的行动。② 尽管如此,他后来回忆伦敦通讯会时,仍说其"领导成员中没有一个是无政府主义者,没有一个是头脑发热的革命分子,他们沉着而冷静,只求通过政府本身来取得代表权,只想渐进地实行变革,而绝不比受引导的群众走得更快"③。在普雷斯如此推崇的温和派领导人中,另一个重要人物是约翰·阿什利(John Ashley),他是1795—1796年通讯会的书记。

通讯会中激烈的一翼却不这样看。在他们看来,伦敦通讯会"公开的目标是争取下院的改革,实行普选和年度议会。……但会中许多有影响的人则希望推翻君主制,建立共和国"④。宾斯兄弟(Benjamin and John Binns)是这一派的重要代表。他们也是在哈迪被捕后才加入通讯会的,不过赞成和普雷斯完全不同的主张。此外,这一派还有通讯会后期的主要领导人托马斯·埃文斯(Thomas Evans)、罗伯特·T.克罗斯菲尔德(Robert T. Crossfield)、亚历山大·盖洛韦(Alexander Galloway)等等。这些人认为不行动等于死亡,主张发起不断进攻,通过主动的行动来唤醒群众,造成声势,争取人民的支持。他们并不否认和平的手段是必要的,但认为在关键时刻必须诉诸武力。他们对统治阶级较少抱有幻想,主张积极的斗争,

---

① Francis Place, *The Autobiography of Francis Place*, Mary Thale, ed., p.144.
② Francis Place, *The Autobiography of Francis Place*, Mary Thale, ed., p.144.
③ Francis Place, *The Autobiography of Francis Place*, Mary Thale, ed., p.196.
④ John Binns, *Recollections of the Life of John Binns*, p.45.

依靠自己的行动去争取解放,这些当然都是对的。但由于他们往往忽视群众的思想准备工作,斗争中带有急躁情绪,最终容易走上密谋暴动的道路。通讯会中还有一批人,他们既不赞成无所作为,也不支持使用武力,不过在主动进攻这一点上,倒是与激烈派完全一致。这是个中间的多数派,其代表人物有约翰·盖尔·琼斯(John Gale Jones)、保罗·托马斯·勒梅特(Paul Thomas Lemaitre)等等。正是靠了这个中间派与激烈派的共同努力,伦敦通讯会才能在哈迪审判后不仅继续生存下去,而且重新壮大,发展到了新的高峰,把运动推向新的高潮,伦敦通讯会的地位也才能在英国历史发展中更牢固地确立。

约翰·宾斯在其回忆录中说,哈迪审判后不久,"伦敦通讯会就不仅在伦敦,而且在全国都是人数最多、影响最大的政治组织了。除辉格党之外,它在一切群众政治团体中最受公众关心,也最为政府注目"[①]。事实上,由于中等阶级退出政治舞台,辉格党对改革事业本来就三心二意,工人阶级已是改革的唯一动力,因此当哈迪审判完毕,通讯会终于从营救护援工作中解脱出来之后,工人政治活动逐渐发展到新的阶段。

首先,是出版周刊《政治家》(*The Politician*),以扩大通讯会的影响。这份刊物虽然只出版了4期,从1794年12月13日起只存在了21天,却是有史以来第一份工人阶级自己的杂志:《政治家》这个刊名本身,就表明工人阶级在政治领域中的觉醒。

1795年上半年,通讯会的活动不详。这期间没有留下会议记录,也没有文字记载。一方面,也许是因为哈迪被捕时文件记录悉被政府查去,后来成了审判哈迪的罪证,这使通讯会心有余悸,不敢留下文字材料。但另一方面,也由于安插在通讯会内部的政府奸细在审判时几乎全都暴露,因此政府方面不再有秘密报告。不过可以肯定地说,这段时间是伦敦通讯会

[①] John Binns, *Recollections of the Life of John Binns*, p.41.

相当困难的时期,它需要时间恢复整顿。

恢复的过程到6月基本结束,随即它又开始进攻。这时,它已学会了群众大会的斗争方式,一开始就攻势很猛,声势很大。6月29日,通讯会召开了一次群众大会,约翰·盖尔·琼斯当主席,大会通过"致全国公开信"。信中说:"一年多过去了,其中充满惶恐与不安,但伦敦通讯会仍旧坚持原则,忠于初衷,现在它又站出来了,请你们倾听我们的意见。"在强烈谴责了政府的镇压后,它接着说:"爱国的神圣热血从屠刀上流下,浇灌了自由的幼苗;人虽将死去——真理却会永存!……请不要再重复我们先辈常犯的错误,也不要再指望那虚妄的幻想——更换内阁!有现在这样一个下院在,任何政府都不会对人民负责——人民主要的也许是唯一的希望,全在人民自己!"接下来,在给国王的信中,大会警告说:"陛下,你是不应受骗的,这很重要,假如你身边没有一个诚实的大臣敢说真话,人民就要来指导国王,并把他从毁灭中拯救出来!"[1]这些措辞显然比过去强硬多了,甩掉了对政府和国王曾经抱有的某些幻想。这次大会开得非常成功,据估计有5万—10万人参加,是历史上第一次这样大规模的集会。开会时情绪热烈,秩序井然,激烈而不混乱,大大鼓舞了士气。会前,通讯会内部曾为要不要开这次会激烈辩论过,和平派认为这会给政府提供借口,再次进行镇压,因而反对开会。但大会的结果使他们大感意外,在大会的东风劲吹下,改革之火熊熊燃起,投入运动的人也与日俱增,新会员源源不断地涌进会来,新的分会急速产生。据奸细鲍威尔报告,到7月2日为止的一个星期内,新会员达102人;下一周新入会的达156人,再下一周174人,再下一周181人,7月最后一周达到216人。整个秋冬,伦敦通讯会新入会人数都在持续剧增,到1796年初形成了90个分会,这是通讯会强盛的高峰。

这种情况也是由国内外形势造成的。长期的对法战争使民不聊生、怨

---

[1] Mary Thale, ed., *Selections from the Papers of the London Corresponding Society*, 1792–1799, pp. 253–254.

声载道;再加上接连歉收,造成物价飞涨,日用品昂贵。这些苦难无疑使劳动人民感受最深。因此当伦敦通讯会大旗一举时,前来投奔的人自然成群。外地的情况也差不多,8月10日设菲尔德知识会也召开盛大集会,改革之风立即劲吹。许多地方改革团体本来已瓦解,现在又重新组织,而且多由工人组成。诺里季爱国协会来信说他们发展得很快,已经有了19个分会,周围地区还有一大批独立的团体。德比等地来信要求帮助成立组织。查塔姆、罗彻斯特等地新建的协会也写信来联系。通讯会的活动又繁忙起来,联络的信件被频频送往各地,一个来势更猛的改革高潮正在兴起。这种情形,使运动内主张积极行动的人占了上风,和平主义思潮开始失利。

6月29日大会后,通讯会决定把"致国王书"交给国王。但信件送到内政部后,就石沉大海,杳无音信。通讯会要求国王给回话,证实这封信已经被收到了。为此,它派代表多次到内政部交涉,但内政大臣波特兰公爵(Duke of Portland)蓄意怠慢,不予理睬。这样,从8月起,通讯会开始考虑召开另一次群众大会,向政府施加更大的压力。这一次,内部的分歧更加尖锐了。反对开会的人不仅以避免刺激政府为基本理由,而且以通讯会的财政拮据、负担不了,以及召开一次新的大会拿不出什么新的内容等为借口。① 这些情况当然都属实,不过在和平派的思想深处,根深蒂固的一条是避免触犯政府当局,以免引起新的镇压。但这一次,主张积极行动的人再占上风。10月26日,伦敦通讯会在哥本哈根大厦附近召开了盛大的群众集会,由约翰·宾斯任主席,到会的可能有10万人之多,而通讯会自己说有15万。这是一次热烈的大会,据宾斯回忆:"我决不会忘记那万众一心的热情和秩序。……每一张脸、每一双眼睛都朝着我,每一句话都得到衷心的响应,凡是能移动一下身子的人都举起双手热烈地鼓掌。……"② 据记载,宾斯在致开幕词时说,政府必须执行人民的意志,"如

---

① Add MSS 27813, ff. 113v–121.
② John Binns, *Recollections of the Life of John Binns*, pp.53–54.

果不执行,他们就是犯了背叛人民罪"。大会一致通过《告全国书》,其中声称:"我们是和平的真诚朋友,我们只要改革……但当大势所趋时我们也无能为力,我们不愿永久地压抑受到污辱的被激怒的心,一旦不列颠民族大声疾呼要求坚强有力的行动时,我们将勇敢地回答:'我们愿九死不辞!'为拯救我们的国家,……我们正时刻准备着。"①很明显,暴力派的主张已溢于言表了。

迄今为止,和平派一直以团结为重,避免分裂。普雷斯回顾说,他"不同意"召开群众大会,但在会员多数讨论决定后,他仍"协助做出必要的安排,如草拟决议案、请愿书、抗议书、公开信等等"②。因此直到这时,两派虽有矛盾,却一直合作得很好。但 10 月 29 日,即哥本哈根大会开过的第三天,出了件有决定意义的大事,不仅影响到伦敦通讯会的前途,而且使双方的分歧开始明显。当天,国王去威斯敏斯特主持议会的开幕式,围观的群众达几十万。其中多数人对政府的决策表示不满,因此当国王坐车通过时,大家冷嘲热讽,骂声不绝,秩序十分混乱,有人甚至用石头(或气枪)打了马车的玻璃。国王回驾时,马车被拥挤的群众包围,有人还爬上马车,打开车门。若不是王宫卫队来得快,很可能出事。

对这件事,和平派与暴力派的说法完全不同。双方都承认打开车门的是个通讯会会员,但普雷斯一口咬定这个人是无意中被卷在拥挤的人流中,差点被挤倒在车轮下,他不知道身旁的马车是国王的御座,因此顺手抓住车门把手,才免遭车轮辗压的杀身之祸。宾斯则十分肯定地说,他曾听一个会员亲口叙述:当马车通过时,群众硬把车门打开,这个人跳上去,揪住国王的领子,要把他拖下来,国王吓得直往后缩,拼命挣扎,正在这时,"一队卫兵飞奔过来,驱散了群众"。宾斯问道,假如这个人真把国王抓下

---

① Mary Thale, ed., *Selections from the Papers of the London Corresponding Society, 1792 - 1799*, pp. 314 - 315.
② Francis Place, *The Autobiography of Francis Place*, Mary Thale, ed., p.144.

来,"谁知道会有什么结果呢?……也许会推翻政府,建立一个共和国,然后与法国缔和,影响到全欧洲的政府和人民"①。不管哪种说法正确,有一点却是很明显的:如果国王落到群众手中,结局确实难以预料。

政府利用这件事,迅速提出"两项法案",规定:(1)凡"图谋伤害"国王或王室成员者一律判处死刑;发表"污辱性"文章的,即算犯有叛国罪,可流放7年;(2)禁止50人以上集会,授予地方官任意捕人的权力,而无须法律手续。这两项法案是自光荣革命以来对言论、出版、集会自由的最大侵犯,它定的实际上是"思想罪"。至此,皮特政府建立了百年来英国史上最专制、最残暴的反动政权,完全脱去了"自由民主"的外衣。为反对"两项法案",伦敦通讯会又召开过两次群众大会,规模都很大。11月12日那次,据通讯会自己说有30万人,但这个数字恐怕有些夸张。大会通过的一项决议说:"万一出现最坏的情况,我们知道那反抗压迫的合法权利是多么宝贵,也懂得如何将它付诸实践。"②会后不久,11月23日,通讯会散发一张传单,其中说"本会向来……反对动乱和暴力",但反对暴力不等于"逆来顺受和束手待毙……当那可悲的时刻果然到来,不列颠的自由不是用笔和嘴而要靠刀和剑去保卫的时候,不列颠人将团结在自由的旗帜下,……像斯巴达的战士一样,万众一心,宁死不屈,誓死而不放弃原则,决不背叛祖国的自由!!!"③很显然,当政府的弓弩已经张开、和平的道路已被堵塞时,以暴力还暴力的思想正在蔓延开来。特别有意思的是,这样一份有激烈暴力言论的文件,竟不得不由担任书记职的阿什利(温和派)签署。12月7日,伦敦通讯会再次举行盛大集会,辉格党议员也出席了,其中包括福克

---

① Francis Place, *The Autobiography of Francis Place*, Mary Thale, ed., p.147; John Binns, *Recollections of the Life of John Binns*, p.56.
② Mary Thale, ed., *Selections from the Papers of the London Corresponding Society*, 1792 – 1799, p.324.
③ Mary Thale, ed., *Selections from the Papers of the London Corresponding Society*, 1792 – 1799, p.327.

斯。但这并没有阻止政府强行通过"两项法案"的决心,12月18日,法案由国王签署后生效。

"两项法案"对工人组织的危害极大,因为迄今为止工人手中最有力的武器——召开群众大会就成为非法了。此外,他们连正常的组织活动也难以开展,因为分会活动往往不止50人,而总会的代表则远远超过这个数。伦敦通讯会被迫实行改组,它把伦敦分成东、南、西、中四个区,各设一个区委,由各区所属分会派代表组成,区委再派代表参加总委员会活动,用这种方法把各种活动限制在50人以下。但这次改组是灾难性的,伦敦通讯会实际上成了三级组织,而在上、下两级中起连接作用的关键性机构——区委会则形同虚设,没有被赋予实权,结果区委会控制不了分会,总会又与各分会脱节,组织很快就瘫痪了。到1796年初,各分会人数剧减,分会数也开始减少。外地的情况也差不多,许多组织濒临瓦解,看起来,政府的高压就要把工人运动挤垮了。正是在这种情况下,暴力派最终取得控制权,逐步把伦敦通讯会引向密谋暴动的道路。因此,伦敦通讯会由"和平"向"暴力"的转变,与其说是内部斗争的结果,不如说是政府的政策使然。这恐怕是工人运动中的一个普遍现象。

"两项法案"通过后,伦敦通讯会发出传阅信,号召各地尽可能多地组织小型集会,每次不超过50人,但保持改革声势。这个号召未得到普遍响应,因为许多外地组织已几乎被挤垮了。伦敦通讯会于是又一次采取主动行动,决定派代表到各地去宣传,"以鼓舞士气,建立改革团体"①。出使的代表是宾斯和琼斯。起初,他们取得相当的成功,所到之处群情欢腾,改革的声势立即恢复。宾斯甚至跑到朴茨茅斯的军港去,在水兵中宣传改革;他还拜访了法军战俘营,使人觉得他负有秘密使命。这些使政府十分惊恐,3月,政府在伯明翰逮捕了琼斯和宾斯。

---

① John Binns, *Recollections of the Life of John Binns*, p.64.

以此为引线，通讯会内部的分歧越来越尖锐。为营救这两个人，通讯会花光了一切积蓄，还负债累累。为偿还债务，它决定开办另一份杂志——《伦敦通讯会道德与政治》(Moral and Political Magazine of the London Corresponding Society)。这份杂志存在了一年之久（1796 年 6 月至 1797 年 5 月），共出版 12 期，无论其篇幅或内容都远远在《政治家》之上。但该杂志销路不好，不仅未能帮助解决财政问题，而且还增加了赤字。普雷斯等和平派一开始就反对开办杂志，但他们在会内一直是少数。等杂志办起来后，普雷斯就退出执行委员会，不久又辞去主席职。1796 年底，阿什利也辞去书记职。照普雷斯自己的说法，他们"对通讯会的活动已经感到厌恶了"①。显然，办不办杂志只是一根极小的引线，更大的分歧是应不应该坚持积极主动的行动。这时，普雷斯和阿什利虽然只是普通代表，但仍奔走于各分会之间，劝他们放弃积极的活动。照他们看来，"仅仅是'欠债'这个词就能赶走许多人，而使其他人不敢参加进来"。因此他们认为，只要能还清债务，协会就能再次昌盛。为此，他们提出暂停一切活动开支，直到偿清债务时为止，同时增收会员的会费，并竭力从外部取得资助。②如果这两项提议获得通过，那么伦敦通讯会就不仅必须停止一切活动，而且有可能丧失独立性，依附于某种有钱的势力，但他们的提议再次被否决。3 月，总委员会宣布将不顾"两项法案"的约束，再次召开一个群众大会。普雷斯和阿什利在决议通过后立刻辞去代表职。6 月底，在群众大会召开的前夕，两人退出了伦敦通讯会。

这两人退出后，领导权就完全落入暴力派手中了。但在这时召开群众大会显然不合时宜，而只是急躁、冒险的表现，伦敦通讯会写信给各地要求同时举行群众大会，各地对此都不热心，连设菲尔德都表示反对。政府又下令严加防范，要各地动用武装力量，准备镇压任何可能召开的大会。不

---

① Francis Place, *The Autobiography of Francis Place*, Mary Thale, ed., p.151.
② Francis Place, *The Autobiography of Francis Place*, Mary Thale, ed., p.153.

久,伦敦市政府宣布一切群众大会为非法。在这种情况下,通讯会于7月31日召开大会,20分钟后就被用武力强行解散了。这是伦敦通讯会最后一次大规模公开活动。两天之后,会内不同意召开这次大会的人联合发表声明,谴责通讯会领导"越来越倾向于使用最不妥当的暴力手段"。为此,他们宣布退出通讯会,另立一个组织,其"出发点"与通讯会"一致",但"方法不同"。① 至此,和平派几乎全部退出,暴力派完全控制了会务。不过,此后伦敦通讯会的人数也越来越少,只剩下一个非常坚强的骨干核心了。1797年11月2日,这批骨干签署了一份《忠诚宣言》,宣布在任何情况下决不退出通讯会,为改革将战斗到最后一个人。②

这以后,伦敦通讯会在密谋暴动的道路上越走越快。它的领导成员日益卷入"联合爱尔兰人"(United Irishmen)的活动。这是爱尔兰的一个地下民族主义组织,它主张借法国的军力,用武力推翻英国在爱尔兰的统治,争取民族自决权。它的活动主要有两方面:一是在爱尔兰组织地下武装,伺机起事;二是与法国政府保持联系,安排法军登陆。1797年,它还在英国组建了"联合英格兰人"(United Englishmen),吸引了大量工人激进派。后来查明,伦敦通讯会后期主要成员中,大部分都是"联合英格兰人",有些还加入了"联合爱尔兰人",像宾斯兄弟、埃文斯、克罗斯菲尔德这些协会后期领导人,都是这两个组织的成员。

伦敦通讯会与"联合爱尔兰人"的密切关系是无可否认的。1797年秋,"联合爱尔兰人"派往巴黎的信使詹姆斯·科伊格里(James Coigley)在伦敦停留,与宾斯兄弟挂上钩,并会见了德斯帕德上校(Col. Despard)和一个"联合苏格兰人"的代表,三方密谈许久,制定了一旦法军进占时的行动对策。据科伊格里后来说,当时讨论了英国方面协助法军入侵的条件及具体做法,讨论结果由科伊格里带往法国。1798年2月28日,科伊格里再次

---

① Add MSS 27815,ff.165-166.
② Add MSS 27815,f.185.

受命偷渡海峡去法国会见拿破仑时,在英国海岸上被捕,同时被捕的还有另外两个"联合爱尔兰人"和负责护送的约翰·宾斯。在科伊格里身上搜出一份致法国督政府的机密信,署名是"英国秘密委员会"。信中说,他们正"焦急地等待意大利的英雄"即拿破仑亲临英国;可以指望,当法军横渡海峡时,将受到英国"万民欢呼迎接他们的到来"。① 这个"英国秘密委员会"到底是些什么人,后来再也搞不清楚了。不过,约翰·宾斯在回忆录中说,当时担任通讯会主席的克罗斯菲尔德,后来曾向宾斯的哥哥本杰明承认:这封信是他写的,在科伊格里离开伦敦的前一天晚上,他亲手把信交给了这个"联合爱尔兰人"的特派信使。由于这封信②,科伊格里被处死刑,宾斯等人被释放——不过这仅仅是政府为保护秘密情报来源,不愿过早地抛出证人而已,政府对他们的活动实际上是了解很多的。

由于秘密活动的气息越来越浓,要想全面了解伦敦通讯会在这个时期的真实动向已完全不可能了。不过,大致可以勾画出这样一幅图景:通讯会的主要领导人已相信和平的方式无济于事,而决定使用武力,为此,他们希望得到法国的援助,以一举推翻政府。为了组织武装力量,他们正竭力把通讯会的会员争取过来;如有可能,则把通讯会整个改造成一个武装起义的大本营。不过,通过遍布全国的奸细和密探,再加上意志不坚定的叛徒和告密者,政府掌握了大量的情报。比如说,鲍威尔就一直隐藏在伦敦通讯会的最高核心机构中参与议事,因此,政府不让通讯会准备就绪就采取了行动。1798年4月18日,当通讯会书记埃文斯正在一个分会主持会议,劝说会员参加"联合英格兰人"时,警官冲进会场,逮捕了15人中的13人,其他2人"脱险",包括奸细鲍威尔。在埃文斯身上搜出一份入会誓词,其中说:"我庄严宣誓:一旦祖国需要,我将保卫祖国。为建立并保卫平等

---

① Albert Goodwin, *The Friends of Liberty*, pp.436 – 437.
② John Binns, *Recollections of the Life of John Binns*, pp.81 – 82.

的权利与法律,我自愿加入'真正不列颠人社'①,并学习使用武器。"②誓词下面有 13 个人的签名,其中包括埃文斯。这一段时期,总委员会正在辩论法军入侵时应采取什么对策。当时,由于拿破仑一再扬言要横渡海峡,英国政府正实行全国总动员。为讨论要不要响应政府号召拿起武器抗击法军入侵的问题,总委员会连续争论了三个晚上。分析一下埃文斯在辩论中的立场是很有意思的。他说,由于法国背弃了自由的原则,又执行欺压小民族的对外政策,因此英国人应该拿起武装,参加抗法志愿团。不过,埃文斯关于伦敦通讯会作为一个整体集体参加、要求政府发给武器的这个建议,受到勒梅特(他不是"联合英格兰人")等人的反对。他们认为,这等于向政府表示效忠,背弃了伦敦通讯会的一贯立场,但他们同意抵抗入侵,因此建议每个人以个人的身份各自在自己的教区报名。而埃文斯对这一点又坚决反对,他坚持必须以伦敦通讯会的名义集体报名。③ 对照埃文斯在这一时期的活动,他仿佛不大可能真心要响应政府号召参加抗法志愿团,因此一个可能的解释就是:通讯会暴力派领导想借此机会把伦敦通讯会转变为革命的武装力量,同时为它寻找一件合法的外衣。当然,这只是笔者的猜测,因为秘密活动的性质把一切真相全都掩蔽了。

不管真相到底如何,4 月 18 日的逮捕是一个信号,政府已下决心进行彻底镇压了。4 月 19 日早,本杰明·宾斯在住处被捕。当晚,正当通讯会总委员会第三次辩论法军入侵问题时,政府逮捕了全体委员。此后,总委员会就不复存在了。两天后,政府再次中止《人身保护法》,捕人的浪潮再次席卷全国,伦敦通讯会所有重要成员全都被捕。1799 年 7 月,议会通过《结社法》(Combination Acts),指名取缔了伦敦通讯会。不过,通讯会并未

---

① 即"联合英格兰人"——引者注。
② HO: 42.
③ Mary Thale, ed., *Selections from the Papers of the London Corresponding Society*, 1792 – 1799, pp. 429 – 437.

就此结束,它的余波一直传到下个世纪。它的成员在 1803 年企图发动起义,1820 年又策划刺杀全体内阁,其武力反抗的意向如一笔遗产留给了下一代的改革派。

回顾伦敦通讯会中"和平"与"暴力"的消长过程,可以清楚地看出:工人政治运动一开始就存在着两种倾向,但在不同的时期,其中一种会占上风,而另一种则处于蛰伏状态。一般来说,当局面顺利时,双方都会支持合法斗争的方式,"和平"就会占上风。随着政府镇压加剧,和平主义思潮逐步减退,原先抱有和平主义幻想的人,要么退出运动,要么转到"暴力"这边来,而主张暴力的人就逐步走到前台,运动也就带有更多的暴力色彩。在严酷的镇压面前,如果群众觉悟高、领导又坚强的话,革命是有可能发生的,但也有可能逐步失去群众运动的色彩,走上密谋暴动的道路,这样的运动并不能胜利。同时必须看到:"和平"与"暴力"的分歧终究只是工人运动内部在策略上的分歧,双方的目标自始至终是一致的。至于在一定的历史条件下,究竟应当采取"和平"的还是"暴力"的策略,这就要由许多因素来决定了,不可下简单的结论,不可硬说某种就绝对地高于另一种。

五、同路人之间

伦敦通讯会的历史到此就基本结束了。现在唯一剩下的问题也许是：以伦敦通讯会为代表的早期工人政治运动是独立的吗？或者说，它不受别人的控制——不受辉格党或"资产阶级激进派"的控制吗？许多教科书上说，受的，因此它不独立。但这种说法是错误的。实际上，从伦敦通讯会的组织、纲领、活动方式等各方面情况看，它的独立性质已不容置疑了。它有独立的组织，有不同于其他党派团体的政治纲领，它自己决定斗争的策略和步骤，在很长时期中甚至是运动的主要领导者，既然如此，怎么能说它是从属于别人的呢？其他工人组织也一样，唯一不同的是，它们没有像伦敦通讯会那样，长期地担负领导角色。它们接受通讯会的指导，相互协调与配合，使分散在各地的零星团体结成了全国的"运动"。必须记住，在1794年审判之后，只有这个工人的"运动"，才是当时的"议会改革运动"。那么，为什么硬要说它是别人的附庸呢？

不过，我们还是愿意再花些篇幅，来讨论工人运动的独立性。具体地说，就是它与辉格党的关系如何？它与中等阶级的关系如何？

不可否认，当工人阶级刚刚登上政治舞台时，他们对辉格党确实有幻想。这种情绪在设菲尔德知识会1792年5月14日给人民之友会的一封信中表现得最明显。这封信中，他们欢迎人民之友会的成立宣言，对有这么多"头面人物"支持改革感到振奋;他们甚至表示愿意接受人民之友会的原则,按人民之友会的方针办事;最后,他们还认真地宣布将"期待人民之友会成为我们的领袖和导师"①。不过,这种幻想不久就破灭了。人民之友会很快就表明他们反对潘恩的学说,反对普选和年度议会,声言只愿与观点同样温和、行动同样谨慎的组织联络,决不与原则不同的人来往。②这些终于擦亮了设菲尔德人的眼睛,使他们认识到人民之友会到底与自己不同,于是中断了与它的联系。

相比之下,伦敦通讯会对辉格党的幻想一开始就少一些。哈迪后来回忆说,当初通讯会成立时他们就认定:剥夺人民权利的不仅是托利党,也有辉格党。③但他们对人民之友会终究是有某种期待的。1792年秋天,通讯会派代表拜访人民之友会,并邀请他们回访。结果,人民之友会并未践约,对此通讯会颇感怅然。④后来,通讯会还写信给人民之友会,说即使它不愿与自己统一行动,通讯会仍把它支持改革这件事看得意义重大,因为"当议员也要求改革时,就说明不合理之处确实存在了"。这封信的措辞还是相当热情的,他们要求人民之友会尽早公布自己的纲领。⑤但是,人民之友会不仅不肯公布纲领,说这会过早地暴露自己;它还进而指责通讯会根本不该提这样的要求,因为人民之友会不需要别人"教训"。⑥这使通讯会认清了这些"人民之友"的贵族嘴脸。他们问道:"不向人民公布纲领,怎么能让人民信任自己呢?"⑦此后,他们便与人民之友会划清界限,而且在斗争的各个关头,都与人民之友会有很大分歧。比如伦敦通讯会邀请人

---

① SCS to the FOP, May 14, 1792, in *The Trial of Thomas Hardy*, Vol.3, pp.390 – 392.
② FOP to SCS, May 24, 1792, in *The Trial of Thomas Hardy*, pp.393 – 395.
③ Thomas Hardy, "Memoir of Thomas Hardy", in David Vincent, ed., *Testaments of Radicalism: Memoirs of Working Class Politicians, 1790 – 1885*, p.44.
④ LCS to FOP, August 23, 1792, in *The Trial of Thomas Hardy*, Vol.1, p.205.
⑤ LCS to FOP, February 1, 1793, in *The Trial of Thomas Hardy*, pp.225 – 228.
⑥ FOP to LCS, February 15, 1793, in *The Trial of Thomas Hardy*, pp.228 – 231.
⑦ LCS to FOP, n. d., in *The Trial of Thomas Hardy*, pp.231 – 234.

民之友会一同派代表赴苏格兰、一同筹备"全英国民代表大会"或一同召开群众大会时,人民之友会都一概反对,并再三要求通讯会放弃这些做法;而通讯会则一再公开声明不与辉格党合作,因为他们不支持普选和年度议会。由此看来,早期工人政治运动独立于辉格党之外,这一点是没有问题的。

但与中等阶级的关系就比较复杂了。不可否认,在 1794 年以前,工人阶级与中等阶级一直密切合作,在一切重大问题上几乎都采取一致行动,但由此并不能得出结论说工人阶级是中等阶级的应声虫——这样说有什么根据呢?很有意思的是,哈迪是一直否认通讯会是接受宪法知识会指导的。他在回忆录中再三强调:伦敦通讯会是工人们自己创建的,与宪法知识会无关;相反,宪法知识会倒是因为伦敦通讯会的诞生而受到鼓舞,才重新恢复了活动;在伦敦通讯会发表第一份宣言(1792 年 4 月)之前,他连霍恩-图克的面都没见过,如何说霍恩-图克创建了伦敦通讯会呢?正是政府的总检查官,在 1794 年的政治审判中,第一次发明了"宪法知识会创造伦敦通讯会"的神话,说什么"伦敦通讯会是由宪法知识会的某些领导人设计,与宪法知识会有组织上的联系,并在宪法知识会指导下建成的"。政府这种说法,被哈迪斥作是"一个错误"。[①] 哈迪以上的这些说法,难道不值得深思吗?在 1794 年的审判中,卡特莱特和霍恩-图克都以"坐车"为例,说明他们的目的仅是改革,绝无更多。这就划分了资产阶级激进主义与工人激进主义的根本区别。1794 年以后,尽管卡特莱特仍支持普选原则,霍恩-图克等却将它完全放弃了。1796 年 5 月,图克派最终接受房产选举权纲领。[②] 此后,要求普选就成了工人激进主义的基本特征;中等阶级虽然有个别人仍同情工人的主张,但作为一个阶级,他们再没有提出过普选权

---

① Thomas Hardy, "Memoir of Thomas Hardy", in David Vincent, ed., *Testaments of Radicalism: Memoirs of Working Class Politicians*, 1790 – 1885, pp.43 – 44.
② J. Ann Hone, *For the Cause of Truth*, Oxford, 1982, Ch.1;"Reactions to Repression".

纲领——一直到宪章运动结束为止,情况都是这样。由此看来,说工人运动"接受资产阶级领导"能站得住脚吗?假若真是如此,1794年以后工人阶级孤军奋战的局面,又如何解释呢?

总之,伦敦通讯会和与它同时存在的工人组织,是开创工人阶级政治运动之先河的最早先驱者。他们的政治纲领、组织形式和斗争方法都奠定了以后半个多世纪中英国工人运动的基本色调,他们创始的大规模群众斗争的手段为后来好几代人所承袭,他们内部的策略分歧及与上、中层改革派的相互关系又几乎在整个工人激进运动史上不断重演。因此,伦敦通讯会的时期是英国工人激进主义萌发的时期,也是英国工人政治运动初始的时期。

第四章
孤军奋战(1800—1820)

19世纪最初20年,是英国工人运动史上最艰难的时代。由于政府的镇压,议会改革运动处于最低潮。辉格党贵族大部分倒戈,投靠托利党政府了;极少数仍然同情改革的人,这时也心灰意懒,退回到乡间庄园去过隐居生活。中等阶级放弃了积极的活动,虽说时而有个别代表人物走到改革运动的前台,但他们终究是孤掌难鸣,很难在本阶级中找到同情的响应,这个阶级这时似乎对改革无所谓。事实上,这20年是英国工业发展突飞猛进的20年,中等阶级的全副精力被发财的机会吸引住了,只要政府不妨碍他们发财,他们一时还不会顾及政治改革——所谓"井水不犯河水"吧!在这种情况下,改革的重任竟不得不由工人阶级独立支撑起来了。工人阶级承担了工业革命造成的绝大多数恶果,却享受不到它带来的任何一点经济繁荣;统治集团对工人的苦难采取一种完全漠然的态度,又不给工人以合法抱怨的渠道。这样,就有越来越多的工人群众意识到政治改革的重要性,于是到这20年终结的时候,一个比法国大革命时期更声势浩大的群众运动,在英格兰工业区迅速壮大起来。这20年的斗争是工人阶级的孤军奋战。它没有同盟军,它完全靠自己奋斗,把争取改革的斗争坚持下去。回顾这20年艰难困苦的历程,我们将看到,工人激进主义如何在逆境中生存与发展。

一、暗流汩汩

《结社法》通过后,伦敦通讯会被取缔,一切合法的活动都"非法"了,英国进入黑暗而恐怖的时代,战争仍在继续。这给人民带来双重的苦难:一方面,它使粮食匮乏,生活品昂贵;另一方面,它又刺激着工业发展,工业革命全速进行,把更多的手工工人驱向饥饿的边缘。工人们眼见机器正剥夺自己的饭碗,工厂贬低了劳动力的价值,《结社法》又不准工人有组织地自卫,他们的怨怒是可想而知的。在这种情况下,18世纪90年代汹涌澎湃的狂潮就化成涓涓细水,无声无息地流入地下。在那里,它们悄悄地汇聚,悄悄地奔流,无声地摸索和暗自地咆哮,一旦时机成熟,它们就又会冲出地面,重新变成狂奔的激流。

《结社法》公布后,伦敦通讯会并没有停止活动,至少在1800年11月,人们还能看到它暗中活动的迹象。"联合爱尔兰人"和"联合英格兰人"隐蔽得更深了,更难发现他们的踪迹,各地又出现了一批新的组织。他们分布在北、中部广阔的工业区里,秘密地进行活动。据地方官报告:1801年,约克郡西区的许多工业城镇发现有地下活动,特别是当年工人运动的中心设菲尔德,秘密会议极为频繁。《利兹信使报》也报道类似的集会在利兹附近相当多。1802年,还发现一份8页纸的传单,号召人民组织起来,推翻暴政。同年秋,两个设菲尔德人被交付审判,罪名是"非法起誓"。据说他们参加了一个秘密组织,该组织有1 000多人,正在打造武器,准备起事。各地组织间仿佛还有经常的联系。据兰开郡地方官说,1801年1月该郡曾召开一次秘密代表会议,伦敦、伯明翰、布里斯托尔和约克郡许多地方都有人参加。7月,约克郡的哈里法克斯也开过一次代表会,参加的人来自许多纺织市镇,还有设菲尔德的代表。与会者必须回答三个问题,其中第一个就是:是否应当改变现存的制度?

由于处于地下,组织的安全就成了头等大事。因此,这些组织一般都比较严密,定有严格的纪律。特别是在吸收新会员时,显得更加谨慎。新入会须有可靠人介绍,且须经过一定的考察,入会要履行手续,主要是进行宣誓。1801年,波尔顿有一个秘密组织叫"议会改革政治同盟",它的誓词说:

> 我自愿宣誓:为争取全体英国人的友好相处,不分宗教信仰;为争取全国人民的平等代表权,我将努力奋斗,坚持到底。为履行以上职责,我要做到富贵不能淫、威武不能屈,永不背弃本会或兄弟协会的任何成员,无论是有意无意、直接间接,都不泄漏他们的一言一行,也决不提供不利于他们的任何证据。①

许多组织在宣誓时,还带有浓厚的神秘色彩,如悬挂死神像,念符咒,歃血为盟,等等。有些组织要求当着死神像宣誓严守机密、永不叛离,一旦泄漏组织机密,愿意接受死亡的制裁。凡此种种,不仅使局外人觉得神秘莫测,就连宣过誓的会员,也时时感到一种死亡的恐怖在笼罩着他,从而绝不敢轻易吐露真言。由于组织非法,其活动也就隐秘异常,往往是聚无影、散无踪,昼伏夜出,深更半夜在荒山野地里聚会议事。1802年有一个叫"黑灯照"(The Black Lantern)的组织在利兹一带活动,利兹市长有一次写

---

① William Moor to Col. Ralph Fletcher, March 15, 1831, in Robert Taylor, *The Blackfaces of 1812*, Bolton, 1839, pp.18 – 19.

信给郡守报告说,这个组织"上星期五晚上子夜时分,在离利兹 6 英里、伯斯托尔 4 英里,远避一切交通要道的一段荒路峡谷中开了一次会。一个诚实可靠的人告诉我,他企图假扮成开会的人,但发现老远就有人把守,最外一层防线的人走过来搭讪,想把他引到相反方向去。他吵着要过去,这时他发现还有一道不固定的流动防线。他们问他是干什么的;当他继续向'黑灯照'挤过去时,一声口哨响了,随即他听到人的说话声,其言词和声调使他绝不敢向前再走出一步"。利兹市长接着说,他从其他情报来源得知,那天晚上集会的是"黑灯照"的总委员会,约 200 人,每个人又代表其他 9 个人。"'取消一切赋税,享受全部权利',这就是头领们谈论的话题,也是把他们连接在一起的共同纽带。'到圣诞节时他们就能功成名就,某一天晚上他们会在各个地方同时举事。'"①与这封信几乎同时,伦敦收到许多地方当局发出的武装起义警报。

1802 年 11 月,政府逮捕了德斯帕德上校,说他领导着推翻政府的阴谋。德斯帕德出身于爱尔兰一个地主家庭,年轻时从军,在西印度群岛和英属洪都拉斯作过战,1790 年应召回国,从此断送了立军功的前程。不久,他投身于工人运动,参加了伦敦通讯会,当选为总会代表,是暴力派的重要人物。1797 年科伊格里到伦敦时,德斯帕德参加了会谈。伦敦通讯会被镇压后,他被关押两年而未加审判。1800 年从狱中出来后,他就开始紧张地活动,在伦敦工人中进行工作。他每天在工人聚集的下等酒吧中出入,与一群又一群工人、士兵会晤交谈;作为一个出身高贵的军官兼绅士,他的这种举动是非同寻常的,因此受到严密的监视。政府起诉时说,他通过这些活动组织了一支革命军,仅在萨索克一地,就有 7 个"师",外加 8 个"旅"。这支革命军遍布伦敦一切工人区,工人是其中的主要力量。此外,他还策划兵变,企图把陆海军士兵拉进组织。政府说,一旦时机成熟,他就

---

① A. Aspinall, ed., *Early English Trade Unions*, London, 1949, p.63.

会发动政变,推翻政府,逮捕或杀害国王。据此,政府对他提出起诉,但在审判过程中德斯帕德始终一言不发,只是在宣判死刑后,他才否认曾引诱过士兵,这使人觉得他仿佛是默认了密谋的存在,只不过从事策反工作的不是他。当他登上绞刑架时,他说:"我知道,由于敌视政府那些血腥、残酷、强制而又非法的手段,政府已决意拿我开刀,却又用他们津津乐道的法律做借口。……虽说我活不到那美好的变化到来的一天,然而请相信,那一天终会到来,那时自由的光荣业绩将凯旋……"①

德斯帕德坚称他是无辜的,当时人也多认为他没有罪,许多人甚至坚信这是政府在凭空捏造,以此来堵塞改革的呼声。但德斯帕德始终没有讲他在工人中干了什么,也只字不提他的"革命军"。他带着全部秘密走上了绞刑架。当汩汩的暗流在地下流动时,人们最多只能看到它短暂的一现,它就又深深地钻进地下去了。不管政府在审判中有多少夸张和不实。当我们把伦敦的事件和外地的活动联系起来时,就能窥见那条潜伏在高压下面的反抗的暗流了。那些参与德斯帕德案件又从中幸存下来的人中,有不少是伦敦通讯会的前会员,其中像罗伯特·奥利芬特(Robert Oliphant,1798 年任通讯会司库)、约翰·尼科尔斯(John Nicholls)、查尔斯·彭德里尔(Charles Pendrill)等,都是后期的骨干人物。正是他们,把两个世纪的工人激进运动沟通到一起了。

当这条暗流再次显露时,已经是 10 年后了,这就是卢德运动(Luddism)。卢德运动仿佛早就有定论,说它是工人阶级自发的、盲目的、无组织的、反对新型机器的单纯经济性质的早期斗争形式,是工人阶级反对资产阶级的初级阶段或原始形式。应该说,如果把工人阶级砸毁机器的举动都叫作"卢德运动",那么说它"早期"或"原始",也许还能说得通。因为早在 1769 年,工人反对哈格里夫斯的发明,就冲进过他的家,砸毁珍妮

---

① E. P. Thompson, *The Making of the English Working Class*, pp.478 - 484.

纺织机；1779年，兰开郡又爆发了大规模毁机运动，机器被毁坏100多部。但这些也还不是最早的"卢德运动"，关于毁坏工具的记载可以追溯到18世纪初期，甚至伊丽莎白时代；那个传说中一锤砸毁织袜机从而使运动得名的传奇人物纳德·卢德（Ned Lud），更是不知什么时候就有了。不过，作为历史上特定的"卢德运动"，那发生在19世纪初期自诩是在"卢德将军"统率下发动的人民运动，其性质就不那么简单了。由于这个运动具有极其浓厚的秘密色彩，其多数真情又随当事人一同死去，要揭开蒙着它的那层厚厚的面纱，至今仍不是件容易的事。

运动起于诺丁汉郡，这里是英国针织编袜业的中心。当时，织袜工使用的是手工编织机，这是一种17世纪的发明，犹如手工织布机。袜子本来是一只一只织的，技术性很强。但19世纪初，有些商人开始织整匹的袜子料，用剪刀剪开，再用针缝成袜形，在市场上抛售。这种袜子质量粗糙，很容易坏，被谑称为"剪裁袜"，但它费工很少，价格便宜，又很容易做，于是很快就充斥了市场，排斥了正品。这样一来，大量织袜工受到排挤或被迫降低工资，用同样低廉的价格出售正品袜。织袜工们于是要求禁止生产"剪裁袜"，恢复袜子的原来售价。为此，他们多次与雇主谈判。1811年春，有一批雇主同意了工人的要求，但条件是工人必须说服其他袜商，让他们也这样做。顽固派袜商坚决抵抗，工人于是决定行动，卢德运动就开始了。

3月11日，诺丁汉市的织袜工停止工作，在市中心商场召开了一次群众会，邻近许多村镇的人也赶来参加。当晚，一批自称是"卢德将军麾下"的人乘夜色潜入阿诺德村，捣毁了一个顽固商人的60架织袜机。这以后，运动就猝然爆发，迅速扩展，起先还只在诺丁汉市一带，随后扩大到整个诺丁汉郡。不久，又在德比和莱斯特郡蔓延开来，捣毁织袜机的行动几乎夜夜都有，整个织袜区一片动荡。当局出动了大批武装力量，却仍旧无济于事。到第二年2月，总共捣毁织袜机约1 000架，只是在多数袜商接受了工人条件，议会又通过镇压性条例重判砸机罪以后，运动才突然停止。如此看来，在卢德运动发轫的地方，工人们反对的不是工业革命创造的新机器，而是不法商人的奸商行径；运动的对象也不是新产生的工厂主，而是旧式商人——雇用外作工的商业资本家。

不过当运动扩展到兰开郡和约克郡时，情况就不同了。兰开郡反对的是动力织机，因为它夺去了手织工的饭碗。斯托克波特是动力机最早出现和最集中的地方。1811年年底，手织工们去找地方治安官，抱怨动力机抢走了他们的工作。治安官表示同情，要他们去伦敦见国务大臣。但国务大臣说，动力机是国家的重要财源，绝不能被禁止。手织工于是又回来，在地方官的主持下与雇主谈判，要求恢复工资。雇主起先答应了工人的要求，随后又反悔，说他们只是略施缓兵之计，戏弄工人罢了。工人们于是怒不可遏。正在这时，有人传言说诺丁汉来了代表，要商谈反抗问题。整个一二月间，谣传愈扬愈甚，待谈判破裂后，工厂主就开始收到警告信，要他们拆除动力机。3月20日，手织工开始攻击工厂，砸毁机器。以曼彻斯特为中心，附近几十个纺织村镇同时卷入了运动，还成立了秘密委员会，统一协调行动。工厂主们进行了顽强的抵抗。有一家厂被围攻了三次，最终才被烧掉。4月20日，在米德尔顿的一次冲突中，厂方开枪打死了5人，还有十几人受伤。第二天，卢德派出动了好几百人，放火烧了工厂主的住房。这时，军队赶来镇压，又死伤多人。就因为斗争的激烈程度如此，哈孟德夫妇才在写《技术工人》时的第一句话就是："这个时期的英国史读起来像是一部内战史。"[①] 6月，当局使用奸细破坏了秘密委员会，制造出所谓的"卢德38人案"，这以后运动就趋于平静了。由此可见，兰开郡的卢德运动，既是反对新机器，又是反对工厂主，不过有一点必须记住：卷入运动的不是工厂工人，而是濒临破产的手工工人。在卢德运动中，站在工厂主对面的不是直接受他们剥削的工厂工人，而是还没有进工厂的手工工人。他们反对

[①] J. L. Hammond and Barbara Hammond, *The Skilled Labourer*, London and New York, 1979, p.1.

机器,不愿进工厂,不愿使用机器,不愿失去他们生而就有的"独立"地位。由此看来,说卢德运动表现了工人们不理解工厂制剥削的本质,因而迁怒于机器,这种说法就不那么准确了,因为使用机器并且由于机器的使用而加重了受剥削程度的人并没有反对机器,而反对机器的人却是不使用机器的人。卢德运动的特别之处正是在这里:手工工人反对机器,不是因为机器剥削了他们,而是因为机器排挤了他们、夺走了他们的生计——这一点又是千真万确的事实,绝不是他们无中生有的臆想。

约克郡西区的运动也具有同样的性质。这里是毛织业的中心,曾经对国家的经济做出过巨大的贡献。毛织业的技术改造进行得十分缓慢,到卢德运动爆发时,大部分工序仍然是手工操作的。但19世纪初出现了一种新机器,取代了技术性很强的剪毛工。剪毛工的收入一落千丈,其地位从原来毛织业的顶峰落进了深渊。1812年1月,利兹附近发现了工人秘密集会。不久,卢德运动开始蔓延,一些工厂被烧;另一些工厂主收到警告信,要他们拆除机器。2月起,运动集中在哈德斯菲尔德一带。正是在这里,阶级战争的色彩表现得最浓。起先,一家又一家工厂被烧,一架又一架机器被毁,"卢德大军"如同秋风扫落叶,席卷而过;雇主则似惊弓之鸟,纷纷屈服。但雇主中的一些冥顽之徒开始抵抗。4月11日夜,当卢德派围攻威廉·卡特莱特(William Cartwright)在罗弗尔兹的工厂时,厂中的守军和工贼开枪射击,重伤两人。这两人被卡特莱特捉去严加折磨,被逼招供卢德派内幕,但两人至死不屈,惨死在卡特莱特手里。4月18日,卡特莱特在去工厂的途中遇刺,但未被击中。10天后,另一个与工人作对的工厂主威廉·霍斯福尔(William Horsfall)在光天化日之下被人枪杀。此后,卢德派开始分成小股去征收武器,抢劫银钱的事屡见不鲜。政府派出大量军队在当地驻扎,仍遏止不了烧厂毁机的浪头。警方出2万镑赏金要破霍斯福尔谋杀案,但半年之内渺无音讯。后来,由于叛徒告密,政府才逮捕了行刺的主谋——卢德运动的领导人乔治·梅勒(George Mellor),以及一大批卢德派人。1813年1月,约克郡巡回法庭开庭,一次就处死了17个卢德派人,此外又流放了7人。在此期间,议会又通过了一系列法律严厉处罚毁机罪。这样才把卢德运动压制下去。

从表面看,卢德运动仿佛只具备经济斗争的特点,但它和工人激进主义又有着千丝万缕的联系。这种情况使许多人对它的性质产生了格外的兴趣。

首先,卢德运动的参加者都是手工工人,而且主要是从事家庭工业的外作工。诺丁汉郡自不消说,当卢德运动发生时,针织编袜业还完全没有机械化;兰开郡虽然机械化程度很高,工厂也已普遍建立,但投入运动的不是工厂工人,而恰恰是尚未实行工厂化的那个部门——手织业的工人。"卢德38人案"中,有12个手织工,只有5个纺纱工,其他则是各行各业的手工工匠,如制帽工、裁布工、瓦匠等等。① 约克郡西区也一样,1813年特别巡回法庭审判的66人中,剪毛工29人,农业工人8人,手织工4人,棉纺工、煤矿工人和鞋匠各3人,裁缝和呢绒商各2人,其他如毛纺工、织毯工、制帽工、木匠、屠宰工、石匠、艄公、起毛机制造工、小店主、小贩各1人,2人不知职业。② 可以看出,这种成分几乎和伦敦通讯会一样。

其次,卢德运动的组织极为严密。卢德派有一份誓词,一切参加运动的人都必须依样宣誓。誓词说:

> 我自愿宣誓并庄严赌咒:在任何时间、任何地点,我都不得用言谈举止或手势暗示向任何人泄漏本会成员的姓名、行踪、议事地点、家庭住址、衣着容貌、特征肤色、亲戚朋友或有可能暴露其身份的任何情况,若有违犯,我甘愿让第一个碰见我的弟兄把我打发回老家……我进而赌咒:若我们间出现叛徒,我将永记深仇,紧密追踪。哪怕他逃

---

① J. L. Hammond and Barbara Hammond, *The Skilled Labourer*, p.245, n.82.
② *Proceedings at York Special Commission*, *January*, *1813*, London, 1813, pp.14-19.

到天涯海角,我也要把他找到,把他处死。上帝保佑我信守誓言!①

由于有这个誓言,卢德派的活动隐入了厚重的垂幕之后,没有人敢轻易泄漏,因此也就很少有档案存世。攻打卡特莱特毛纺厂时受重伤的约翰·布思(John Booth)在一夜的折磨中紧咬牙关,不肯吐露只言片语。临终时,他把那一直在敦促他"忏悔"招供的牧师叫到身边,用喃喃的碎语问他:"你能保守秘密吗?""我能。"牧师说,以为他要招供了。但布思只轻轻说了句"我也能",便永远离开了人间。② 这种情况极大地保护了卢德组织,但也为后人研究卢德运动添设了许多障碍。因此迄今为止,没有人知道它的组织情况究竟如何:它有多少人?领导核心是谁?有没有全国联系?有没有统一纲领?人们只能从它的活动中窥探出其中的一二。

卢德运动的一切活动都极有组织,这表明它有坚强的核心在进行指导,即使这种领导仅仅是地方性的也罢。每次行动之前,卢德派总要先发警告,让雇主自己把机器拆除。随后他们会派出视察员,去各村各镇检查,看雇主有没有接受警告。对那些不反对工人、不压低工资、不使用工人敌视的机器的雇主,视察员会在他们的机器上打下记号,当卢德行动发生时,这些机器保证会安然无恙。同时,即使是那些反对工人的雇主,卢德派也只砸毁抢夺工人饭碗的那几种机器,绝不涉及其他类型。这说明卢德派不是一般地反对机器,而只是反对那些反对工人的人。同时,对那些原先操作被砸的机器的工人,卢德派一概发放津贴,保障他们的生活来源,这使卢德派在工人中获广泛支持,有深厚的群众基础。

卢德派总是在夜深人静时行动。每次出动,少则七八人,多至三五十,最多时可聚集好几百,分成两队,一队在外警戒,一队进厂砸机。他们或戴假面具,或涂黑面孔,一声令下,就开始动手,办完事鸣枪为号,迅速撤退。

---

① George Beaumont, *The Beggar's Complaint* ... also, some observations on the conduct of the Luddites, in reference to the destruction of machinery, Sheffield, 1812, p.125, n. 1.
② J. L. Hammond and Barbara Hammond, *The Skilled Labourer*, p.250.

参加行动的人都有数字代号,称呼时决不留下真名实姓。行动前布置缜密,很有计划。比如攻打兰开郡的一个厂时,两次都因奸细破坏未能得手。第三次进攻时,卢德派料到军队会来,就故意虚晃一枪,迅速撤走;等军队扑了空大怒而回时,他们却又从夜色中钻了出来,很快把工厂烧掉了。采取大规模行动时,往往召集附近好几个地方的卢德派,步调相当一致。卢德派还有暗号和隐语,以便相互之间彼此辨认。有一个记载说:"你必须把右手高举过右眼,假如有另一个卢德派在场,他会把左手高举过左眼……他会说:你是干啥的?回答:铁了心眼儿的。他会说:为啥?你答:自由。然后他会和你说话,把知道的一切都告诉你。……"①所有这些都使人觉得:若不是有一个坚固的核心,卢德派是不会这么有纪律的。正因为如此,上院秘密委员会在其报告中断言:全国所有的卢德派"都是在同一个秘密机构指导下活动的,这个秘密机构是运转整个机器的动力,可以肯定……全国许多地区都建立了组织,这些组织又都有各自的秘密机构,地区间不断互派代表,以协调彼此的活动。他们还约定秘密信号,以便参与阴谋的人能够互相识别"②。当然,全国性机构也许是没有的,到现在为止还找不到这方面的证据,不过各地区都有地区性的指导委员会,相互还保持密切的联络,这一点大概是可以肯定的。可惜的是,卢德派的大部分秘密都被当事人带出人世了。因此,哪些人组成这些地区委员会,其组织结构究竟如何,以后也许就再也搞不清楚了。不过,从它的誓言、它的秘密组织情况、它的地下活动方式看,很容易看出它继承了19世纪初秘密组织的传统,很可能隐藏在卢德运动背后的,就是当年那些工人地下组织的延伸和继续。

除此之外,卢德运动还不时地正式暴露出强烈的政治色彩,这使它与工人激进主义的亲缘关系更加明显了。有一份卢德派文件清楚地表达了

---

① David C. Douglas, ed., *English Historical Documents*, Vol.11, pp.534-535.
② Robert Taylor, *The Blackfaces of 1812*, p.6.

作者的政治倾向,它号召人民:"拿起武器,帮助救世军①匡正时弊,打开那个蠢老头②的可憎枷锁,他的儿子和无赖大臣们比他还蠢,一切贵族和暴君都应该被打倒。大家赶快起来,学习巴黎市民的光辉榜样,他们当着3万个残暴士兵的面,把一个暴君拉下马。这样做对你们自己有好处。4万多英雄已冲出来了,要打碎旧政府,建立新政府。"③这份由"卢德将军"签署的文件,显然出自文化水平不高的工人之手,比如他在写"士兵"这个词时误用了"英国兵"(Redcoats),而法国国王当然不会有"英国兵",但作者的革命倾向已相当明显了。约克郡的卢德运动一开始就与激进主义有密切联系,据弗兰克·皮尔(Frank Peel)根据民间传说写成的《卢德运动史》说:1812年3月,诺丁汉派人来参加约克西区各主要城镇的代表会议,主持会议的是一个老共和派制帽工,名叫约翰·贝恩斯(John Baines)。他自称为"唤醒人民已斗争了30年"。他在会上提出,砸毁机器是应该的,但运动的目的不尽于此,运动的目的是"打倒嗜血的贵族"。他对与会代表说:"我欢呼你们起来反对压迫者,希望它发展下去,直到世界上没有暴君为止,对这一天的来临我已经盼了这么久,现在我老了,却还有希望看到民主制度胜利的时刻。"参加会议的人都认为他说得对,然而又觉得:"不是可以先做一点靠家近的事情吗?"有谁能比"我们自己的老板"是更大的暴君呢?因此应该"先清算他们"。这次会之后,哈德斯菲尔德一带的卢德运动就如火如荼地展开了。④ 这个提出"先清算自己老板"的人就是梅勒,他后来领导了围攻卡特莱特的工厂,又带人刺杀了霍斯福尔。他临刑前,曾要人在议会改革的请愿书上签上他的名字。⑤ 贝恩斯后来以"引诱别人起誓罪"受审。另一个同时受审的约翰·伊登(John Eadon),据揭发曾对起誓人说

---

① 指卢德派——引者注。
② 指国王——引者注。
③ W. B. Crump, ed., *The Leeds Woolen Industry, 1780–1820*, p.229.
④ Frank Peel, *The Risings of the Luddites, Chartists and Plug-Drawers*, London, 1880, pp.55–57.
⑤ Malcolm I. Thomis, *The Luddites*, New York, 1972, p.24.

参加卢德派为的是"在约克郡建立一个正式组织,去推翻残暴的政治制度"①。

兰开郡的运动政治色彩更浓。曼彻斯特一带的手织工为提高工资,反对使用动力机,曾多次上书请愿。1812年2月,波尔顿一份请愿书这样说:"依请愿者之见,假如下院只由人民的代表组成,它就不会只顾盟国的可疑利益,而同意把人民带进由连绵的战争所造成的苦难与饥荒中去了。"②显然,这是激进主义的语言。由于工人的一切请愿无效,从3月起,卢德运动就急速爆发;5月运动趋于缓和,议会改革的宣传却又兴起。5月26日,曼彻斯特各业代表委员会通过决议,其中郑重宣称:"除了少数几个例外,我们名义上的议会代表……已不再是人民生命、财产和自由忠实的卫士了。……希望唯一所在,就是赶快对下院进行有效的激进改革。"③参加大会的有100多个工人代表。6月11日,各业代表委员会再次开会商讨请愿问题。这时,有叛徒去告密说代表在会上进行卢德派秘密起誓,于是警官冲入会场,逮捕了在场的38人,这就是曼彻斯特的"卢德38人案"。后来,由于起诉的依据完全是这个叛徒的供词,证据不足,因此法庭宣布38人无罪。但正因为当时找不到这些人直接参加卢德运动的证据,以后也就再也弄不清各业代表委员会与卢德运动的真实关系了。然而,可以肯定的是,曼彻斯特地区的卢德运动必定有一个中枢机构在进行指导,"卢德38人案"中的首要人物约翰·奈特(John Knight),后来也是曼彻斯特工人激进派的重要领袖。

相比之下,说明诺丁汉郡卢德运动与政治斗争有关的证据存留下来的

---

① *A Historical Account of the Luddites of 1811, 1812, and 1813, with Report of Their Trials at York Castle*, Huddersfield, 1862, p.89.
② John Dinwiddy, "Luddism and Politics in the Northern Counties", in *Social History*, Vol.4, No. 1(1979), p.39.
③ John Dinwiddy, "Luddism and Politics in the Northern Counties", in *Social History*, Vol.4, No. 1(1979), pp.46-47.

就更少了。尽管如此，还是可以看到一些蛛丝马迹。1817年，离诺丁汉市不远的彭特里奇爆发了一次起义(Pentridge Rising)，为首的据说都参加过卢德运动。彭特里奇本身就是卢德活动的中心地区，而起义的领导人之一，就是当年被派到约克郡参加贝恩斯主持的那次会议的诺丁汉代表。诺丁汉郡还流传过一首卢德派歌谣，其中说：

> 待到习惯和法律，把昔日的工资来恢复。
> 织袜工就会昂起头，艰苦的斗争也过去。
> 剪裁袜不能再立足，诚实的工人不饿肚。①

可见，工人们是指望用卢德行动来迫使议会考虑他们的疾苦，从而制定法律，恢复"习惯"，禁止制造"剪裁袜"的。关于这一点，约克郡的剪毛工说得更明白："不到下院通过法律，禁止有损公益的一切机器，并废除处死砸机者的有关条例，我们就绝不放下武器。我们不再请愿，请愿无用，必须战斗。"②

这种斗争逻辑，倒很像工人激进主义的一贯做法：当请愿无效时，就付诸直接的行动，但最终还是要回到法律的渠道中去。不过这一次，直接的行动不是密谋暴动，而是破坏机器。

谈到这里，卢德运动到底是什么性质呢？当然不能把卢德运动和工人激进主义完全等同，因为卢德运动表现的主要还是一种经济色彩。但它绝不是盲目的，也不是无组织的，更不是单纯的经济斗争。它即使不属于工人激进主义的实践范畴，最起码也受它强烈的理论影响。指导运动的人，也许本身就是工人激进派，而且是他们中主张暴力的一翼。退一万步说，即使卢德运动不是他们领导的，他们也肯定是在竭力把运动转到政治斗争

---

① Ray Watkinson, "The Luddites in the Period of 1779–1830", in Lionel M. Munby, ed., *The Luddites and Other Essays*, London, 1971, p.39.
② W. B. Crump, ed., *The Leeds Woollen Industry*, 1780–1820, p.230.

的轨道上去,而且取得了相当的成功。如果说一个工人在开始投入运动时仅仅出于对机器的憎恨,那他从卢德学校毕业时,八成已变为工人激进派了。卢德运动为战后的工人激进运动提供了大量的干部和基本群众,从这个角度上说,它本身就具有政治意义。

二、战后年代

诺丁汉的卢德运动开始得最早,结束得最迟。它一直断断续续地延绵到1816年,然后再次兴起高潮。它之所以这样,是因为这里的卢德派组织一直没有被破坏,运动的核心人物也没有过早地被捕判刑。这就从另一个角度证明了卢德运动有很强的组织性。当运动终于停顿时,战争已经结束了,一个来势汹涌的议会改革运动又开始横扫全国。

1815年,连绵20多年的对法战争结束了,人民本来希望和平能带来繁荣,托利党贵族却把国家拉进更苦的深渊。他们对外以神圣同盟的盟主自居;对内又连续征税,支付庞大的国债负担。1815年,他们又为地主阶级的一己私利炮制谷物法,人为地把粮价维持在一个惊人的水平上。停战不仅没有刺激经济发展,反而因为欧洲不再购买战争物资而引起需求骤减,大量的复员军人又壮大了失业工人的队伍,再加上1816年春冷反常,春秋多雨,麦子到10月还收不上来,天灾人祸使人民如临水深火热。内务大臣西德默思勋爵(Lord Sydmouth)却操着政治经济学家的腔调说:"在上帝定为灾荒的地方,人不能造出丰腴。不要指望政府和议会的干预能减轻灾难。"[①]在这种情况下,人民的不满再次汇集成改革的高潮。

---

① R. J. White, *Waterloo to Peterloo*, London, 1963, p.102.

首先谈谈中等阶级改革派的活动。可以说,1794年大审判后,中等阶级就停止了活动,至少是停止了一切有组织的活动。19世纪初,他们中出了几个热衷改革的宣传者,其中最有影响的是科贝特。1807年,他参加威斯敏斯特选举委员会的活动,帮助选出了两个改革派议员。这个委员会是中等阶级的竞选团体,由普雷斯发起,就是那个当过伦敦通讯会主席的普雷斯。1797年他退出通讯会后,10年中潜心经营,成了有钱的裁缝铺老板,称杰里米·边沁(Jeremy Betham)是"我的好友至交兼老师"①。因此,当他重新参加政治活动、组织威斯敏斯特委员会时,他已不再是工人运动的参加者,而是中等阶级激进派了。靠了普雷斯的组织和科贝特的宣传,弗朗西斯·伯德特爵士(Sir Francis Burdett)和科克伦勋爵(Lord Cochrane)当选议员。乍看之下,这是一次中等阶级的胜利。但威斯敏斯特是全国唯一的一个选民众多又不受权贵家族控制的自由选区,手工工匠占了选民的绝大多数。科贝特在竞选宣传中很好地利用了这一点,他直接向工匠呼吁,说这次选举不是"绅士与绅士之争,而是上等人与下等人、穷人与富人之争"。他说上等人一贯以"血统高贵"自居,轻视和鄙夷劳动人民,剥夺他们的权利。然而,在经历了"过去18年的多事之秋之后",有谁还敢说"保卫祖国的尊严和领土完整仅仅是上等人的事呢"?他因此对工匠们说:不能再让那些血统高贵的人把工人"看得如此卑贱,觉得在公众事务中无足轻重"了。他号召威斯敏斯特的选民团结起来,既反对托利党,也反对辉格党,向议会派出自己的代表。② 科贝特的鼓动获得极大成功,正是靠了手工工匠的压倒性选票,威斯敏斯特委员会才赢得了选举的胜利。据统计,在这个委员会中,至少有7个人是前伦敦通讯会会员。

除了这次选举,19世纪的最初15年内,中等阶级的唯一活动就是卡特莱特上校的北方游说旅行。卢德运动爆发时,他已七十高龄,但他认为

---

① Francis Place, *The Autobiography of Francis Place*, Mary Thale, ed., p.250.
② George Spater, *William Cobbett: The Poor Man's Friend*, pp.184-185.

应该把人民的不满"转到有利于议会改革的合法轨道上",从而阻止"煽动穷人侵犯富人财产的企图"。① 为此,他在卢德运动的高潮声中出访北、中部,巡视了德比、诺丁汉、曼彻斯特、哈里法克斯等卢德运动的中心城市。1813 年 1 月,他第二次出访,足迹到达 35 个市镇,29 天内的往返行程达 900 英里。每到一地,他就召集改革派开会,号召人民支持改革。1812 年,他还和伯德特共同组织了伦敦"汉普登俱乐部"(Hampden Clubs),这是十几年来唯一的一个公开要求改革的政治组织。但这个组织富贵气十足,它要求会员有 300 英镑的财产资格,每年会费 2 几尼;它的纲领是争取纳税人选举权,与普选要求相去甚远。正因为如此,它得不到工人的支持,而中等阶级也在政府高压下不愿贸然投身改革运动。这样,到 1814 年,就只有 3 名会员经常参加活动了;到 1815 年 3 月,便只剩下卡特莱特一个人,汉普登俱乐部成了一副空架子。

  战后情况起了变化,险恶的经济形势使人民苦难深重并极想找到解脱的办法。因此,当卡特莱特第三次去北、中部周游时,出现了一大批汉普登俱乐部,其成员几乎全都是工人,形成了工人阶级改革运动的再次高涨。这次新的兴起与科贝特的宣传有关。在为改革而大喊大叫的十几年中,科贝特逐渐对劳动人民产生好感,对他们的苦难寄予同情。早在卢德运动时,他就指出:"苦难是动乱的原因,至少在开始时是这样。"他说人民吃不饱穿不暖,多数人"连维持半饱都不能",这种情况完全是政府造成的,至少"枢密院令"要负部分责任。② 后来,他看到上中层人士对改革丝毫不感兴趣,便进一步感觉到:只有把工人阶级发动起来,改革才有成功的希望。他于是把宣传的重点转向工人,发行《政治纪事》的大众版,售价 2 便士。在第一期大众版《政治纪事》上,他就刊出了著名的《告英国工人大众书》,

---

① E. P. Thompson, *The Making of the English Working Class*, pp.608 – 609.
② *Political Register*, July, 1812, in John M. and James P. Cobbett, eds., *Selections from Cobbett's Political Works*, London, n. d., Vol.4, pp.161 – 162.

其中说：

> 不管显贵、富人或学者们的自命不凡引得某些人怎么想，或假装怎么想，一个国家的真实力量和源泉所在一向是也只能是该国人民的劳动；正因为这样，我国……长久以来才能成为世界上最强大的国家：它最勤劳、最肯劳作，也就最强大。……没有工人大众，这些一样也不会有；没有工人的手，国土就还是荒原，连强盗都不会来问津。

但长期以来，这些创造了国家财富的人，却被称作"下等人、贱民、群氓，乃至一群猪猡"；他们建设了家园，却饱尝着永久的贫困，原因在哪里呢？就在于那些"数不清的赋税，政府强迫我们去缴纳，来养活它的军队、它的官吏、它的扈从等等，还要为它的债务偿还利息"。既然"苦难的根源是沉重的赋税"，而赋税又是议会征课的，那么改变这种状况的"全部而唯一的方法，就是对下院或人民院进行改革，让每一个缴直接税的人都有选举权，并每年改选一次议员"。[①]可见，科贝特虽说成了劳动人民的真诚朋友，却并未能接受工人阶级的政治要求——普选权。尽管如此，他却在相当程度上重申了潘恩的理论，提醒劳动人民：政治改革是摆脱贫困的唯一手段。

科贝特的文章在工人中引起巨大反响。据科贝特自己说："第18期[②]的影响令人吃惊，全国3/4有头脑的人都在谈论它，整个伦敦都闹开锅了。工人阶级就好像以前从没有听人谈论过政治似的，文章在他们心灵中的影响，仿佛是一个从小生长在黑暗中的人，突然间被带到了光天化日之下。……两个月内，在伦敦和外地仅这一期就印刷发行了20万份。"尽管政府采用种种手段封锁阻拦，却挡不住《告英国工人大众书》的传播。[③]确

[①] *Political Register*, July 2, 1816, in John M. and James P. Cobbett, eds., *Selections from Cobbett's Political Works*, Vol.5, pp.1-2, 11.
[②] 刊有《告英国工人大众书》——引者注。
[③] *Political Register*, August 1817, in John M. and James P. Cobbett, eds., *Selections from Cobbett's Political Works*, p.220.

实,自潘恩以来,还没有一个有声望的人如此直接地对工人群众说过话,故工人对它的欢迎是可想而知的。这种情况得到工人激进派塞缪尔·班福德的印证。20年后他在回忆录中说,1816年全国有许多动乱,人民的不满达到极点,"这时,科贝特的文章突然权威起来了。在南兰开郡,在莱斯特、德比和诺丁汉,在所有这些工业区以及许许多多苏格兰的工业城镇中,几乎每一座村舍炉边都在读这些文章。文章的影响很快就看出来了,科贝特给读者指出受苦的真实原因——劣政,指出适当的纠正方法——议会改革。骚乱很快就很少见了"①。一个以工人阶级为主体的议会改革运动勃然兴起,这就是以卡特莱特第三次北游为起端的汉普登俱乐部运动。

班福德是米德尔顿镇俱乐部的书记,从这个组织的活动可以看出其他俱乐部的情况。米德尔顿俱乐部每周开两次会,安排在星期一、六晚上。会员每星期交1便士会费,供俱乐部开销之用。他们还租了一个小小的礼拜堂,俱乐部就在这里活动。据班福德说,类似的组织在北、中部地区很多,"过去30年中,主日学校已培养出那么多工人,能够在村镇的改革会议上阅读书写或者讲演。有些还粗通诗韵,这使得他们的谈吐大受欢迎,增加了聚会的风采。通过这种种方法,起先是那些急切的听众,然后是一大批新来的热心人,就从那偏远安静的溪边茅舍中应召而来,来参加汉普登俱乐部每周的朗读和讨论会"②。如果把这些描述和普雷斯在20年前对伦敦通讯会活动的记载加以对比,就会发现二者几乎同出一辙。可见,这是汉普登俱乐部"和平"的一翼。

俱乐部运动的阶级成分是这样的:据班福德记载,到他们那个小教堂来开过会的各地领导人中,有7个手织工,2个印刷工,鞋匠、裁缝、刻石工、制帽工、制木屐工、医科学生、棉织品制造商、棉布商各1人。其中棉织品制造商就是当年"卢德38人案"中为首的奈特,他本人也是手织工出身,

---

① Samuel Bamford, *Passages in the Life of a Radical*, Vol.1, London, 1844, p.7.
② Samuel Bamford, *Passages in the Life of a Radical*, Vol.1, pp.7-8.

这时开一爿很小的织造坊；鞋匠是威廉·本波，后来在激进运动中很出名。所有这些人中，没有一个是棉纺厂工人，这对工厂化程度已很高、产业工人又最集中的曼彻斯特地区来说，是最值得注意的一个现象。1817 年，政府曾对激进派领袖进行大搜捕，与班福德一同被捕押往伦敦的人中有 3 个手织工（包括班福德自己），其他的则有磨刀匠、箍桶匠、漂白工、外科医生和酒店老板各 1 人，同样没有工厂工人。这些人中身份最高的是"医生"，不过据班福德说，这只是个自学起家的走方郎中，连自己的名字都不会写。① 可见，这时期的工人激进派领袖，实际上与伦敦通讯会时期相同。

各俱乐部成立后，就开始筹备请愿。伦敦的母俱乐部这时也恢复了，邀请各地代表去伦敦，共商改革大计。这次会上最引人注目的是关于改革纲领的辩论。工人阶级坚持普选要求，因此在会议开幕那一天——1 月 28 日，邀请各地代表到伦敦来的伯德特却拒绝出席，认为工人太激进。卡特莱特于是不得不代理主席，尽管他本人一贯提倡普选权，却仍根据伯德特的主张提出房产选举权。科贝特不久前曾表示支持普选，现在又支持伯德特，说普选不合时宜。这使工人阶级十分不满，他们不知道要他们风尘仆仆到伦敦来，就是为通过一个注定要把他们继续排斥在选举权之外的改革纲领！他们于是开始造反，不愿在原则问题上做出退让，会议几乎在这个问题上陷入僵局，最后由于激进演说家"雄辩者"亨利·亨特（Henry Hunt）居间调停，科贝特做出让步，会议才通过了普选和年度议会的决议，工人的纲领取得胜利。随后，工人又派代表去伯德特家，迫使他在口头上表示支持。由此可见，这次会议是工人阶级普选纲领的一个胜利，正是工人代表坚持原则、坚持斗争，才迫使中等阶级做出让步，采纳了普选纲领。因此，我国史学界长期以来说战后激进运动是由中等阶级领导、工人阶级受他们的影响的传统看法，显然就不对了。试问，当工人阶级否定了"资产阶级激

---

① Samuel Bamford, *Passages in the Life of a Radical*, Vol.1, pp.9, 94, 108.

进派"的既定方针,而代之以自己的政治纲领,还迫使他们接受了自己的主张时,在这种情况下,资产阶级是如何"领导"的呢?实际上,汉普登俱乐部的全国代表大会又一次显示了工人运动的独立性。

在运动的高潮中,各地共提交了527份请愿书,签名的据说有60万—100万人,但议会以种种理由退回了大部分,借口无非是"不合议会体例"。正当各俱乐部忙于签名与请愿时,政府却又在策划镇压了,这与伦敦一个组织的活动有关。

这个组织叫"斯彭斯博爱主义者协会"(Society of Spencean Philanthropists),成员都是托马斯·斯彭斯的信徒,信奉土地公有计划。[①]他们人数不多,但能量不小,其核心人物有沃森父子(James Watson, father and son)、亚瑟·西斯尔伍德(Arthur Thistlewood)、托马斯·普列斯顿(Thomas Preston)、埃文斯等,几乎全都是伦敦通讯会中残留下来的暴力翼,其中埃文斯还担任过通讯会书记。通讯会被镇压后,他们逐渐集聚到斯彭斯周围,接受了他的带社会主义色彩的土地公有计划。1814年,斯彭斯去世,他们就正式组成了"斯彭斯博爱主义者协会"。

前面说过,斯彭斯的思想中带有某些暴力革命的因素,因此当这些前伦敦通讯会的暴力翼会员正式组织起来后,就立即着手准备暴动,因为他们深信托利党政府是绝不会实行和平改革的。为准备暴动,他们开始扩充组织,打制武器,勘测兵营地形,绘制伦敦塔草图,还以开设油坊为掩护,准备大量制造燃烧弹。1816年10月,起义准备工作进入最后阶段,这时他们认识了一个人,名叫卡斯尔(Castle)。卡斯尔很快博得博爱主义者们的高度信任,他们不仅让他参与一切机密,还把他排为起义的第四号领导人,而以西斯尔伍德为总指挥、老沃森为副总指挥。他们还打算建立一个公安委员会,根据在沃森身上搜出的名单,公安委员会将包括当时著名的改革

---

① 见前第89—91页。

派,如伯德特、卡特莱特等,还将包括伦敦通讯会的老领导,如哈迪、埃文斯、约翰·盖尔·琼斯等。① 10月底,他们拟订了起义的计划,打算在11月15日召开一次群众大会,号召工人参加,在会上先通过给摄政王的请愿书,然后乘大会激情带领群众去王宫,在途中变请愿为起义,攻打伦敦塔。为了使大会有号召力,他们邀请亨特发表演说,亨特接受了邀请,但提出必须以和平、秩序为条件。斯彭斯派接受了条件,因此决定在这一次大会上不动手,这就是第一次矿泉地大会(Spa Fields Meetings)。

这次大会开得还是相当成功的,有1万多人参加,气氛十分热烈。三色旗和自由小帽都出现了,使人回想起法国大革命时代,亨特在会上甚至说了这样的话:"我深知道义先于实力,在前者证明无效之前,我决不诉诸后者。在使用实力之前,人民的责任是请愿,是抗议,是大声地疾呼及时的改革……但假如那些生死攸关的日子注定要到来,我肯定地告诉你们……我决不会做躲在柜台后边的胆小鬼,也不会藏身在最后。"②亨特的话受到热烈欢呼,这使斯彭斯主义者认为革命的时机已经成熟,因此决定在12月2日召开第二次矿泉地大会。

会前,斯彭斯博爱主义者协会散发一份文告说:"国家的现状是400万人衣食无着,400万人景况不好,150万人担惊受怕、生怕遭殃,只有50万人花天酒地。……苦难已经至极,再也不能更糟了,死亡成了唯一的解脱,傲慢、愚昧和罪恶把事情带入如此绝境,只有坚定和正直才能拯救祖国。"这样陈述了人民的苦难之后,文件号召大家都去开会,并预言"苦难即将过去,国家的祸害终将革除"③。大会开始后,卡斯尔运来一车武器,斯彭斯派于是开始演说,鼓起群众热情之后就向伦敦塔进发,一路上冲击了好几个枪械铺,夺走了大量武器,并沿街鸣枪以壮声势。等到了伦敦塔时,

---

① *State Trial*, Vol.32, Col.212.
② E. P. Thompson, *The Making of the English Working Class*, p.625.
③ *State Trial*, Vol.32, Col.43.

普列斯顿带着好几个人爬上墙头,挥舞三色旗,号召士兵投降。士兵们毫无准备,竟以为是演滑稽戏,于是就捧腹大笑。但这时王家卫队赶来,驱散了群众。当晚,起事的主要领袖全部被捕,只有小沃森一人逃脱。后来,直到出庭受审时,斯彭斯派才发现那个一直深受他们信任的卡斯尔原来是个奸细,因而政府对他们的一举一动都清清楚楚。幸亏政府方面只拿出卡斯尔一个证人,伦敦陪审团于是认定这是政府的圈套,目的是阻止改革运动继续发展,因此将斯彭斯派全部释放。然而,政府却决定以这件事为借口,对席卷全国的改革运动加以镇压。

1817年3月,政府中止《人身保护法》,接着又颁布《反煽动性集会法》(The Seditious Meetings Act),不仅指名取缔了斯彭斯博爱主义者协会,而且禁止一切改革会议,白色恐怖再次笼罩英国。

镇压使运动大受影响,许多改革派被捕,中等阶级"领袖"纷纷脱离运动。科贝特离开英国去美国避难,临走时留下一封信,说"留在英国已无法为改革事业出力,只有出走才能继续战斗"①。他的出走对改革事业当然不利,却使运动的工人阶级性质更明显了。一份由工人创办的报纸《黑矮人》填补了《政治纪事》的空缺,成为改革运动的主要喉舌。它指责科贝特临阵逃脱,背叛改革事业;同时又欢呼说:"尽管我们那自封的将军逃跑了,留下他的位置空在那里,我们却高兴地看到,改革的阵营丝毫不乱——没有人离开他的岗位,没有人交出他的武器,在改革的事业中,人人都能够既当领导,又当兵。"②

《黑矮人》的预见是正确的,工人们并没有停止战斗。反集会的法令也许使和平派暂时沉默了,暴力派却开始走向前台。3月10日,暴力派在曼彻斯特组织了背毯进军,1万多人手持请愿书向伦敦进发。班福德暗示本波就是这次行动的实际指挥者,还说本波与伦敦的斯彭斯派有联系,斯彭

---

① George Spater, *William Cobbett：The Poor Man's Friend*, p.355.
② *BD*, April 9, 1817.

斯派约好在背毯进军抵达伦敦的那一天召开第三次矿泉地大会,内外接应。① 但这次进军组织得不好,沿途又受各地方武装力量围追堵截,因此最后到达伦敦的只有一个人,而第三次矿泉地大会也开得很不成功。

班福德对这次行动大加责伐,说:"迄今为止最高的准则,在我们的行动中一直是严守法律。……但现在不同的主张开始露头,不同的做法也在出现。这些东西即便不直接违法,也是乔装打扮起来去掩饰其真实意图的。"② 和平派与暴力派的分歧已相当明显了。但暴力派的活动日益加紧,总起义的计划正在酝酿。班福德的自传中就记录了许多工人秘密会议,甚至他自己都参加过一个。各地区间的串联也越来越频繁,派出的代表频频在各地活动。3月底,关于30日发动总起义的风声越来越紧了。3月28日,正当曼彻斯特委员会在商讨起义问题时,当局得到密报,立即冲击会场,逮捕了与会代表。随后,曼彻斯特地区实行大逮捕,连班福德等和平派也未能幸免。③ 这样,曼彻斯特地区暴力派的活动就失败了。

但暴力派的活动不仅在曼彻斯特一地,它遍及了北、中部所有的工业城镇。这些活动的最高潮,就是6月9日在彭特里奇村爆发的手工工人武装起义,有人把它叫作"英格兰的最后一次革命"。

彭特里奇地处德比郡东南,离诺丁汉市不远,是手工织袜业村镇。卢德运动时,这里远近闻名,是运动的中心之一。战后,这一带激进运动的领袖叫托马斯·培根(Thomas Bacon),是个老织袜工。据说在起义前他曾激动地说,为等这一天他已等了30年。如此看来,他应是18世纪90年代的老激进派。根据政府的说法,他还参加过卢德运动。汉普登俱乐部兴起后,他是彭特里奇的组织人,参加过伦敦代表会议,又是诺丁汉秘密委员会

---

① Samuel Bamford, *Passages in the Life of a Radical*, Vol.1, p.31.
② Samuel Bamford, *Passages in the Life of a Radical*, Vol.1, pp.31-32.
③ Samuel Bamford, *Passages in the Life of a Radical*, Vol.1, pp.37-39, 76-77; J. L. Hammond and Barbara Hammond, *The Skilled Labourer*, pp.286-287.

的成员。因此在他身上,不仅可以看到整个工人激进运动的缩影,还可见到俱乐部运动中暴力翼的一斑。

1817年4—5月间,北、中部工业区开始串联,准备给政府来个"最后的一击"。5月5日,好几个郡的30名代表在约克西区的威克菲尔德秘密聚会,商定在5月26日同时起义。培根参加了这次会议,开会前他还特地绕道兰开郡,把起义的计划告诉了班福德,希望他也支持,但班福德坚决拒绝了。① 从约克郡回来,培根就投入紧张的起义准备工作,召开了许多会议,安排起义事项。后来,不知什么原因,总起义延期了,改在6月9日发动。这对起义者的士气很有影响,更糟的是,政府利用这次延期破获了设菲尔德和威克菲尔德两个中心的起义领导机构,使总起义的计划归于流产。但诺丁汉的秘密委员会受奸细奥利弗(Oliver the spy)的蛊惑,对形势估计得过分乐观,甚至以为伦敦也已经起义,因此仍决定按期动手。6月9日夜,彭特里奇和邻近几个村镇的三四百人在失业织袜工耶利米·布兰德雷斯(Jeremiah Brandreth)的率领下向诺丁汉进军,沿途收罗人员武器,耽误了许多时间,结果未能在天亮前到达诺丁汉与诺丁汉的起义人员汇集。天亮后,起义军在离诺丁汉市七八里的一条河旁发现远处有一小队骑兵在向他们逼近,参加起义的人立刻大乱,丢下武器四处奔逃,一支三四百人的队伍一枪未发就很快瓦解了。不久,起义的主要领袖全都被捕。后来,有3人被处死刑,包括布兰德雷斯;11人被终生流放,包括培根;3人被流放14年;6人被监禁6个月至2年不等。这就是历史上有名的彭特里奇工人起义。②

这次起义虽然一枪未发,却确实证明工人运动中有主张暴力革命的一翼。尽管设菲尔德和其他地方的工人因组织破坏而未发动总起义,6月8

---

① Samuel Bamford, *Passages in the Life of a Radical*, Vol.1, pp.156-157.
② 参见 John Stevens, *England's Last Revolution: Pentrich 1817*, Derbyshire, 1977; *State Trial*, Vol.32.

日晚,哈德斯菲尔德还是发生了暴动,起义军还与军队交了火。但从哈孟德夫妇开始,英国史学界却一直把这次总起义看作是政府设计的圈套,是奸细煽动的结果。在《技术工人》一书中,哈孟德还专门辟出一章,题目就叫"奸细奥利弗冒险记"。他们认为,英国工人从来就奉公守法,和平遵纪,完全没有暴力革命的传统。彭特里奇事件只是一个悲剧,是奸细奥利弗的杰作,是政府为寻找镇压的借口而精心设计的圈套;那参加起义的数百名工人,只是些受骗上当、没有头脑、被奸细愚弄的牺牲品而已。这种说法到E.P.汤普森才翻过案来。实际上,有大量事实说明,早在奥利弗出动之前,北、中部的工人阶级就已经在酝酿起义了。奥利弗的作用只是使暴力派更加盲目乐观,错误估计形势,因而在时机不成熟时急于采取轻率行动罢了。

但彭特里奇的失败不能完全怪罪奥利弗的破坏。从起义的过程可以看出,暴动只不过是少数人密谋的结果,并没有群众基础。起义的领导人事先既没有发动群众、打下牢固的思想基础,起事后又未能及时阐明起义的目的、联系人民的切身利益争取广泛的支持,这使大部分起义者只是盲目跟从,甚至有被胁迫裹入的现象。因此,一小队骑兵的出现就能瓦解一支数百人大军,起义者看起来犹如乌合之众。这样一个弱点,不仅在彭特里奇起义中如此,在整个工人激进主义暴力翼的活动中都是如此,它从伦敦通讯会时期就一直传下来,一直传到宪章运动的新港起义(Newport Rising)。暴力派虽然主张革命行动,却完全忽视对群众的教育工作。他们对群众的估计过高,以为只要振臂一呼,就必然会群起响应,因此总是错误地估计力量的对比,采取不适当的行动。另一方面,当形势低落时,他们又总是责怪群众觉悟低,因而不愿耐心等待,不肯细致工作,企望以惊人之举唤醒人民,系成败于一举之间。由于这些原因,他们总喜欢暗中策划,脱离群众,走上密谋暴动乃至暗杀行刺的道路。

尽管如此,彭特里奇工人起义却是世界工人阶级第一次武装革命的尝试。以前工人们有过革命的言谈,也有过革命的意向,却因为种种原因未能付诸实践,下层人民中虽也曾有过激烈的骚乱,甚至动过武力,却没有一次是带有政治目的的革命起义。看一看彭特里奇起义的阶级性质是很有意思的:在事后被判刑的23人中,有针织编袜工8人,约占1/3强;其他如矿工、农业工人各3人;石匠2人;采石工、采煤工、铁工、锯木工、鞋匠、簿记员、小农场主各1人,可见几乎全是手工工人。[①] 而本来应该在其他地方领导起义,后因组织破坏而被捕的,也是与此相同的成分,这说明首先尝试工人阶级武装起义的,是当时工人中在政治上最活跃的阶层——手工工人。

[①] 参见 John Stevens, *England's Last Revolution: Pentrich 1817*, p.11.

三、走向彼得卢

政府的高压加上1817年的风调雨顺,使改革运动暂时消沉下去。但1818年经济情况再度恶化,《人身保护法》又按期恢复,这种情况使议会改革运动再次掀起高潮。

这时,运动在很大程度上受《黑矮人》的指导,从它一系列的文章中,可以看出它的政治观点。1818年5月13日,《黑矮人》以"王族与下层等级的消费差"为题,提出了议会改革的理论。文章在列举了大贵族的收入情况后,接着对比说:

> 请注意:一个农业工人辛劳操作,每星期只能拿10个先令,靠它养活妻子儿女,同时还要交房租。但克拉伦斯公爵呢?他有房子、有公园,据说值3 000镑一年,却从不交一分钱租税。算上这笔钱,这位殿下大人每年收入相当于24 782镑9先令8便士——凭什么呢?就凭他是王子,凭他据说是一支舰队的司令,而那支舰队他却从来没有去指挥过……这样,一个公爵过日子需要的钱,就足够5 126个辛劳耕作的农业工人活上一年了!

这种贫富不均的现象,就造成"遍及全国的贫穷与不满",而这种现象之所以会产生,就在于人民没有代表权,所以归根结底,"一切灾害根本的原因,都在于下院的组成,而人民行使职责,罢免那些自封的代表,便是唯一的出路"①。由此可见,《黑矮人》对社会的分析继承了"贵族—人民"的提法,正如它的文章所示,它宁愿用高、低"等级"(estate)的术语而不愿用"阶级"(class)这个词。它关于贫穷的看法,也仍旧是潘恩主义的,即赋税造成贫穷,改革是唯一的出路。

但科贝特的出逃使它接受了深刻的教训,它关于"人民"的概念也就有了新的内容。"人民"已不再是一个整体,在上、下等级之间,还站着一个"中间等级"。《黑矮人》说"没有什么比所谓的'中等阶级'(middle classes)的庸俗猥琐更叫我讨厌了",因为中等阶级的大多数"只具有动物的感觉,除了拼命谋取生存外没有别的动机,而生活的唯一目的就只是吃、喝、睡、穿"。金钱是他们的唯一目标,为了赚钱,他们愿意出卖一切原则,不惜与人民的敌人狼狈为奸。他们不敢反对腐败的制度,生怕会得罪某一个"雇主",而当人民自己起来进行斗争时,这些"中等阶级绅士"们却又跑出来,"告诫真诚的人们要小心,不要走得太远;要谨慎行事,不要冒犯;要文明、要服从、要温和,总之,要像他们一样的伪善"。因此,"中间等级(middle orders)的怠慢罪行已使下层阶级(lower classes)陷入极度的贫困之中。本来,由于他们的社会地位以及他们一贯对公众事务的关心,社会上大多数人已把自己的利益交给他们照管,但这种信任现在被辜负了",像科贝特这样一些"自封的"领袖"总是在背叛人民"。因此,"在将来,人民将不看他是谁,而只看他的行动","群众已开始在为自己说话了,贫穷造成的勇气和坚定,将大有希望完成那些有教养、有财产的人所不能或不愿实行的一切"。②可见,《黑矮人》事实上已在工人阶级和"中间等级"之间画了一条线,因而在阐述工人激进主义的独立性方面迈进了一大步。从它的言辞中,仿佛可以听见宪章运动的先声。不过,很有意思的是,它说中等阶级造

---

① *BD*,May 13,1818.
② *BD*,March 25,1818;June 23,1819.

成"人民"的贫困,是因为他们"不反对腐败的旧制度",而不是他们对"人民"的剥削。可见,在工人阶级政治经济学出现之前,工人对中等阶级的认识仍是相当模糊的。

《黑矮人》强调有组织的行动,号召群众组织起来。它赞成群众集会和请愿,大量报道各地活动。在它的鼓舞下,群众运动在1819年夏形成高潮。许多地方召开大规模的群众集会,曼彻斯特、伯明翰、斯托克波特、利兹、设菲尔德等大工业城市成了宣传鼓动的中心,伦敦反而相形见绌了。

6月7日,约克和兰开两郡工业区代表在奥德姆聚会,讨论"普选和年度议会问题,以及改善工人阶级生活状况的最好方法"。会上通过一项决议,其中说,战争结束5年了,英国却走进最深的苦难之中,赋税不见减少,反而日益增多,议会"征收无穷的捐税,穷了一大批,富了少数人,现在的立法机构就是专门干这事"。它"制定法律,提高穷人生活必需品的价格,增加富人的地租收入"。决议说,我们已经濒临绝望,我们的生存已受到威胁,我们的劳动丰富了市场,我们的生活衣食无着。贫困的责任不在工人,而必须由立法者们来承担。我们要对那些披着人皮而毫无人性的恶魔们——那些选邑贩子说:"假如我们非死不可——在饿死和为保卫天生的权利而死之间做出选择的话,我们会毫不犹豫地挑选后者。"决议接着说,事实已证明向议会请愿无用,而改善工人阶级的状况又刻不容缓,因此,工人阶级应该组织起来,传播政治知识,召开群众大会,采用新的斗争方法,向议会施加压力。① 决议在许多地区得到响应。阿什顿的一次群众大会也决议说:"普选和年度议会应是下院基本的组织原则,这样组成的下院才能为人民的幸福制定法律,而人民的幸福又是任何政府得以存在的唯一理由。"为此,大会号召在地方性会议的基础上召开地区性代表大会,考虑举行全国代表大会的可能性。②

---

① *BD*, June 23, 1819.
② BD, June 23, 1819.

类似的集会在工业区不断出现,《黑矮人》对此几乎每天都有报道。这些集会的重大特点就是工人阶级性很强,许多大会是清一色的工人成分,由工人领袖担任主席。在有些地方,即使有中等阶级人士参加,工人也总是占优势。工人阶级的政治要求也总是被作为大会决议获通过。除此之外,这次高潮一开始就断言请愿无用,建议召开全国代表大会,因此来势很猛。

7月12日,伯明翰召开了一次盛大的群众集会,《黑矮人》的编辑伍勒等出席了大会。会上除提出"普选、年度议会、无记名投票"等改革基本要求外,最重要的一个步骤是选举出该市的"立法代理人",要议会承认他的代表资格,接纳他出席议会会议。① 这是一个首创行动,表明大工业城市第一次正式向议会挑战。伯明翰是个有几十万人口的大城市,是黑色金属工业的中心,但长期以来一直没有资格选派议员,这个行动立即在全国引起巨大反响,斯托克波特等城市紧跟模仿;曼彻斯特的工人改革派也做出决定,要召开一次盛大群众集会,选举曼彻斯特的"立法代理人"。

为开好这次会,工人们做了大量的准备工作。参与组织大会的班福德说:"大家认为大会应尽可能地体现我们的精神面貌,应展示英国前所未见的壮观气象。报上过去总是嘲笑我们开会时衣衫褴褛,容貌肮脏;嘲笑我们队列混乱,整队犹如乌合之众。我们因此决定:至少在这一次,这种说法不应该应验,我们要拔掉我们的政敌的讥讽之刺,要显示出前所未有的清洁、清醒和端庄。"为此,大会制定的纪律是"清洁、清醒、秩序",后来,在亨特的建议下又加进"和平"。②

会前一个月,曼彻斯特周围各镇的工人组织就开始列队操练。每当黄昏,天黑看不见干活时,工人们就到林边空地整队集合,由扛过枪、打过仗的老兵指挥操练。工人们进步很快,在短短的时间里,就能够步伐整齐地

---

① "The Trial of Edmonds and Others", in *State Trial*, new series, Vol.1.
② Samuel Bamford, *Passages in the Life of a Radical*, Vol.1, pp.176-177.

列队行进，比起军队来也并不逊色。但这种情况使曼彻斯特市政当局十分不安，他们以为一个暴动近在眼前。他们派出大量密探，混在工人中刺探情报。这些人带回消息说：到处都在军训，工人在队列中练习卧倒、前进、冲锋等等，还学习使用火器；当开枪口令下达时，工人便两掌相击，模仿枪击声。班福德不否认可能有这种情况，但他说这是少数年轻人休息时的开玩笑之作。不过，市政当局坚信这是图谋暴动，便频频向内政部汇报，要求授权镇压。

彼得卢大会由和平派发起，丝毫不带革命倾向，这一点毫无疑问。对此，大会的组织者曾一再强调过。大会组织委员会曾下达指示，要大家操练时不用武器，开会那一天也不准携带器械，包括棍棒在内。开会前一天，亨特与大会组织者见面时，还再三强调和平与秩序。当班福德提出如果人民先受攻击就有进行自卫的权利时，亨特便严加斥责，说在任何情况下都不得动武，而应紧紧地依赖法律。后来，班福德又在组织委员会上提出成立一支棍棒队护旗，也当场被委员会其他成员否决。可见，尽管班福德已经以和平观点著称，但其他人甚至比他更"和平"①。后来，当政府对大会的组织者开庭审讯时，就连政府方面的证人也几次三番地证实大会的和平性质，否认操练是暴动准备。② 尽管如此，曼彻斯特市政当局在托利党政府的默许下，仍下决心镇压。

1819 年 8 月 16 日，曼彻斯特地区的 6 万至 8 万名工人，身穿节日的盛装，由邻近村镇整队出发，前往圣彼得广场参加大会，各队打出的旗帜上写着各种口号，包括"年度议会""普选与无记名投票""宁要作人死，不当奴隶卖""不要谷物法""没有平等代表权毋宁死"等等。③ 这最后一条标语后来被当作是"推翻政府"的首要罪状。大会开始后，由亨特发表演说，他走向

---

① Samuel Bamford, *Passages in the Life of a Radical*, Vol.1, pp.191 - 192, 196 - 197.
② *State Trial*, new series, Vol.1, Cols.210 - 211, 219, 223 and etc.
③ *State Trial*, new series, Vol.1, Cols.192 - 195.

讲台时，群众欢呼，乐队奏国歌。亨特演说时，地方官已在会场周围布置好兵力，其中包括第 31 步兵团全部，第 88 步兵团一部，炮骑兵 1 个连，以及在滑铁卢战役中立下卓越军功的第 15 骠骑兵团 6 个连，加上特别巡捕、义勇队等，有好几千人。随后，地方官一声令下，义勇队首先发动，策马扬刀地冲向人群，在人群中大砍大杀。会场上立刻大乱，手无寸铁的男女老少一片惊慌，向四处逃散，但这时军队又蜂拥而上，特别是第 15 骠骑兵团，这个因滑铁卢战役而声震全欧的团队：

> 沿着空地的南侧毫不停顿地冲上去：……冲锋号大作，三人队形立即滚滚向前，当我们进入阵地时，我们的阵线拉开，穿过了广场，广场上到处挤满了人，他们的帽子都好像碰到一起了。①

10 分钟内：

> 整个广场变成一片空旷，几乎成为荒凉的地方……广场上到处扔着鞋帽、披肩，还有踩坏和撕碎的男女衣物，沾满血迹。……有一些倒下的人还躺在那里，有些是给挤倒的，有些是喘不过气来闷倒在那里。这些人中有的还在呻吟；有的圆睁双眼，上气不接下气；还有的则永远停止了呼吸。②

这就是英国近代史上最血腥的一次政治大屠杀——彼得卢事件。这次事件中 11 人丧生，400 多人受伤，死伤者全部都是工人阶级。

彼得卢事件为政府全面镇压提供了借口，托利党当局不仅以摄政王的名义对曼彻斯特市政府大加褒赏，而且立刻通过"六项法律"，中止了言论、出版、集会、结社的一切自由。它不顾全国舆论的一致反对，又悍然将亨特和其他大会组织者逮捕判刑。至此，托利党的反动统治达到极点，建立了

---

① Sir W. J. H., "Joliffe's Diary", in E. P. Cheyney, ed., *Readings in English History*, Boston, 1908, p.667.
② Samuel Bamford, *Passages in the Life of a Radical*, Vol.1, p.208.

光荣革命以后最专横残暴的政治体系。彼得卢事件还有一个特点,即最先冲入人群、实行无情砍杀的是资产阶级义勇队,成员全部由曼彻斯特中等阶级及其子弟组成。这说明,在这个时期,至少在曼彻斯特,中等阶级不仅不参加改革,而且强烈仇视改革。另一方面,人们又一次看到,在曼彻斯特这个大工业的策源地,投身于政治改革运动的,仍主要是濒临破产的手工工人。1820年因组织大会而受审的人中,有1个制刷工、1个车把式、2个手织工、1个鞋匠、1个新闻记者,以及前面提到的那个不会写名字的走方郎中和手织工出身的小企业主奈特,还有1个职业不详。①

彼得卢事件后,和平的道路又被堵塞,暴力派于是又走向前台。彼得卢事件的第二天,班福德去曼彻斯特探听虚实时,就发现"工人群众都渴望复仇,只等四乡人进城来一个大扫荡"。就连他的家乡——和平主义的堡垒米德尔顿,也"普遍动荡不安。许多年轻人已准备好武器,到处在收罗东西打造武器"。螺丝刀、大铁钉都被打制成长矛,只等有人来振臂一呼了。然而,什么也没有发生,没有出现任何动乱。② 这再一次暴露了暴力派的严重弱点,即他们太脱离群众。即使群众中已经酝酿出一定的革命情绪时,他们仍不能领导群众。

这样,复仇的使命就又落到了斯彭斯博爱主义者身上。他们发誓要用杀人者的血来偿还彼得卢的血债,因此下决心要刺杀全体内阁大臣。起先,他们打算在乔治三世的葬礼上动手,但发现寡不敌众,不易得手,就放弃了这个计划。到1820年2月下旬,他们已等得不耐烦了,便决定不顾一切分头行动,能刺杀几个大臣就算几个。正在这时,报上登出了一条消息,说全体内阁将于23日晚在哈罗比勋爵(Lord Harrowby)家举行工作晚宴。这对斯彭斯博爱主义者来说简直是天赐良机,乃至有人虔诚地说,他从不信上帝,但这一次上帝却真的显灵了。

---

① *State Trial*, new series, Vol.1, Col.183.
② Samuel Bamford, *Passages in the Life of a Radical*, Vol.1, pp.214, 216.

在短短的两天时间里，他们进行了周密的准备。他们打算由西斯尔伍德假扮信差，敲开哈罗比家大门；然后一轰而入，胁迫仆从带路闯进会议大厅；接着甩出手榴弹，再用手枪击毙残存的阁员。事情得手后，他们将趁着统治阶级一片惊慌时发动革命，宣布成立临时政府。为确保行动成功，他们不仅准备了大量武器弹药，而且派出监察哨，日夜守在哈罗比公馆附近，谨防内阁会议会有变动。此外，他们还在公馆附近的一条偏僻小巷卡图街上租下一间小马棚，作为起事的据点之用。

23 日晚，正当一切准备就绪、参加行动的 20 多人也分头抵达、准备分配行动任务时，伦敦治安警察忽然闯进小马棚，命令当事人缴械投降。斯彭斯博爱主义者立即抵抗，经过短暂交火，西斯尔伍德刺杀了一个警官，这时云集在街头巷尾的兵士蜂拥冲入，枪声警笛响成一片。密谋者英勇奋战，但终因人少势单，多数被捕了。西斯尔伍德等领袖虽然逃脱，但很快又都落网。直到开庭审判时，他们才发现又中了政府的圈套。原来，他们的队伍中又混着一个奸细，因此政府对他们的活动了如指掌。为了让他们"一举歼灭内阁"的夙愿遂心如意，政府特地布置了那条"内阁全体聚会"的假消息，好把他们"引蛇出洞"。而博爱主义者们既缺乏冷静的头脑，又不吸取 1817 年失败的教训，只知一味蛮干，企图用少数人的密谋完成革命。这一次，他们为自己的鲁莽付出了血的代价。西斯尔伍德等 5 人被判死刑，另有 6 人被判终生流放。① 但斯彭斯博爱主义者的勇敢精神是永世长存的。当西斯尔伍德被判死刑时，他在法庭上大义凛然，面对着屠杀人民的刽子手他铿然声称：

> 谋杀暴君一向被看作是崇高的事业……的确，当某些人把自己置身于法律之上时，那么除了用志士的剑，再没有别的办法可以伸张正义。假如法律不能制止他们屠杀人民，那么人民中的每一个人就都有

---

① 参见 John Stanhope, *The Cato Street Conspiracy*, London, 1962.

义务,将祖国从压迫者手中拯救出来。……可爱的英格兰仍在奴役的枷锁下呻吟,我告别她而毫无怨言。我就要走进坟墓了,我的躯体将禁锢在养育我的土壤下。我唯一遗憾的是:这片土地将仍旧是奴隶、懦夫和暴君的舞台。我深信我的精神将被后人所感戴……我不寻求怜悯,我只需要正义;我没有被公正地审判,我因此抗议——对我的判决应无效。①

随着卡图街密谋失败,伦敦通讯会残留的最后一批革命者也就退出了历史舞台,工人激进运动史上将出现一批全新的领袖。但伦敦通讯会开创的道路并没有走完,它在新人的指导下,正在向新的高峰迈进。

19世纪最初20年,以一次密谋暴动开始,以另一次密谋暴动结束,其间是充满了动荡的岁月。总结这20年的工人斗争,有以下几点最重要。

首先,这一时期的工人阶级政治斗争不仅是独立的,而且是唯一的群众性的政治运动。20年中,只有工人坚持斗争,把议会改革推向一个又一个新高潮。他们坚持工人激进主义的基本原则,坚持普选和年度议会,使议会改革运动带有鲜明的阶级性,这一点是没有问题的。

那种把工人运动说成是在中等阶级领导下的观点是错误的。事实上,20年中找不到一个独立的中等阶级政治运动,中等阶级只是以个人的身份参与劳动人民的斗争之中。科贝特是在面向工人之后才赢得巨大的声誉的,卡特莱特是在到工人中组织汉普登俱乐部时才获得成功,威斯敏斯特选举靠了工匠的选票才取得胜利,亨特更是以他和工人的密切关系而享有盛名。所有这些人又都或先或后,或心甘情愿或勉为其难地接受过工

---

① *State Trial*, Vol.33, Cols.1547-1548.

人阶级的政治纲领。只有在这个基础上,工人们才把他看成是自己的同路人。实际上,在这20年中,老的"中等阶级"——商人、中小乡绅和自由职业者已经被工业革命削弱了;新的"中等阶级"即工业资产者不仅不站进改革的行列,相反还策马扬刀地镇压改革,一如他们在曼彻斯特的所作所为。在这种情况下,中等阶级在政治上的消沉就不足为怪了——整整20年中,他们没有提出过自己的纲领,没有形成过自己的运动,其结果,就是工人阶级被迫在这艰苦的岁月中,孤军奋战20年!

其次,这20年又是英国工人运动史上暴力色彩最浓的时期。暴力的传统不仅停留在口头上,而且表现在行动中:密谋暴动接连不断,还发生了真枪实弹的武装起义。为什么暴力色彩在这个时期最浓?这不得不到托利党政府的严酷政策中去找答案。事实上,工人运动内部向来都存在"和平"和"暴力"两翼,当局势平和、活动比较顺利时,"和平"的一翼占上风,而暴力派也乐意采用和平的手段;但每当形势发展不利、政府镇压严酷时,"暴力"的主张就会抬头,"和平"翼则退入幕后。19世纪最初20年中,"和平"和"暴力"就是这样交替地出现,反复起落了好几个回合。但即使在最严峻的时代,英国仍未能走上革命的道路,这一方面当然与群众的意向有关;但另一方面也应该承认,英国始终不存在革命的形势,统治阶级从未把人民逼到非革命不可的死胡同中去。在这里,英国政治制度的灵活性起了很大作用。例如,《人身保护法》最多中止两三年,以后就自动恢复;对改革派的镇压虽然无情,但还未到残酷的地步;陪审团制度又往往能对他们起保护作用,政府不能随心所欲、为所欲为;托利党虽然反动,却仍然有一些民主的习惯;议会反对派仍然存在,仍不时发出尖刻的指责;选举制度虽然腐朽,改革派人士却仍然当选;反结社法虽然严厉,但由于中央政权相对虚弱,有些地方政府就变通执行,工人组织仍然合法存在;此外,集会、出版、言论、信仰的自由在多数情况下,至少在表面上是受到尊重的。所有这些,都使工人阶级的大部分认为和平变革的前途是存在的,因此不必铤而走险、发动革命,而情愿停留在法律允许的范围内进行活动。这样,在工人政治运动中,合法主义的思潮一直占据统治地位。这种情况使暴力派很难取得群众基础,再加上他们本身热衷于搞密谋,崇拜英雄主义,忽视对群众的教育工作,就使英国很难发生真正的革命。因此,一个国家走什么路是由多种历史条件决定的,不应轻易否定某一种方式。

最后,有必要简单地说一说工人激进主义与其他工人运动的关系。因为随着工业革命的深入发展,随着工厂工人的成长壮大,工人斗争的内容和范围也越来越广了,探讨工人激进主义在工人运动中的地位也就被提上了议事日程。应该说,在19世纪的最初15年里,由于战争的继续和政府的压制特别严厉,工人阶级被剥夺了合法活动的权利,因此政治上的激进主义与经济上的秘密结社往往就融合在一起。卢德运动可能就是这种情况,激进主义者往往打进半合法、半公开的友谊社和互助会等,利用他们的一点点合法地位进行宣传教育活动。另一方面,现代形式的工会运动还没有从传统形式的互助会中脱胎出来,只是到后来,工会运动才越来越成为工人活动的主要方式,而最终以激进主义取而代之。这个过程要到19世纪30年代才开始,为什么这样,将留待以后讨论,这里只想说明一点:工会运动一开始就与激进主义宗旨不同。在1818年组成的曼彻斯特各业联合工会"博爱会"(Philanthropic Society)的章程里,曾明确写着:"为维护本会或代表会议的严肃起见,任何人不得在会内提出政治、宗教问题,违者罚款。"[1]这表明它只从事单纯的经济斗争,使用纯粹的产业手段。因此,尽管参加工会运动的人有可能同时也参加激进运动,但两种运动奉行的是不同的原则,他们接受两种不同思想的指导,领导机构往往也是两套人马,激进主义和工会运动分离的倾向后来到宪章运动时表现得更明显,不过,这要留到以后再谈。

---

[1] J. L. Hammond and Barbara Hammond, *The Town Labourer*, p.211.

第五章
被出卖了(1821—1832)

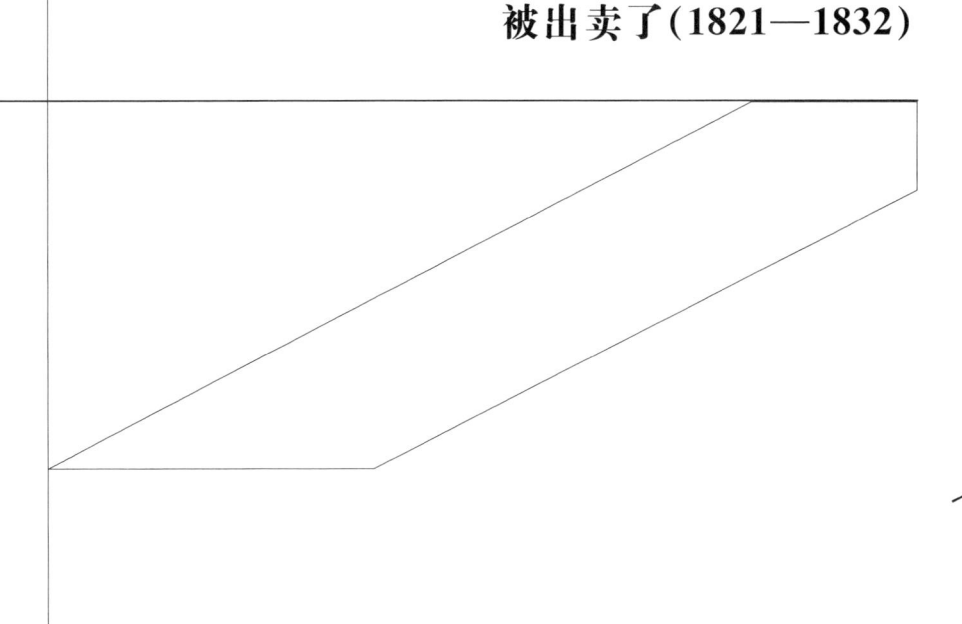

这12年是英国工人阶级发生深刻变化的时期。首先,由于工业革命的进展,工厂工人发展壮大,人数与阶级意识都在增长,出现了反映工厂工人经济地位的成套理论;与此同时,手工工人却在萎缩,其人数开始剧减,其长期坚持的"赋税致贫论"则逐渐显得不合时宜。于是,发生了第二方面的变化,即工人激进主义对贫穷的解释吸收了"工人阶级政治经济学"的理论,这在发展工人阶级的意识方面,无疑具有深远的影响——影响到后来马克思主义的形成。当然,更直接的影响是,它为工人运动直接与中等阶级激进派相对立提供了思想准备,而迄今为止,这两支激进运动是一直同路而行的。最后,由于1832年议会改革使工人阶级参政的迷梦破灭,工人激进主义于是与中等阶级彻底决裂,两者间的同盟关系宣告结束,而这又为日后的宪章运动埋下伏笔。这12年把工业革命与工人阶级的关系最清楚地呈现在人们面前,英国工人经历了深沉的思想探索。

一、思索的十年

从表面上看,卡图街密谋之后的 10 年,工人阶级的活动几乎都停止了,既看不到轰轰烈烈的群众运动,也闻不到动魄惊心的暴动密谋,议会改革仿佛被遗忘了,人们的注意力转向别处。然而,就在这表面的平静之下,工人阶级的思想经历了深刻的变化,各种新理论破土而出,向人们展示着青春的活力。这些理论都可以被归结为一点,即工人阶级是一个"阶级",它有独特的阶级利益。阶级独立的思想这时开始明朗,对后来的工人政治运动有深刻的影响。

阶级独立的思想意识,首先在激进主义理论中表现出来。早在战后不久,《黑矮人》报就意识到,社会可分为三个阶级,工人阶级是其中之一;除了盘剥的重税外,中等阶级的贪婪也是苦难的根源。[①] 这种思想在理查德·卡莱尔[②]手中进一步发展了。他曾这样解释贫困的问题:济贫税的增加迫使中等阶级(雇主)节省,而一旦他"被迫节省时,只要有可能,他就从别人头上开刀。作为老板,他的节省表现在削减雇工的工资上,而不是减少自己的利润。他会说'约翰比我能吃苦嘛',这样,生意人的实际需要就把他变成一个压迫者了。而实际需要越来越大,习惯就变成自然,工资不

---

① 见前第 189—190 页。
② 见前第 87—88 页。

断地减下去,一直减到最低限度——人体的绝对需要"时才停止。工人辛劳一天,只能换回"穷工人每天的面包,还不够填饱肚子的"。因此,工人和老板是对立的,他们的利益并不同。但济贫税为什么会加重,因而引起老板加紧对雇工的勒索呢? 或者用卡莱尔的话说:"贫困的根本原因是什么?"正是在这一点上,卡莱尔在重复激进主义的理论,他说:"是赋税造成这一切。多年来,税务有增无减,它与邪恶的纸币狼狈为奸,使贫穷与济贫税等率齐增。赋税为父,纸币为母,贫穷是他们的儿子。赋税被选邑贩子们制造出来,又受到他们的支持,成为万恶之源;赋税比古老的英国所遭受的一切瘟疫还要坏。"而为了消灭赋税,就必须实行议会改革,切断赋税的根源。① 可见,卡莱尔虽然意识到劳资间的尖锐对立,却仍把这种对立纳入赋税致贫论的理论中去。但在卡莱尔那里,赋税是通过老板的压榨而起作用的,工人阶级和中等阶级虽说都受赋税之害,却不是同等的受害者。他曾一再强调赋税使物价上涨、工资下降,只要税务沉重,工资就不可能提高,因此,工人若想阻止工资进一步下降的趋势,就必须组织起来,要求议会改革。② 显然,他对于改革必要性的解释,已加进劳资冲突的因素了。卡莱尔的这些看法反映了尚未受工厂主直接剥削的手工工匠和帮工的现实经济地位:一方面,他们受形形色色的中间人(商人或店铺老板)的层层盘剥,感到自己和"中等阶级"的利益不同;另一方面,他们在小规模的手工生产中又与自己的雇主有一些共同利害,有许多共同要求,因此他们总是把苦难归咎于国家的赋税,即使这种赋税通过雇主起作用也罢。可见,激进主义始终反映着手工工人的地位和要求,是他们思想的最集中的表现。

在启发工人独立的阶级意识方面,功绩最大的是工人阶级政治经济学。工人阶级政治经济学的基础是"劳动价值论",它来自李嘉图的经济学说。在1817年出版的《政治经济学及赋税原理》(*The Principles of Political*

---

① *The Republican*, February 11, 1820.
② *The Republican*, September 10, 1819; June 9, 1820.

Economy and Taxation)中,李嘉图就明确指出商品中的劳动量决定商品的价值。① 既然如此,工人阶级政治经济学就推论说:一切财富都是劳动的成果,因此只有劳动者——社会财富的创造者,才有权享受社会生产的果实。但是在现存制度下,财富被说成是资本的产物,仿佛没有资本就不会有劳动。资本用这种虚伪的借口占有了产品,剥夺了劳动,而真正的劳动者,则在资本的淫威下遭受苦难,因此,资本是贫穷的根源。从这一点出发,工人阶级政治经济学认为,现存的产品分配制度是不合理的,必须让劳动取得所有的果实。这样,劳资冲突就不可避免了,劳动者必须与资本做坚决的斗争。

但在斗争的方法和手段上,这些先驱的工人阶级政治经济学家们发生了分歧。霍奇斯金认为,一切权力都是统治阶级的经济权力在政治上的表现,他因此不相信政治活动,而寄希望于未来的非政府的个人社会。但他又不是纯粹的个人主义者,他提倡工会主义,认为工人的自由结社将恢复他们对产品的权利,希望民主的组合取代强制的政府。因此,他的思想中带有某种无政府主义的色彩。② 威廉·汤普森却认为,工会无法解决获取全部劳动成果的问题;在现存制度下,竞争使少数人幸福、多数人受苦。为消除竞争,就必须让人人都既成为资本家,又成为劳动者,也就是"资本—劳动者";与此同时,还必须把现有的经济企业改造成既生产又交换的社会单位,即"贸易—制造厂",以消灭商业和工业的分工,杜绝居中盘剥的可能性,只有这样,才能消灭竞争。但要做到这一点,个人的力量是不够的,必须依靠集体,实行财产公有,共同劳动。他因而提倡劳动组合合作社。③ 不管工人阶级政治经济学家们提出什么样的解决方案,其目标都是相同的,即撇开资本,让劳动管理社会。

工人阶级政治经济学避开政权的力量不谈,专谈劳资间的冲突,讲资

---

① David Ricardo, *On the Principles of Political Economy and Taxation*, London, 1817, Ch.1.
② 见前第 92—96 页。
③ 参见 William Thompson, *Labour Rewarded*, London, 1827.

本剥削劳动,这反映了工厂制度下工人与资本家直接对立的现实。因此,从本质上来说,工人阶级政治经济学是工厂中的劳资冲突在理论上的总结,表达着工厂工人的观点和愿望。然而,在工人阶级政治经济学开始传播的时期,最早接受它的却基本上是手工工人,这不能不归因于手工工人的文化素质,归因于他们在文化上的领先地位。从19世纪20年代起,手工工人追求"有用的知识"蔚然成风,一切理论上的最新成果,无一不被他们仔细审查过,看能不能解释他们受苦受难的原因。因此当20年代中期工人阶级政治经济学刚一出现,就很快在手工工人中传播开来,特别是在伦敦,由于伦敦技校的开办,由于《技工杂志》的出版,以及霍奇斯金亲自在伦敦技校开讲政治经济学,使伦敦的手工工匠在理论上的水平一时高出许多。但手工工人终究缺乏直接受工业资本家剥削的切身经历,因此对工人阶级政治经济学中的许多提法似懂非懂,不能深刻理解,这种理论与实际脱节的现象,很快将在工人阶级政治活动中表现出来。

19世纪20年代,也是欧文主义思想大传播、大发展的时期,它的出现吸引了许多工人的注意。应该说,欧文主义也是一种"工人阶级政治经济学",而且欧文是第一个把李嘉图的学说发展成劳动价值论的。① 但欧文的学说系统性不强,许多结论不是通过科学的研究,而是通过天才的预见获得的。另一方面,欧文主义又具有强烈的实践性质,欧文一生的活动使"人类合作"的愿望不再仅仅是理论的设想,而且成了社会的实践。由于这些特点,欧文主义又和通常所说的"工人阶级政治经济学"有所不同,欧文是英国社会主义的伟大先驱。

欧文的理论是与工厂工人的现实生活紧密联系在一起的。起先,他震惊于工厂中普遍流行的贫穷与愚昧,认为愚昧是工人贫困的根源。他因此把教育作为解决贫困的良方妙药,提倡对工人阶级进行知识的教育。为

---

① [英]欧文:《致拉纳克郡报告》(1820),参见《欧文选集》(上卷),第296—357页。

此,他提出"人的性格毫无例外地总是由外力为他形成的"①,反驳工人生而愚昧的观点。为了给工人创造良好的外界环境,以利于他们道德的发展,他还以自己的工厂为试验,改善了工人的生活条件。不过,在工人眼里,他这时只是个善良的工厂主、仁慈的慈善家,仅此而已。

但当他从隆隆的机器声中总结出劳动价值论时,他的思想就高度升华了。他开始认为机器的使用造成了贫困,但机器本身并不是罪过,造成工人苦难的是机器的错误使用,是机器与人的竞争,是人与人的竞争。他说,当资本家发现"机器比人力便宜"时,人就"被解雇,人的劳动的价值因而迅速下降,接着一切商品的价值几乎都跟着下降了。这样一来,马上就带来了普遍的贫困,这是每时每刻使你们受苦受难的基本原因"②。但资本家为什么不顾工人的痛苦,一意要用便宜的机器去代替人呢?这是因为现存社会建立在个人利益的基础上。"这种个人利益的原则,引起了人类的一切分裂……造成了忿怒与恶毒的情绪,以及人类直到现在所遭受的罪恶与苦难",这个原则"本身就是贫困的唯一原因;如果没有这种原则在起作用,财富在世界上任何地方早就不会成为争夺的目标了"。③ 出于这种分析,消除贫困的方法也就不再是他过去提倡的国立教育制度和慈善试验,而是消灭竞争,实现整个社会的合作了:人们在合作中共同劳动,共同消费。欧文的思想最好地反映在 1821 年创刊的《经济学家》(*The Economist*)报上,按其说法:迄今为止的一切社会都建立在一个共同的错误基础上,这就是"每个人的利益,在任何环境和任何条件下,都被置于与其他个人及整个社会的利益直接对立的地位上"。当人们在这个基础上组织生产时,就会使"一个国家生产力运用的程度和方式,不是受全国实际利益的调节,而是受假想中的个人利益的调节"。这样做的结果,就是一个阶级统治另一

---

① [英]欧文:《新社会观,或论人类性格的形成》(1812—1814),参见《欧文选集》(上卷),第 49 页。
② [英]欧文:《在伦敦中心区酒家的讲演词》(1817),参见《欧文选集》(上卷),第 252 页。
③ [英]欧文:《致拉纳克郡报告》,参见《欧文选集》(上卷),第 324 页。

个阶级,社会越发展,苦难就越增加,社会财富的分配也就越不均,最终失去对生产的控制。摆脱这种困境的唯一出路是"社会一切成员为全社会的利益而全面地合作",因为"作为单个的人,一切人的力量都是有限的,不与其他人进行某种程度的合作,就连维持肉体的生存都很困难"。[①]

欧文主义实际上是工厂工人对苦难的现实做出的理想化反应,这在他的文章中是很清楚的。他关于工人苦难的描写,主要是工厂工人现实遭遇的写照;他设计的改造社会蓝图,从根本上说,也只有失去一切财产、转变为一无所有的近代无产者的工厂工人才可能接受——各国社会主义发展的历史都已证明了这一点。但在欧文活着时的英国,欧文主义一直未能在工厂工人中得以广泛传播,这是个很值得探讨的历史问题。也许这和近代无产阶级尚属年幼、各方面都未臻成熟有关;但也可能是因为他的学说中空想成分太多,一放到他亲自主持的试验中去就归于失败,这使工厂工人觉得他的理想太遥远无期,不如另一些更直接的手段行之有效。因此从19世纪二三十年代起,工厂工人在斗争中表现出来的主要倾向是工会运动,这种趋势一直没有改变过。欧文后来曾致力于宣传社会主义和合作社计划,关于社会主义的宣传并不成功,而关于组织合作社的设想,却在手工工人中取得相当的成就,吸引了许多工人激进派的注意。

其实,欧文关于工厂工人的工作条件,关于机器的使用导致工人贫困,关于劳动是资本的源泉,以及个人利益与社会利益相冲突是一切弊病的根源等等的论述,手工工人们未必能真正理解。特别是他说苦难的根源不在纳税[②],这更与手工工人的社会存在不相符。但欧文主义是一种工人阶级理论,这一点他们是清楚的;因此,尽管他们可以不同意欧文的社会主义结

---

① *The Economist*, January 27, February 3 and March 10, 1821.
② "……你们所遭受的苦难就不止是现在这一点,将来还有大得多的苦难在等待着你们。纵使你们从明天起,连一个先令的国债和税款也不缴,政府所做的一切全都免费,在几年之内,我国或是其他某个国家所将遭受的损失必然会比大家现在所遭受的更大。"参见《欧文选集》(上卷),第252—253页。

论,却可以用自己的眼光来解释欧文的许多教导。其中对他们特别有吸引力的,是关于建立合作社的倡议。根据欧文的理论,工人们若合作劳动,就能保证获得全部的劳动成果,而不被其他人居间盘剥。这对工厂工人来说,当然意味着不受工厂主剥削;但对"独立"生产的手工工人来说,这就意味着不受中介人的剥削,也就是绕开形形色色的商人、店主,而直接生产和消费。有一份演说词曾对此做过极好的说明,它说假如工人阶级"能在交换劳动产品时不向一大堆人比如商人和店主付账,……那么他们立刻就可以获得充足的生活资料,享受彼此的劳动产品而无须花费时间,也无须支付成本以外的利润,在现时这种利润要高达百分之十到百分之一千"。但要想绕开中介人,单靠劳动者个人是不行的,工人们必须组成合作社,集体筹聚资金,"以批发价买进他们需要的东西",这样,在批发价和零售价之间会有一个差额,这个差额能使社员们省下许多钱,这样省下的钱,"加上定期不断的会费来源,就能形成一笔不断增加的资本储备,用这笔钱在几年内购置土地,最终将使他们获得身心的舒适而脱离苦海"。[1] 当时蓬勃发展的合作社运动(The Co-Operative Movement)就是在这种原则指导之下开展的。比如,曾负有盛名的布莱顿联合商店就是这样经营的:

> 我们必须每周交一点钱,形成一笔基金。当这笔基金够用时,他们就去买各种商品,把它们存放在一块,社员们必须从这些存货中购买日常用品,盈利就成为共同的资本,用来再去买最急需的商品。……当集聚起足够的资本时,合作社就可以购置土地,迁移过去,自己来耕作,同时生产他们愿意生产的一切工业品,以此来满足他们在衣、食、住各方面的一切需要。这时,合作社就可以说是一个村社。[2]

---

[1] Henry M'Cormac, *On the Best Means of Improving the Moral and Physical Condition of the Working Classes*, London, 1830, p.23.
[2] Beatrice Potter (Mrs. Webb), *The Co-Operative Movement in Great Britain*, London, 1930, pp.44 – 45.

可见，手工工人主要关心的是躲避商业资本，而商业资本的剥削是他们唯一有切肤之感的"劳资冲突"。但这样一来，欧文的合作计划就失去原先改造社会的宏伟性质了，因此当欧文在美洲的"新协和村"失败后被迫回到英国时，他发现把他奉为鼻祖的，是一个违反他本意的合作社运动。尽管如此，他还是很快站到了运动的前列，希望这些合作社最终能走上他铺设的轨道。这就是20年代洛维特、赫瑟林顿、克利夫、沃森等工人激进派积极投身其中的合作社运动。这个运动在伦敦有最广泛的群众基础，因为那里的工匠受工人阶级政治经济学影响最深，阶级意识最强烈。

但工人激进派与欧文之间的分歧是深刻的。工人激进主义不能接受财产公有的主张，而欧文则把公有制看成是新社会的基础。工人激进主义认为赋税是贫穷的根源，欧文却说它和贫穷根本无关。由此出发，欧文曾多次强调政治改革毫无意义，反对工人问津政治。他为工人设计的解放道路是联合加合作，最后改造社会。他相信王公和工厂主最终能被理性说服，自动在合作之光的照耀下投奔光明。而工人激进主义则认为，国家政治制度的改变是工人解放的第一步，政治斗争是主要的手段，不取得议会代表权，工人解放就根本不可能。此外，尽管欧文的思想中实际上孕育着阶级对立的种子，他却在一切公开场合主张阶级合作，声称社会上所有三个阶级的利益一致。这一点，又是刚刚接受了工人阶级政治经济学理论的工人激进主义所绝难同意的。今天拿马克思主义的观点来看，应该说，这两种工人阶级思想都只说出了半个真理；也许把它们合在一起，更接近马克思主义的理论吧。但是在当时，由于所有这些分歧，工人激进派在20年代短暂地接受欧文主义后，又很快与它分手了。然而，这种短暂的结合是很有意义的。当时主要的工人激进领袖几乎全都站在合作社的旗帜下活动过，而欧文学说中关于工人组织起来联合生产进而掌握整个社会的教导，又加强了他们对自身力量的认识，增强了阶级独立的自信心。因此，1830年工人激进活动再度掀起高潮时，它的组织就是从一个宣传合作社思想的团体——"全英合作知识促进会"（The British Association for Promoting Cooperative Knowledge）中演变出来的。

19世纪20年代下半期到30年代上半期又是工会运动大发展的时期。工会运动在这时第一次具有全国规模,这当然和1824年废除《结社法》有很大关系。工会运动更主要地是一种实践而不是理论,它是工资劳动者在长期的摸索中总结出来的经验。它认为工人联合的力量能保护工人的收入,迫使雇主支付合理的报酬。从本质上说,它体现了工人阶级对劳资对立的感性理解,同时又是对自身力量的认识过程。所以说,劳资关系越对立,工会的力量就越强大;资本家对工人的剥削越直接,工会的斗争方式就越是被普遍采用。由此可见,工厂是工会活动的理想场所,这不仅是因为工人集中、易于组织,更由于工厂中劳资关系最尖锐,工厂主与工人的对立最直接,双方的界限最明确。工厂工人很容易看出工厂主是自己的主要敌人,又很容易发现自己手中掌握着一种强大的武器——罢工,因而能够开展直接斗争,使用"产业手段",而无须像手工工人那样,只有靠国家的立法才能有效地保护自己。

看一看工会对政治斗争的态度是很有意思的。绝大多数工会都回避政治问题,许多工会还在章程中明确写着不许谈论政治。约克郡一个工会就规定会员们"谨慎地回避宗教争端,因为这样引起的争论总是带有偏见的,而且时常瓦解组织……政治争端也有同样的倾向,它使人肝火旺盛,脾气暴躁,因此也同样应从我们的团体中排除。你们应遵纪守法,尊重本国政府,当一个和平的居民,千万不要用各自对国家事务的不同观点来扰乱牵累本会"[①]。一个煤矿工会甚至还规定凡"中伤"国家、政府、国王和议会者一律处以罚款。[②] 20年代末涌现的四大工会——纺织、呢绒、建筑、陶瓷都有这种倾向,他们把维护工资作为主要的斗争目标,罢工则是主要的手段。他们认为工资低落是工人生活水平下降的基本原因,而恢复工资、制

---

① Edward C. Tufnell, *Character, Object and Effects of Trades' Unions*, pp.90-91.
② Edward C. Tufnell, *Character, Object and Effects of Trades' Unions*, p.139.

定最低工资表则是摆脱困境的最直接手段。①

但这种工会中也有政治激进派,其中典型的代表是纺纱工领袖约翰·多尔蒂(John Doherty)。1829年,多尔蒂领导兰开郡纺纱工人大罢工。失败之后,他认识到必须联合更多的工人共同斗争,因此于当年12月发起组织"全英纺纱工人总工会"(The Grand General Union of All the Operative Spinners in the United Kingdom)。1830年2月,他进一步扩大组织,成立了"全国劳工保护协会"(The National Association for the Protection of Labour),这是组织全国性跨行业产业工联的第一次尝试,其成员最多时号称达十万。1831年9月,他还想成立全国总工会,但因为伦敦不支持而作罢。多尔蒂关于贫困根源的说法很有意思。他说造成工人苦难的,一方面是沉重的赋税,另一方面是少数资本家垄断了财富。② 可见,他把手工工人和工厂工人的看法糅合到一起了。1830年12月,他创办了劳工保护协会的机关报——《人民之声报》(The Voice of the People),一方面指导罢工斗争,另一方面宣传议会改革。多尔蒂在第一次议会改革的高潮中相当活跃,是个著名的工人激进派,但为此他不得不时常和工会委员会发生纠纷。1831年3月,劳工保护协会第四次代表大会通过决议,勒令今后不得在会内讨论纯政治问题。多尔蒂对议会改革的宣传从未得到工会多数会员的支持,他们对政治问题颇不关心。③ 放在当时的历史条件下看,这种现象是不难理解的。像纺纱工会这样的组织,主要由刚刚形成的近代工业无产者组成,他们在经济上直接与工业资产者对立,因而相信直接的"产业行动"能帮助他们维持工资,而不必求助于政治运动。要等大量的失败教育

---

① "Resolutions and Laws of the National Association for the Protection of Labour", in G. D. H. Cole and A. W. Filson, eds., *British Working Class Movements*, pp.252-253.
② R. G. Kirby and A. E. Musson, *The Voice of the People: John Doherty, 1798-1854*, Manchester, 1975, pp.207-208.
③ "The National Association in Decline", in R. G. Kirby and A. E. Musson, *The Voice of the People: John Doherty, 1798-1854*, Ch.7.

了他们,使他们认识到单靠产业行动不足以达到目的时,他们才会转向政治斗争;而直到这时,他们才算在政治上"成熟"起来。另一方面,早期的劳资对立是在工业资本家尚未掌握政治权力的时候发生的,对工厂工人来说,政治上的压迫者和经济上的剥削者是两码事,不是同一个人。要等到工业资产阶级巩固了他们在政治上的地位时,工业无产者的经济敌人和政治敌人才会合一,而经济斗争和政治斗争才会指向同一个目标。这种情况要到19世纪70年代才会出现,那时工业无产者才大批地走上政治舞台。在此之前,一切工人政治活动都主要是由近代无产者的先驱——手工工人进行的。

除了工厂工人的工会,还有欧文主义的工会,其集中典型就是欧文在1834年创立的各行业大工联——"全国大团结工会联合会"(The Grand National Consolidated Trades Union)。这种工会关于贫困根源的看法和第一类有所不同,他们认为工人"在出售产品时的竞争,是贫困和生活水平下降的直接而主要的原因。只要人们自行其是,以邻为壑,就永远摆脱不了贫困和堕落"①。在这种欧文主义理论的基础上,大团结工会在章程中规定说:"虽然联盟的目的首先在于提高工人的工资,反对工资的继续下降,要求缩短工作时间,但是联盟的主要的终极目的,应当是采取一些措施,使社会上无知的、寄生的和无用的人实际上不可能……占有我们的劳动果实,以便确立基本的劳动权和人权。因此,盟员不要放过任何一个机会在建立另一种秩序的工作中互相支援和彼此协助。"②也就是说,它把建立协作、改造社会作为终极的目标,维持工资只不过是眼前的利益而已。这和第一种工会把工资下降看作是贫困的原因,因而保护工资就是最主要斗争目标的情况,当然有不同之处。由于欧文实际上是把大团结工会当作生产合作组织来设计的,因此也和他的合作社一样,吸引了手工工人的注

---

① *The Crisis*, October 19, 1833.
② [英]欧文:《欧文选集》(上卷),第450页。

意,大量手工行业都参加了。它曾声言有百万会员,但实际交纳会费的仅16 000人,多数集中在伦敦,因此伦敦是大团结工会的基地。① 这些工会也反对政治行动,大团结工会的机关报——《先锋报》(*The Pioneer*)曾说,"在一切方法中,工会是唯一能顺利取得普选权的方法",因为当工会普遍组织起来时,"它将逐步把全国各种商业利益都卷进来,这样做以后,工会就将因为它自然具备的重要性而变成政治实体中最有影响、几乎可以说是指令性的一个部门。当这一点实现时,我们就取得了一切,就取得了普选权"。② 也就是说,它认为政治行动是不必要的,工人的联合将自动给他们带来政治权利。工人激进派反对工会脱离政治的倾向,力图在这一种工会中争取领导权,取得过一些成功。"工人阶级全国同盟"成立时就是这种情况。

综上所述,19世纪20年代,工业革命的发展使社会变得复杂了,工人运动开始多样化,新的工人阶级理论也就纷纷出现,以反映这种新的现实。对工人阶级来说,所有这些理论都产生了同样的效果,即帮助他们认识独特的阶级利益,形成独立的阶级意识。由于手工工人具有较高的文化素质和较长的斗争经历,所有这些新的理论都在他们中间得到广泛传播,这就极大地补充了工人激进主义的理论,一种自觉的、反资本主义的思想意识开始萌发。如果说伦敦通讯会时期工人阶级只是开始意识到自己的存在,同时在行动上又很乐意与中等阶级合作,19世纪最初20年由于中等阶级退出斗争,工人阶级被迫孤军奋战,因此工人的独立行动是不得不如此的话,那么到19世纪30年代政治运动再度高涨时,阶级的独立性已是一种自觉的意识了,出现了像赫瑟林顿、洛维特这样一些全新的领袖。他们受工人阶级政治经济学和欧文主义理论的感染,参加过工会运动和合作社运

---

① Edward Royal and James Walvin, *English Radicals and Reformers, 1760-1848*, Lexington, 1982, pp.151-153.
② *The Pioneer*, May 31, 1834.

动的现实斗争,具有强烈的反资本主义倾向。然而,出于手工工人的经济地位,他们按自己的理解去解释"劳资冲突",结果总是把矛头指向从旁搜刮的"中介人"——"生意人阶层"(Shopocracy)。他们由于很难在经济上对"生意人阶层"开展直接的斗争,便在政治斗争中自觉地与之划清界限。从这时起,就出现了工人激进运动和中等阶级激进运动对立的现象,一直持续到宪章运动结束。正是在这种情况下,英国步入了第一次议会改革的斗争风暴。

二、为他人作嫁衣裳

1830年11月16日,威灵顿内阁在内外交困中倒台,结束了托利党长达半个世纪的连续统治。辉格党的格雷伯爵奉召组阁,第一次议会改革的艰苦历程自此开始了。

工人阶级此时有两个翼。一翼是手工工人,他们集中在伦敦这样的商业市镇中,或分散在北、中部的四乡工业区里。他们受工人阶级政治经济学的影响,独立的阶级意识已相当浓厚。他们坚决抵制中等阶级的领导,连与他们合作都不情愿。他们坚持工人阶级的改革纲领,竭力维护工人运动的独立性。另一方面,中等阶级为壮大声势、夺取改革胜利,又竭力想控制工人运动,让它为自己火中取栗,做自己目标的应声虫。在这种情况下,就形成改革斗争中两个阶级不仅不合作,而且互不信任、争夺领导权的局面。

工人中的另一翼是工厂工人,他们主要组织在工会中,形成了庞大的阶级大军。30年代初正是工会运动轰轰烈烈的时期,罢工斗争此起彼伏,工潮一浪高于一浪。在整个改革过程中,为提高工资而发动的斗争一直未平息过。所以,尽管工厂工人对政治问题兴趣不大,但工会的存在本身就具有很大的意义。特别是当时人并不把工会和激进组织区别看待,以为它和工人政治团体无区别。因此,所有这些工人组织对有产者来说都是一种威胁，而独占国家政权的地主阶级更感到势孤力单，想把经济上强大、政治上却毫无权力的中等阶级拉到自己一边，结成财产的统一战线。这就是辉格党提出改革案的真实动机。而本来工人阶级和中等阶级的对立可以使地主贵族有机可乘、损害改革事业的，但一个强大的工人运动的存在就足以使辉格党下决心推行改革了，认为这是防止革命的最好方法。

工人阶级积极地投入了争取改革的斗争。1831年4月，伦敦成立了改革时期最主要的工人政治组织"工人阶级全国同盟"，赫瑟林顿、洛维特、克利夫、本波、沃森、卡宾特等是它的主要成员。"工人阶级全国同盟"的成立经过如下：

20年代末，天主教解放（Catholic Emancipation）是英国政治中的一颗炸弹，在争取天主教解放的过程中，伦敦以中等阶级为主组成了"英国天主教同盟"（British Catholic Association）；《天主教解放法》通过后，这个组织改名为"激进改革同盟"（Radical Reform Association）。后来，有一批工人激进派参加进来，其中包括克利夫、卡宾特、赫瑟林顿等，赫瑟林顿还当上了书记。由赫瑟林顿牵线，"全英合作知识促进会"的许多成员也加入激进改革同盟，这样，成员的多数就成为工人阶级了。1830年，由于新成立的伯明翰政治同盟（Birmingham Political Union）只提出房产选举权纲领，使首都工人大为不满，因此激进改革同盟中的工人和同情工人的亨特派中等阶级就决定扩大组织，联合一切激进派，反对温和改革。这样，在3月8日，召开了"首都政治同盟"（Metropolitan Political Union）的成立大会，由刚刚表示支持普选的爱尔兰天主教领袖丹尼尔·奥康内尔（Daniel O'Connell）任会议主席。这个组织宣布自己是"中等阶级和劳动阶级的政治总同盟"，要对一切"有关勤劳阶级的权利和自由的问题加以探讨"，因此它企图建立两个阶级的合作关系是很明显的，它的领导机构中也有工人阶级代表。但值得注意的是，尽管它宣称要争取"真正激进的改革"，它却没有提改革的具体要求，回避了选举权这个关键问题，所以从一开始就隐伏着两个阶级的重大分歧。① 法国七月革命使这种分歧表面化了。赫瑟林顿、洛维特等工人领袖参加在圆厅剧场(The Rotunda)举行的群众庆祝集会,发表热情的演说,这被首都政治同盟中的中等阶级领导人视为"有煽动的味道",因此被严加谴责。赫瑟林顿等作为领导机构中的工人阶级代表,在委员会会议上与他们进行了激烈的辩论,最后决定和中等阶级分道扬镳,退出了首都政治同盟,首都政治同盟不久也就散了伙。这时,"圆厅"成了工人阶级活动的主要场所,工人们常在这里聚会,讨论政治问题,欧文、亨特、科贝特等人也常来这里发表演说,听众都是工人,每次可达数百上千人。赫瑟林顿等退出首都政治同盟后,很快在"圆厅"取得优势,成了这里最有影响的人。后来,在"圆厅"积极分子的基础上,组成了"工人阶级全国同盟"。正好这时合作知识促进会也解散了,于是相当一批骨干力量并入"工盟",壮大了工盟力量。因此,从工盟建立的经过看,可以看出工人激进主义和资产阶级激进主义最终决裂的过程。②

工盟公开宣布自己的阶级属性,它宣布要对一切"有关工人阶级的权利和自由的问题加以探讨"。这就彻底摒弃了首都政治同盟关于"勤劳阶级的权利和自由"的含糊提法。工盟宗旨中说,它的目标是"为每个工人……取得劳动的全部价值,以及自由支配他的劳动产品的权利"。为此,它将支持"各工人团体……发动的一切公平合理的斗争,反对雇主和制造商的联合和专制"③。从这些词句可以看出新的工人阶级理论对工人激进主义的影响。据普雷斯说,工盟在筹备时本打算建成一个工会组织的,名称就叫"首都工联",后来赫瑟林顿等政治激进派的意见占了上风。因此,工盟的首要目标就成了政治改革,而"提高工资、缩短工时"等纲领反而成

---

① Add MSS 27822,ff.11 - 14.
② 参见 I. J. Prothero, *Artisans and Politics in Early 19th Century London*, Kent, 1979, Ch.14: "Reform".
③ Rules of the National Union of the Working Classes, in Add MSS 27822, f.37.

了"次要目标"了。① 工盟的改革纲领是"社会上从事生产的有用阶级中的聪明才智者有权占领下院的议席",为此它提出四条要求,即"年度议会,成年男子选举权,无记名投票和取消议员财产资格"②。

工盟的组织原则是"彻底的群众性",它规定一切人都可以入会,只要他服从"工盟的章程"就行。它设立总委员会,管理日常事务;总委员会代表由各分会选举产生,所有会员都有选举和被选举权。它规定交纳会费,不少于每月1便士,不多于每周1便士。③ 所有这些,都使人想起当年的伦敦通讯会。

洛维特曾在自传中记载工盟的日常活动,他说:"这个组织多少是按监理教派的形式组成的,班长由会员大会指定,每三四十人产生一个;班长大多数在自己家里和全班见面,每星期一次。见面时讨论政治问题,阅读报刊文章和优秀的政治著作选节,还对它们进行评论。首都的许多地区都有同盟的分会。各地区每周举行会员大会,指定专人去演说。全国各地都有许多相同的组织,这些组织在许多方面都干得很出色,他们帮助我们推广廉价而不受控制的报纸,扩大群众舆论以支持普选权,并唤醒人民谴责当局不合理的专制法案……"④可见,工盟的日常活动和伦敦通讯会非常相似。

工盟中也存在"和平"与"暴力"的分歧。洛维特属和平派,他曾多次抱怨工盟中有"一小批头脑发热者",说要不是他们的"狂暴和愚笨",工盟"本来是可以干得更好的。……在这个同盟中像这样一批人还不在少数,我们常常把整晚整晚的时间用来尽可能地防止他们头脑发热招致危险,防止别人跟着他们走"。洛维特说,"头脑发热者"最早招致的"危险"之一,就是企

---

① Add MSS 27791,f.280.
② Add MSS 27822,f.37.
③ Add MSS 27822,f.37.
④ William Lovett,*The Life and Struggles of William Lovett in His Pursuit of Bread*,*Knowledge and Freedom*,p.68.

图召集一个"秘密国民代表大会",由"全国各工人阶级组织派代表参加,讨论改革问题"。但这个方案被和平派否决了。① 可见,这几乎是当年伦敦通讯会内部分歧的重版。

从以上这些事实可以看出,全国工盟几乎就是伦敦通讯会的再现,只不过它接受了工人阶级政治经济学的影响,阶级意识变得更清楚了。

工盟成立时辉格党政府已公布改革方案,②这个方案受到大多数改革派的欢迎。伯明翰政治同盟召开群众大会,通过了给国王和议会的贺信;亨特、科贝特等发表声明,表示支持提案,奥康内尔虽正被政府起诉下狱,却也欢迎提案,使政府获得了爱尔兰的支持。尤其重要的是,提案受到《人民之声报》有保留的支持。1831年3月5日,法案提出的第五天,多尔蒂就通过《人民之声报》说:"尽管法案具有较多的人民性,超出我们对现政府的期望,但仍然没有一项条文……是为工人利益制定的。……然而,人们将从选邑贩子们那里取得某种东西,假如法案不夭折……通向其他更有用的改革的路就筑起了。"6月18日,多尔蒂更明确地说:"法案是通向我们的目标——建立普遍的政治自由——的辉煌的一步。"③多尔蒂的表态使政府赢得了兰开郡棉纺工人的支持。他花了很大气力去说服曼彻斯特棉纺工委员会同意政治表态,并且在会员证上印上自由小帽。他解释说,这样做"是为了表示:在他们的组织和活动中,他们不会忘记自由的神圣事业。这样做是要让证件持有人牢记:当他们在为吃饱肚子而战、为提高工资而奋斗时,他们不会忘记国家的自由和幸福"④。但尽管多尔蒂做了最大努力,却未能使工会投入积极的行动,他们的主要精力仍放在罢工上;在

---

① William Lovett, *The Life and Struggles of William Lovett in His Pursuit of Bread*, *Knowledge and Freedom*, pp.68-69.
② 1832年议会改革的过程及各阶级对改革的态度,可参见我写的《试论英国各阶级在第一次议会改革中的作用》,《世界历史》1982年第4期,第1—10页。
③ Michael Brock, *The Great Reform Act*, London, 1973, p.168.
④ R. G. Kirby and A. E. Musson, *The Voice of the People: John Doherty, 1798-1854*, p.237.

3月14日召开的全国劳工保护协会第四次代表大会上还做出了决议,规定不准讨论政治问题。不过,《人民之声报》的表态已足够了,它表明工会不会反对提案。

全国工盟采取了完全不同的立场,洛维特说,当辉格党提案公诸于世时,"我们是议会外最早指出它不足的一批人"①。赫瑟林顿的《贫民卫报》在这方面发挥了最大的作用。在1831—1832年的整个改革高潮中,《贫民卫报》发表了许多文章反对提案,其中一篇这样说:

> ……改革法对工人一无好处,除非你们承认"中等人"——那些小老板们,会比地位优越的贵族们更喜欢牺牲自己,去改善地位不如自己的人的处境——除非他们喜欢抬高别人而拉平自己。朋友兄弟们,千万别这样想;你们当惯了猛禽的活食,现在竟还是这样:"贵族"之鹰和"神学"之鹫一直在拿你们当点心,把你们当作腐尸烂肉,但他们至少还不屑于靠你们来养活自己。……现在,他们无力独霸自己的猎物了,于是就腾出位子来,让乌鸦也来啄你们,因为乌鸦的数量叫他们担心。然而,对鹰、鹫来说只是点心的东西,在那些讨厌的乌鸦看来就是美食了——"腐肉"是它们的所好,它们要一直啄到骨髓里!这些贪吃的乌鸦不是你们的"中等人"又是谁呢?他们早就在觊觎那些国家之"鹰"和教会之"鹫"了……②

这段话清楚地表明了手工工人的担忧:他们由于一贯认为政治权是经济权的本源,因此担心中等阶级在取得选举权后,就会在经济上也取得对自己的控制权,参加贵族"鹰""鹫"的行列,对自己进行敲诈骨髓的剥削。他们还担心"中等人"在取得政权后,会通过议会制定法案,强迫自己接受

---

① William Lovett, *The Life and Struggles of William Lovett in His Pursuit of Bread, Knowledge and Freedom*, p.72.
② *PMG*, July 30, 1831.

机器的排挤，丧失他们为时已久的"独立"。因此，尽管赫瑟林顿等正确地预见了改革的后果，即工人阶级"一无所得"，但他们反对法案，是站在前工业化的立场之上的。

他们的反对在有产者中产生了深刻的影响。辉格党更感到工人阶级的威胁，因此更想拉拢中等阶级，结成财产的同盟了；中等阶级则害怕温和的提案失败后会导致更激烈的变动，使工人阶级占据优势，因此更积极地支持提案，千方百计地要使它成功。这样一来，工盟反对提案，反倒使提案的基础更巩固了，增加了提案成功的可能性。这一点是很有意思的，1831年10月上院否决提案时，面对的就是这样一种形势。

这时，中等阶级已决心要完成提案，以防止出现更激进的改革；工盟则决心要毁掉提案，以促进一个更激烈的变动。于是，双方为争夺群众运动的领导权而激烈斗争，这主要表现在"全国政治同盟"(National Political Union)的成立上。全国政治同盟是提案被否决后，中等阶级发起成立的组织。普雷斯说："提案被否决后，人们很害怕全国的工人阶级会利用形势，会说迄今为止工人阶级并没有坚持年度议会、普选权和无记名投票的要求，因此是识时务的，他们没有阻碍改革案。现在提案失败了，他们就不想让步了，他们要坚持他们的'权利'——这和把他们排斥在外的有限选举权方案其实是同样的容易通过的。"[1] 为防止出现这种情况，普雷斯尽力要控制工人。他首先组织了一批受中等阶级影响的上层工匠举行一次盛大游行，抗议上院否决法案；接着，他开始筹建全国政治同盟，争夺运动的领导权。他认为这个组织的纲领应"尽可能广泛"，"以吸收工人阶级中较好的部分参加进来"。如果能做到这一点，就能击败一小撮"吵吵闹闹的人"的"恶作剧"，并"引导两个阶级更好地相互了解，消除工人中盛行的对那些不一定要靠挣工资为生的人的对立情绪"。[2] 这样，在他提出的全国政治

---

[1] Add MSS 27790，ff.22-25.
[2] Add MSS 27791，ff.33-35.

同盟宗旨中,除"支持国王及其大臣……完成议会改革的伟大方案"外,还写上了"关注勤劳的人和工人阶级的利益,改善他们的状况",团结一切人,"不分贫富"等词句。① 但正是在选举权这个关键问题上,全国政治同盟坚持中等阶级立场,坚决反对普选,说实行普选的时机未到。

工盟对全盟的意图当然很清楚,因此从一开始就持反对态度。起初,他们想扭转全盟的方向,迫使它接受普选纲领,因此在全盟的成立大会上派出了大批骨干去争夺会场控制权。普雷斯早就料到这一着,事先做好了充分准备。据洛维特记载,他刚到会场就被人叫到办公室,普雷斯亲自找他谈话,问他为什么反对全盟。洛维特说,全盟既然想"争取工人阶级的支持,那我就有责任修正大会决议,把选举权扩大到工人阶级中去"②。大会围绕这个问题吵得一塌糊涂,结果全盟的成立大会开成了双方交锋的辩论会,工盟提出的普选权决议差一点获多数人的支持。但普雷斯派玩弄了花招,才平息了群众的情绪,并最后否决了普选权。这样,工盟决定退出会议,不再与大会合流;但在退出之前,他们成功地提出一项动议,规定全盟的领导机构必须有一半成员是工人阶级出身。这使全盟的中等阶级领导人大伤脑筋,原来答应担任全盟主席的伯德特竟然一怒之下退出全盟,宣布不再和它来往。普雷斯则比较精明,他花了大量的时间与精力操纵理事会的选举,甚至用封官许愿的方法,私下里与人做交易,终于使这"一半工人阶级"全是他的人,从而保证了中等阶级对全盟的完全控制。不过,也就仅此而已;工盟从此以后与它一刀两断,决不往来,全盟亦没有实现它"代表一切阶级"的梦想,工人阶级仍然保持着它的独立性。

上院否决改革案后,工人阶级的活动勃然高涨。许多地方召开了工人集会,提出普选要求。工人阶级政治组织大量涌现,使有产者深为不安。

---

① Add MSS 27790, f.32.
② William Lovett, *The Life and Struggles of William Lovett in His Pursuit of Bread, Knowledge and Freedom*, p.75.

普雷斯说,工盟的影响正是在这时"扩大了,而且还在增长。许多地区受到它的影响就起而效尤,特别是大工业城镇尤其如此,还有布里斯托尔,英格兰南部和西南部。工盟在伦敦召开的每周例会上通过的决议,以及这些会上的发言都定期刊登在《贫民卫报》上,这使工盟在大批外地工人中获得了它本来没有的重要性。《贫民卫报》报道说伦敦每周都开好几次会,开会的通知使外地工人得到错误的印象,以为全体工人都联合起来了,这样一种有力的诱惑就足以使他们在各地建立起组织来"。它还说,这些组织是很危险的,因为"所有这些组织的领导,除少数几个例外,都以为全体工人已准备好群众起义,以为全体工人管理自己的事务,也就是管理国家事务的日子已经来临";有些人还对普雷斯说"在几个月内全体工人将同时起义,这时就会给那些压迫他们、剥夺他们权利的暴君们一点颜色看看了,这种教训将会是前所未有的";等等。[①] 普雷斯用中等阶级的有色镜来观察工人运动的兴起,却在客观上反映了工人阶级政治情绪高涨的现实。

群众斗争的矛头集中指向反改革的托利党集团。10月8日,上院否决法案的当晚,德比市群众袭击了反改革派的住宅,导致3人被捕。次日,大批群众包围市监狱,要求释放被捕者,守卫开枪打死1人,于是群众砸开监狱,放出囚犯,又去围攻郡监狱。群众与当局的对抗持续了3天,直到军队赶来才镇压下去,结果群众死伤多人。10月9日,诺丁汉市也开始闹事,群众举行盛大集会,接着便占领纽卡斯尔公爵的诺丁汉堡,把它烧了,作为公爵反对改革的"酬报"。11日,骚动继续蔓延,群众开始袭击工厂、公园等;12日军队增援后才逐渐平息。类似的骚动在莱斯特、伍斯特、埃克塞特等工业城镇先后发生,规模最大的发生在布里斯托尔这个西南港口重镇。10月29日,市法院推事C.韦瑟罗尔(C.Wetherall)从伦敦回城主持巡回法庭开庭式。韦瑟罗尔是个臭名昭著的反改革派议员,他回来的消息

[①] Add MSS 27791, ff.333-335.

立刻引起严重骚乱。群众开始搜寻韦瑟罗尔,袭击他可能藏身的一切建筑。尽管韦瑟罗尔已爬上房顶逃出布里斯托尔,而当局又宣读了防暴令,但群众的骚动仍无法被阻止。军队不得已撤到郊外,让暴动蔓延了3天。其间,群众捣毁了市政厅、市议会、监狱、税所、海关、主教官邸、船坞等公共设施,损失估计达30万镑。3天后,军队重新控制局势,群众死伤数百。当军队冲进广场时,发现威廉三世的塑像竟戴了个自由小帽。

布里斯托尔事件(The Bristol Riot)产生了一个奇妙的后果,即工业资产阶级害怕了。他们担心万一动乱四起,军队会无力控制,于是他们开始谈论建立一支法国式的"国民自卫军",以便在工人起义时保卫财产。这反过来又引起工人的警惕,他们认为有产者拿起武器,无非是将枪口对准无产者,于是就越来越多地谈论工人武装的必要性,设想建立一支"人民自卫军"。就在这时,工盟宣布11月7日召开群众大会,号召全国工人团体在各地同时开会,争取普选权,推翻贵族制。它要求与会的工人各带一条2尺长的短棍以显示实力。消息公布后,有产者大惊,以为这就是全国工人总起义的前奏,全国政治同盟立即宣布它也打算武装,托利党的报纸则号召贵族也拿起武器,保卫教会和国家,形势显然在滑向内战的边缘。在这种情况下,辉格党政府下令取缔工盟的大会,派出大量军、警包围预定的会场;同时又加紧笼络中等阶级,私下与普雷斯和伯明翰政治同盟的代表举行会谈,一方面满足他们的要求,另一方面劝他们放弃武装的计划。不久,政府拿出新的改革提案,其细节虽有变动,大幅度改革的原则却不见退让,虽然面对托利党上院的顽固反抗,辉格党政府却未敢倒退。由此可见,在1831年10月的政治危机中,正是工人阶级对改革的坚定态度和他们与中等阶级的对抗,迫使辉格党贵族坚持了改革的方向,而不敢有丝毫的后退。

十月危机表明:工人中支持政府改革方案的是多数,像赫瑟林顿那样,预言中等阶级不可信,说法案对工人阶级"一无好处"的人终究不多。多数工人希望这次改革是取得自身解放的第一步,相信中等阶级既然和自己一样,为争取获得选举权而长期斗争过,那么,一个由他们控制的议会,就能理解工人的要求,帮工人实现普选权。为了打破这种幻想,《贫民卫报》做了大量的宣传工作。辉格党提出新的改革案后,《贫民卫报》一再申说中等阶级不可靠,预言他们可能叛卖。其中一篇文章这样说道:

> 我们反对前一个"提案"的理由,也同样适用于现在这一个,它不会给你们丝毫的好处——你们千百万受苦难的大众。它会把很大的权力给"中等人",他们的家长专制作风和贪得无厌已经把你们逼到一贫如洗的惨境,真比他们所支持怂恿的坏政府更厉害。①

但《贫民卫报》的这些宣传效果并不理想,多数工人要等到改革成功之后,事实向他们证明了"一无好处"时,才会回想起赫瑟林顿的预言是多么正确。到那时,多数人才会觉得上当受骗了,这为宪章运动打下了群众性的思想基础。在今天来评价《贫民卫报》的立场,它的预言是有真知灼见的,表明工人阶级中的这一部分已在相当程度上有高度的阶级意识;虽说它的概念中的"中等人"主要是指旧式的商人资产阶级,但放在"工人—资产者"的广义上来理解,其观点仍然是正确的。但它并没有意识到在当时的历史条件下,当地主贵族仍掌握着国家政权时,"无产者不是同自己的敌人做斗争,而是同自己的敌人的敌人做斗争,即同君主制的残余、地主、非工业资产者和小资产者做斗争。……在这种条件下取得的每一个胜利都是资产阶级的胜利"②。英国工人阶级在第一次议会改革中的斗争经历完全证明了这一点——尽管他们激烈反对辉格党提案,说这只会加强中等阶级的地位,是对工人阶级的无耻叛卖,但他们反对的结果,恰恰是使中等阶级的地位更加坚固了——辉格党政府无论如何也要把改革进行到底了。普雷斯说:"工人中有相当一部分人流行着这样一种看法,认为上院若否

---

① *PMG*, December 17, 1831.
② [德]马克思、恩格斯:《共产党宣言》,参见《马克思恩格斯全集》(第4卷),第474页。

决了提案、推翻了政府,并弄到了政权,那威灵顿公爵就会用军队来统治。这些工人不仅期待而且渴望着这一天。他们深信这样一种军事统治会引起革命,工人在革命中将会有所得而不会有所失。"①正是这种革命的梦魇驱使辉格党改革,使中等阶级坐收了最大的渔利。因此,1832年第一议会改革的成功,是英国阶级关系奇妙作用的结果。

1832年5月7日,辉格党政府被托利党一项动议击败,第二天辉格党辞职。5月12日,国王宣布请威灵顿组阁,形势迅速恶化。中等阶级动员了一切力量阻止威灵顿上台,必要时甚至不惜"发动革命"②。他们不仅紧张串联,商讨对策,而且提出了"取黄金、阻公爵"的口号。一夜之间,这个口号就贴满了伦敦内外,并迅速传向外地,引起大规模黄金挤兑,这对托利党的组阁企图是个沉重的打击。五月危机时也是工人态度最积极的时期。也许他们意识到托利党组阁会对他们更不利,因而对改革法的热情突然高涨。5月10日到18日,"工人阶级全国同盟"不断召集群众大会,反对托利党组阁,在会上发言的人措辞激烈,提出了许多行动建议,其中包括抗租、抗税、银行挤兑,以及一旦托利党建立政府,就抵制他们可能提出的一切改革方案,等等。克利夫还提出了"不是改革,就是革命"③的口号。5月14日,曼彻斯特的产业工人与工厂主联合召开了10万人大会,会场就在当年彼得卢大惨案的旧址上。由于意识到改革可能前功尽弃,当年跃马扬刀、无情屠杀工人改革派的曼彻斯特工商业主终于在口头上承认了彼得卢大会的基本原则——普选权,这当然是对历史的极大讽刺。而产业工人则表示愿意和工业资产阶级合作,支持法案,条件是必须承认普选原则,在承认普选原则的基础上,工人们表示"他们愿放弃这种权利直至改革法获

---

① Add MSS 27792,ff.12-17.
② John Cannon, *Parliamentary Reform*, p.239; John Stevenson, *Popular Disturbances in England*, New York,1979,p.226.
③ *PMG*,May 19,1832.

胜……但必须达成谅解，即这种公认的权利最终将实现"①。这表明，阶级对抗最严重的地区，敌对的两个阶级也在结成暂时的联盟，反对共同的敌人。值得注意的是，连一贯反对工人阶级支持改革法的《贫民卫报》，也表示出一种积极的态度，说只要中等阶级把工人当作"朋友和兄弟对待"，"真心诚意地主张完整的法案，并坚持争取自由人的公正、平等和真正的权力"，"我们就将帮助他们取得自己的权利"。而在此之前，直到5月12日，即宣布威灵顿组阁的那一天，《贫民卫报》还在号召工人阶级"袖手旁观，不参加战斗"②呢！可见一个托利党军政府的现实危险，正在把利益不同的各阶层都联合在一起。在整个改革法斗争中，只有五月危机表现出工人阶级开始与中等阶级结盟，愿意采纳共同纲领。同时，也正是在五月危机中，中等阶级正式承认工人阶级是一支独立的政治力量。5月17日，伯明翰政治同盟命令政治委员会成员韦德博士(Dr. Wade)参加"工人阶级全国同盟"，以图协商行事，制定共同的行动方案。因此可以说，五月危机发展下去，很可能出现中下层人民并肩作战的情形，因而这是英国最接近于发生革命的一个时期。

在这种压力下，再加上托利党内部分歧，威灵顿终于宣布组阁失败，辉格党政府重新上台，国王同意在任何时候册封任何数目的改革派贵族以强使上院通过提案。1832年6月4日，上院不再抵抗，被迫通过改革法；3天后国王在法案上签字，第一次议会改革至此成功。工人阶级在这次斗争中发挥了很大的作用，在好几次重要关头，甚至是因为他们的行动才扭转了局势。但改革后他们一无所得，《贫民卫报》的预言竟很快实现了。工人中滋生出一种被抛弃感，"被出卖"的怒火开始在暗地里燃烧。不久之后，这暗中燃烧的怒火就猝然爆发，发展成宪章运动的熊熊烈火了。

---

① Donald Read，*The English Provinces*，London，1964，p.108.
② *PMG*，May 12 and 19，1832.

第六章
万马千军(1833—1850)

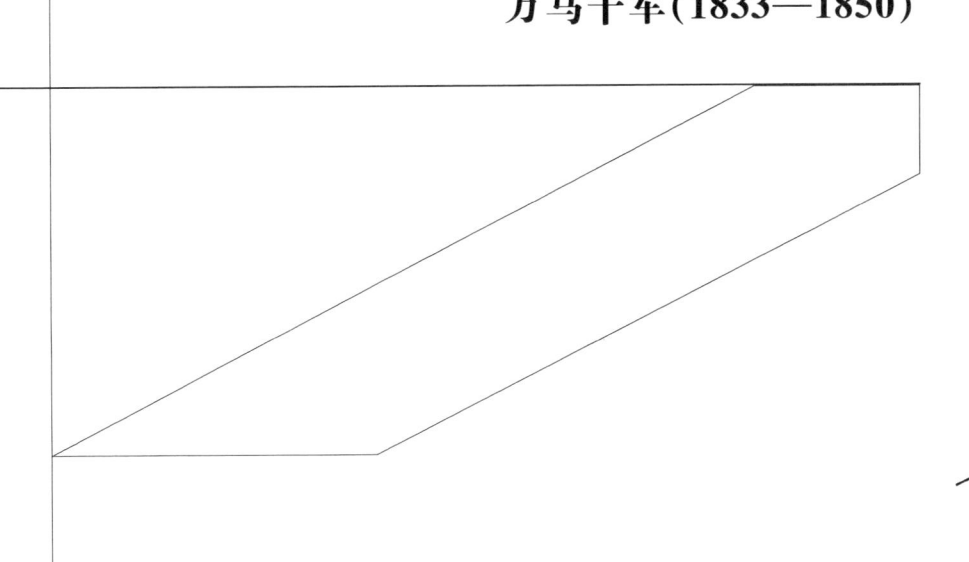

1831年12月,正当改革法案激战犹酣、敌对双方剑拔弩张时,辉格党代言人马考莱(T. B. Macaulay)宣称:"政府受到攻击,这就有理由把政府的基础拓宽,加深,弄得更坚固;财产受到攻击,这就有理由把一切有产者团结在一个坚固的联盟中。"① 辉格党贵族在这种方针指引下制定了改革法,完成了第一次议会改革。改革使中等阶级获得选举权,有产者在财产的基础上联合起来,分享国家的政权;改革又使垂死的贵族寡头制暂缓死亡,维持了地主阶级对行政机构的控制,使他们在新的时代中能继续生存。改革对社会的上、中层都有一些好处,却单单把工人阶级撇在一边,让他们一无所得,成了社会的弃儿。但正是工人阶级,曾经在艰苦的逆境中前仆后继,不懈战斗,几十年中几乎是争取改革的唯一力量。现在改革成功了,他们却是唯一不能享受改革成果的人,仍然被排斥在选举权之外,工人阶级的愤怒于是开始积聚。

在这种情况下爆发的宪章运动,将不仅保持工人运动的独立性,还将具有强烈的反中等阶级性质,因为工人们认为,正是这个阶级在改革后占据了议会多数,他们不仅背信弃义,违背诺言,不肯给工人选举权;他们还为一己私利反对限制工时,制定新的济贫法,修建"穷人的巴士底狱"(济贫院);他们甚至镇压罢工,攻击工人结社的权利,对工人发动直接的进攻。出于一种被出卖感,工人们发动了自己的改革运动,这就是宪章运动。

宪章运动的社会基础有遍及全国的反印花税运动(Movement Against Stamp Duties),它以伦敦为基地,伸向全国;有北方工业区声势浩大的反新济贫法运动,它把北方的工人群众

---

① J. T. Ward, *Chartism*, New York, 1973, p.51.

以前所未有的规模发动起来;还有在工厂地区方兴未艾的十小时工作日运动(Ten Hours Movement),它为宪章运动找到了更广泛的社会基础。只是当所有这些工人活动都一再受挫、成效甚微时,工人们才强烈地感觉到问题出在自己没有选举权上。于是,各种工人活动一下子全部汇进工人激进主义的潮流,使它在顷刻间汹涌澎湃。1836年6月,伦敦工人协会(The London Working Men's Association)成立;10月,它决定要求另一次议会改革。1837年2月,伦敦工人协会提出六项改革纲领,这就是著名的"宪章六条"。同年5月,工人协会的6名领导与议会的6名激进派议员举行联席会议,决定以"宪章六条"为基础,写成改革提案。1837年下半年,洛维特在普雷斯的帮助下起草《人民宪章》。1838年5月8日,伦敦工人协会公布了这一文件;同月21日,格拉斯哥召开20万人的群众大会,通过了支持宪章的宣言和全国大请愿(National Petition)的行动纲领,震惊世界的宪章运动自此拉开序幕,一场史无前例的群众大运动就在英国如火如荼地展开了。

一、组　织

在宪章运动的形成过程中，伦敦工人协会起了重要作用。伦敦工人协会的创始人是威廉·洛维特(1800—1877)，一个康沃尔出生的细木工。他年轻时到首都来谋取生计，参加了一个工人组织的读书会，接受了工人解放的思想。早先他信奉欧文主义，当过家具制造工的工会主席，又是伦敦第一合作商店的经理和全英合作知识促进会的书记。19世纪20年代中期，他和欧文主义分手，认为它的公有主义只是一种幻想，而它脱离政治的倾向又不能完成工人解放的大业。此后，洛维特投身到工人激进运动中去，在其中发挥重大的作用。他是"工人阶级全国同盟"的领导人，又是无印花之战的"受害者基金会"书记。无印花之战曾得到一批中等阶级激进派如普雷斯等的同情，因此在1835—1836年间，两个阶级的人共同组成"取消印花税促进会"(Society for the Promotion of the Repeal of the Stamp Duties)。这个组织的工人阶级成员后来又单独组成"争取廉价诚实的报刊的工人协会"(Association of Working Men to Procure a Cheap and Honest Press)。不过，据洛维特说，它除发表过一个"漂亮的宣言"外，什么也没有做。但它的成立使人们发现，在无印花之战的斗争中，"已聚集起一大批活跃而有影响的工人"，于是，"问题就在我们中间提出来：我们能不能成立一个组织，完全由这个阶级的人组成，并把它维持下去呢?"洛维特认为"能",由此,便产生了伦敦工人协会。①

伦敦工人协会在章程中明确规定:"经验已经证明,在目前的情况下,各阶级的不同利益很容易破坏思想的和谐,而这种和谐对争取伟大的目标又至关重要,因此本会决定将成员尽可能控制在工人阶级的范围内。"在成立宣言中,它进一步解释说,由于"工人阶级的政治和社会解放必须由他们自己来进行,因此他们不允许财产和封号有太大的影响,以致偏离自己的职责。根据本会章程,各界各阶级人士,只要他们的品德经得起检验,他们就可以按其心愿尽可能为本会出力……假如他们愿意向我们提供较优越的知识和建议,我们的章程就会在完全平等的基础上让他们这样做;但他们若想为一己私利来统治或控制,我们的规则就不会让他们来支配"②。由此可见,伦敦工人协会一开始就建立在阶级原则的基础上,不接受其他阶级的领导。不过,由于1832年改革后伦敦的工人活动在许多方面都得到一批中等阶级激进人士的关切和同情,双方还有过某些协同行动(比如在反印花税斗争中),因此他们欢迎各阶层人士提供"优越的知识和建议",这就是伦敦的宪章派领导为什么始终有意与中等阶级激进派合作的历史根源。

伦敦工人协会规定,会员入会必须提出申请,必须有一人介绍、另一人附议,协会要对申请人进行审查,审查小组要向协会提出书面报告,报告申请人的思想、品德、言行等各方面情况,这以后由全体会员无记名投票,以3/4多数表决通过。这个规定说明,与伦敦通讯会相比,伦敦工人协会已经比较注意维护组织的纯洁和安全了。它还规定会员每月交1先令会费,3个月不交者被自动除名;规定协会的领导机构由民主选举,每隔3个月改选委员会的半数成员,其他阶级的人可当选为名誉会员,但不得参与决

---

① William Lovett, *The Life and Struggles of William Lovett in His Pursuit of Bread, Knowledge and Freedom*, pp.91 - 92.
② Add MSS 27835, ff.247 - 250.

定政策,不得担任领导职务。从这些情况看,伦敦工人协会的组织结构在很大程度上继承了伦敦通讯会的传统,但它抛弃了通讯会的一个重要基本原则,即"让我们的成员无数"。根据伦敦工人协会章程,只有"诚实、清醒、有道德、有思想"的人才能入会,而"醉汉和不讲道德的人"应坚决被排除在外。① 这实际上就把工人阶级中一个相当大的部分拒于千里之外了,这是伦敦工人协会和它在全国的同类组织的致命弱点。因此,虽说工人协会成立时有33个创始会员,但一年之后也还仅100人;到第三年宪章运动进入高潮时,它也只有279个成员,加上几十个名誉会员。

与伦敦工人协会对立的是"东伦敦民主会",由 G.朱利安·哈尼(1817—1897)在1837年创立。哈尼是学徒工出身,无印花之战时在赫瑟林顿的店铺里当小伙计,曾为出售无印花报纸坐过牢,创立东伦敦民主会时才20岁。他的这个组织中有许多思想激烈的年轻人,老资格会员中又有许多暴力革命的传统;它的主要成员有些是斯彭斯博爱主义协会的前会员,有些参与过卡图街密谋,有些是西斯尔伍德的亲密战友,还有些是"工人阶级全国同盟"的老战士。起先,民主会的主要成员都是伦敦工人协会的会员,后来,由于工人协会的中等阶级名誉会员奥康内尔攻击格拉斯哥纺工罢工,哈尼提出抗议,说工人协会袒护奥康内尔,因而率众退出工人协会,并于1838年8月将东伦敦民主会扩大为全伦敦的组织,改称"伦敦民主会"(The London Democratic Association)。

伦敦民主会实行敞开大门的政策,它对成员资格的唯一规定是每周交1便士的会费。它的章程说:"没有人会因为贫穷而不能参加我们的协会,相反,越穷越受压迫,我们就越欢迎。"它按伦敦的7个选区划分为7个分会,分会下再分队,每队25人,各设队长。每分会选举2名"保民官",参加中央委员会;但中央委员会同时又对一切会员开放,任何参加讨论的人都

---

① Add MSS 27835, ff.247-250.

和"保民官"一样有表决权。从这些情况看,民主会的组织形式和伦敦通讯会简直一脉相承。由于伦敦民主会的开门政策,它到1839年初已经在伦敦12个地区设立了队级组织,以后还不断扩大;到4月,它声称已经有3 000名会员,其中包括一个"伦敦妇女民主会"。①

伦敦工人协会和伦敦民主会在外地都有各自的追随者。许多城镇的工人根据自己的好恶选择工人协会或民主会为自己的榜样,建立起外地的相应组织;有的地方还同时存在工人协会和民主会两个班子,在观点上往往对立。但在外省影响更大的是另一个伦敦组织——"激进协会",它的领袖是费格斯·奥康诺(Feargus O'Connor,1794—1855),宪章运动中最重要的群众领导人。

奥康诺出生于爱尔兰的新教地主家庭,自称是爱尔兰最后一个国王的后代,家中很有些钱财。18世纪末,他的父亲和叔父都是爱尔兰民族主义者,参加"联合爱尔兰人"的活动。尤其是他的叔父,曾在英格兰偷渡海峡去法国途中与特派信使科伊格里一同被捕,后来又当过拿破仑手下的将军,在英国激进派中很有名气。奥康诺自幼在这样的家庭中长大,自然深受激进思想的影响。1832年,他在天主教运动领袖奥康内尔的支持下竞选议员获胜,开始跻身于中等阶级激进派的行列。但后来他在一系列问题上与奥康内尔不合,开始向工人阶级靠拢。转变的关键时刻是1835年6月,当时他第二次竞选议员失败,到奥德姆参加出缺补选,受到工人的热烈欢迎。这是他第一次到北部工业区,在那里,他看到工人阶级的生活状况,结识了许多工人朋友,了解了工人的思想和愿望,从此他就和工人阶级的政治斗争结下了不解之缘。

从北部回来后,他在伦敦建立了大玛丽莱本激进协会(Great

---

① Jennifer Bennett,"The London Democratic Association,1837 - 1841",in James Epstein and Dorothy Thompson,eds., *The Chartist Experience: Studies in Working Class Radicalism and Culture*,1830 - 1860,London,1982,pp.90 - 92.

Marylebone Radical Association),这是个教区激进派组织,主张地方自治,反对中央集权。出于自治的原则,它反对全国划一的新济贫法,因此与北方工人阶级反济贫法的运动有颇多的共同语言,在这一点上,无论伦敦工人协会或伦敦民主会都望尘莫及。激进协会的组织形式很快被伦敦其他教区模仿过去,于是激进协会很快在伦敦地区普及。不久,"工人阶级全国同盟"的最后残余全体并入大玛丽莱本激进协会,由工盟的最后一任书记木匠约翰·拉塞尔(John Russell)担任协会主席;工人阶级逐渐在各教区激进协会中掌握了领导权。与此同时,奥康诺以激进协会代表的身份去北方旅行演说,于所到之处宣讲激进协会的政治纲领,其中包括后来《人民宪章》中除"有俸议员"外的其他五条。1836年夏天,他又和十小时工作日运动的领袖理查德·奥斯特勒(Richard Oastler)和约瑟夫·斯蒂芬斯牧师(Rev. Joseph Stephens)取得联系,激进协会很快在北方许多城镇建立起来。这以后,他全力参加北方的运动,积极组织反对工厂制和反对新济贫法的斗争,为此他还创办了《北极星报》(*The Northern Star*),该报成为工人运动的喉舌和号角。1836年2月,十小时工作日法提案再次在议会失败,奥康诺立即提出建立"大北同盟"(The Great Northern Union)的主张,得到了广泛的响应。6月,大北同盟正式成立,它把北方各城镇已有的工人协会和激进协会组织成一个松散的地区性联盟,因此当宪章运动正式兴起时,北方工人不仅已具备深厚的思想基础,而且已经有了初步统一的组织。奥康诺在把北方的工人运动融入宪章洪流的过程中建立了不可磨灭的功勋,他的领袖地位也因此确立起来。奥康诺说,工人阶级"是社会上唯一器重我的阶级,也是我所器重的唯一阶级"[①]。这个身材魁梧、满面红光、一副绅士派头的"王族后裔",竟成为英国历史上第一位群众性的工人领袖,应该说是当之无愧的。

因此,当第一次宪章派全国代表大会在伦敦召开时,已有的组织情况

---

① *NS*, May 16, 1840.

是这样的：在伦敦，有伦敦工人协会和伦敦民主会，观点极为相左；许多地方仿效这两个组织也建立了一批相应的协会；全国又有许多在奥康诺鼓动下成立的激进协会；在北方，大北同盟把各种工人组织联合在一起，形成相对强大的地区性组织。此外，还有伯明翰政治同盟，领导权掌握在中等阶级改革派手里。1839年2月4日召开的第一次全国代表大会，就是由这些政治面目不尽相同，又缺乏统一领导和联系的各种组织召开的。按照代表大会章程规定，任何地方只要召开一次群众大会，就可以选出代表向代表大会派出，代表对选举他的群众负责，而相同地区的群众集会又可以撤销他的代表权。但这次大会并没有起到统一全国的作用，它仅仅是若干地区联合召开的一个"代表"大会，像1793年爱丁堡的"全英国民代表大会"或1817年伦敦的汉普登俱乐部代表大会一样——它虽然为宪章派提供了一个全国性的议事讲坛，但各地组织仍然是分散的。

第一次请愿失败后，各地组织损失惨重，这使许多人看到了加强组织的重要性，觉得有必要建立一个全国统一的机构来指导运动。1840年7月20日，23名宪章派代表在曼彻斯特聚会，讨论并通过了新的组织方案，完成了统一组织的任务。这次代表会是在全国性领袖几乎全部被捕入狱的情况下召开的，因此是地方一级宪章派的自发性行动，表现了基层群众要求联合的迫切愿望。根据这个方案，全国的宪章派组织将统一在一个协会中，称为"全国宪章派协会"。

协会分为中央、地方和基层三级，各设执行委员会指导运动。中央执行委员会由全体会员选举产生(而不是在群众大会上即席选出)，候选人由各郡委员会各提1名。中央设书记及司库各1名，参加执行委员会工作；所有执委都领取津贴，专职为协会工作。中央之下，设郡或大区委员会，主要城镇增设市委或镇委，统一领导各该地区的宪章派活动。在此之下，只要条件许可，就应设基层组织，每10人1班，设班长1个。郡以下各级领导由各地民主产生，申报中央批准，再由中央执行委员会正式任命。据章程规定,会员入会还必须公开签署声明,表示同意协会的纲领,同时交 2 便士入会费,领取会员证,在花名册上注册留名。章程还对三级组织及会员的权利和义务做出明确的规定,并制定各级组织可以动用的经费比例。① 后来,为了使全国宪章派协会的组织结构不与《结社法》相抵触,协会于 1841 年 3 月修改章程,规定取消地方委员会,增设总委员会,地方领导人不再是中央任命的干部,而是以各"地区分会"派往总会的代表的身份行使领导职能;当然,所有的地方"代表"都由本地会员选举产生。②

全国宪章派协会的成立是工人运动史上一件划时代的大事,它第一次在全国建立了一个统一的工人政治组织,因此被后世看作是无产阶级政党的最早雏形。但仔细把全国宪章派协会的组织结构和伦敦通讯会比较一下,就会发现二者在组织方面如出一辙。实际上,全国宪章派协会可以看作是一个扩大了的伦敦通讯会,它的总委员会不仅指导伦敦,而且统辖全国;它的地区分会散布在全国各地,而不只是在伦敦各区。

直到宪章运动结束,全国宪章派协会的组织结构都一直没有太大变化。由于它的存在,宪章运动才能始终维持在全国规模的水平上,而没有分裂为地方性运动。全国宪章派协会成立时,在全国约有 70 个分会;1841 年改组后,它发展得很快,到 10 月已经有 200 个地方分会 16 000 名会员了;1842 年 6 月,全国宪章派协会宣称有 400 个地方分会 5 万名会员,这一年秋天它已经发出了 7 万张会员证。

总结宪章运动各阶段的组织情况可以看出:(1) 宪章运动的组织原则是民主的,这是英国工人运动历来的传统;(2) 但它的权威性不够,即使在全国宪章派协会成立后仍然如此。这也是英国工人运动的一个传统缺陷。

---

① *NS*, August 1, 1840.
② *NS*, March 6, 1841.

由于这个缺陷,就产生了宪章运动中一个奇特的怪现象:一方面,它缺少集中,各地各基层乃至各个人都时常在闹独立性,各自为政,各行其是,没有组织纪律可言,严重地削弱了宪章运动的战斗力;另一方面,它又出现盲目的个人崇拜现象,集中不是体现在集体的意志上,而是与领袖的个人名望结合在一起,出现一个人说了算、其他人唯马首是瞻的倾向。这种现象在奥康诺身上表现得最突出。他经常把自己看作是人民的"父亲",称群众是自己的"孩儿";他把全国宪章派协会看作是自己的封疆领地,排斥反对自己的人;他对群众中盲目的崇拜情绪非但不劝阻,反而自觉非凡,洋洋得意。当时宪章派每逢集会就喜欢唱一首歌,其歌词说:

自由之狮出洞来,

千军万马跟上来,

颂歌一曲赞斗士,

奥康诺——

自由的象征,

爱国的志士……

狮子是英国王徽的标志,又是民族的象征。把奥康诺比作"自由之狮",犹如在中国把一个人比作龙一样,可见部分群众对奥康诺崇拜有加,而奥康诺就每每在这赞美声中发表演说。他的这种作风后来被欧内斯特·琼斯(Ernest Jones,1819—1869)学了去。他在后期中央执行委员会内专断独行,甚至公开说要"独裁",要群众无条件服从。他对群众说:"假如你们充分信任我们,你们就不应该要我们解释,要我们长篇大论地制定纲领。假如我们说'组织',你们就应该组织;我们说'开会',你们就应该开会……"① 这种不民主的作风还导致领袖间无止境的争斗,稍有意见不同,

---

① J. T. Ward, *Chartism*, p.233.

就以"叛徒"互斥,结果组织不断分裂,队伍越来越小,严重影响了宪章派的战斗力。在宪章运动的历史上,就出现过奥康诺和洛维特、奥康诺和奥布莱恩、奥康诺和库珀、奥康诺和哈尼、哈尼和琼斯、琼斯和甘米奇(R. G. Gammage)之间激烈的争吵,而每次争吵都以分裂告终,到最后只剩下琼斯一个孤家寡人。这些争执有些当然带有一定的原则性,但即便如此,双方也应以团结为重,一致对敌。而宪章派领袖则抱着"成者为王,败者为寇"的态度,一旦控制执行委员会,就排斥少数派;少数派则要么分裂另拉山头,要么策划另立中央。领袖的这些做法在群众中造成很坏的影响,这是宪章运动衰落的原因之一。宪章运动中这种一方面极端民主另一方面又个人集权的奇怪现象,正是一种缺乏集体权威的表现,集体的意志始终未能以制度的方式表达出来,而往往要通过某个领袖个人去体现。宪章运动的这一缺陷,以后时常在无产阶级解放运动中重复出现,是很值得吸取的一个历史教训。

宪章运动的组织结构既如此,其阶级成分又如何呢?大量事实表明,宪章运动的基本社会力量和几十年来的工人激进主义一样,主要来自于手工工人。从宪章运动的领袖层来看,除一批站在工人方面的知识分子(医生、律师、教员)外,其余的基本上是各式工匠。比如,在全国性的领袖中,奥康诺和奥布莱恩都是学法律出身,受过很好的教育;琼斯文学素养很高,一直想当第一流的诗人;约翰·泰勒博士(Dr. John Taylor)和彼得·麦克道尔(Peter McDouall)是医生。其他的领袖,洛维特是木匠;约翰·科林斯(John Collins)是工具制造工;赫瑟林顿、沃森、亨利·文森特(Henry Vincent)都是印刷工出身,后来办报;哈尼是学徒,自小当报童;库珀是鞋匠;罗伯特·洛厄里(Robert Lowery)是裁缝;全国宪章派协会首任主席和书记都是织工出身;在1843年9月选出的全国宪章派协会五人执行委员中,除奥康诺外,其他四人中1个是裁缝,1个当过面包师、现在是小学教员,另1个是皮匠,还有1个是机织工。这届执行委员会是全国宪章派协会为时最久的一届,一直到1847年都基本未变,而且是奥康诺第一次正式参加执行委员的工作,在此之前,他主要是靠个人的影响及《北极星报》的号召力而在实际上领导运动的。《北极星报》的工作人员也同样显示了宪章运动的这种阶级性质。先后在报社担任重要职务的人中,出版人约书亚·霍布森(Joshua Hobson)和第一任编辑威廉·希尔牧师(Rev. William Hill)都是手织工出身,秘书兼保管员是铸铁工,接任希尔任编辑的是哈尼,在他之后的威廉·里德(William Rider)也是手织工,最后一任编辑弗莱明(G.A.Fleming)年轻时则是粉刷工。

  地方一级的活跃分子,也显示出手工工人占主导地位的趋向。在第一次全国代表大会的工人代表中,没有一个是工厂工人,也没有一个矿工、造船工等大型工作场地的工人,只有伯明翰来的工具工科林斯可说与机器生产多少有点关系,其余的都是手工行业的工匠或外作工,许多以"出版商""书商""报人"等标明职业的人,如赫瑟林顿等,其实也都是工匠出身(见附录三)。1841年全国宪章派协会修改组织法后,各地开始选举参加总委员会的地方代表。《北极星报》刊登了这些代表的名单,到1841年底见于报纸又标明职业的853人中,有130个织工,97个靴鞋匠,58个裁缝,33个针织编袜工,30个皮匠,建筑工如木匠、石匠、泥水匠等共77个,相比之下,纺纱工只有10人,矿工10人,机师4人,机匠2人,机器制造工3人,可见来自大工业生产部门的人少得可怜(见附录四)。即使是工厂制最盛行的纺织工业区,选出来的总会代表也基本不是工厂工人,而是手工行业的人员,比如1841年曼彻斯特4个区选出的27个代表中有10个未标明职业,其余的有鞋匠4人,裁缝4人,农业工人2人,细木工、粗布剪裁工、制椅匠、皮革匠、看仓人、开店人、小学教员各1人;米德尔顿6个代表中有5个织工,1个看仓人,无一纺纱工;哈德斯菲尔德9个代表中包括裁缝4人,织工、纺工、花布印花工、杂货店老板和布商各1人。只有在奥德姆附近的下猎场地方,才显示出工厂工人的比例较高,5个代表中有3个纺纱工和1个整经工,不过这是个极特殊的例外。① 由于各地代表事实上是地方的宪章派领导人,因此在这个层次上,手工工人也占优势。

在基本群众这个层次上,也有迹象表明,宪章运动的主要力量是手工工人。据对伦敦1158个宪章派群众的职业统计显示:宪章派的基本群众是靴鞋匠(269人)、裁缝(98人)、木匠(91人)和各种建筑行业的人(共113人)。这4个行业在19世纪三四十年代正受到包工制、成品制的严重威胁,其社会后果和北方的工厂制相同。② 再加上早已衰落的丝织业(57人),占了总人数的一半以上,其余一半分散在其他400个行业中。③ 这个统计反映了宪章运动与工业革命的关系。此外,从宪章派力量的地理分布也可看出同样的关系:凡工业革命中行业受害愈深,手工工人所受威胁愈大的地区,宪章派力量就愈大,因此,宪章派组织大量集中在三个地区,即兰开郡南部和约克郡西区,那里有大量的手织工;诺丁汉周围衰落的编织区,那里有大量的针织工;以及伦敦泰晤士河一带,那里有激进运动的长期传统和正受到威胁的手工行业。图6-1就表明宪章运动的地理分布情况。

从以上分析可以看出,宪章运动从领导到基层,其基本力量大体上是手工工人,这说明在阶级基础这一点上,宪章运动是工人激进主义的延续。曾有人说宪章运动是产业工人的运动,但实际情况并非如此,宪章运动正是"非产业工人"的运动。近年来,一些英国史学家对宪章运动的手工工人属性提出挑战,说尽管其中央和地方的领导层无可置疑地是以手工工人为主,但基本群众的阶级成分已无法考证了,因此谁知道会不会是工厂工人占优势呢?④ 对这种看法应当说:无法考证的东西并不能构成对已有的证

---

① *NS*,April 10, 17, 24;December 18, 1841.
② 见前第43—45页。
③ David Goodway,*London Chartism*,*1838 - 1848*,Cambridge,1982,pp.16 - 17.
④ Dorothy Thompson,*The Chartists*,London,1984,Part 2:"Who were the Chartists?"

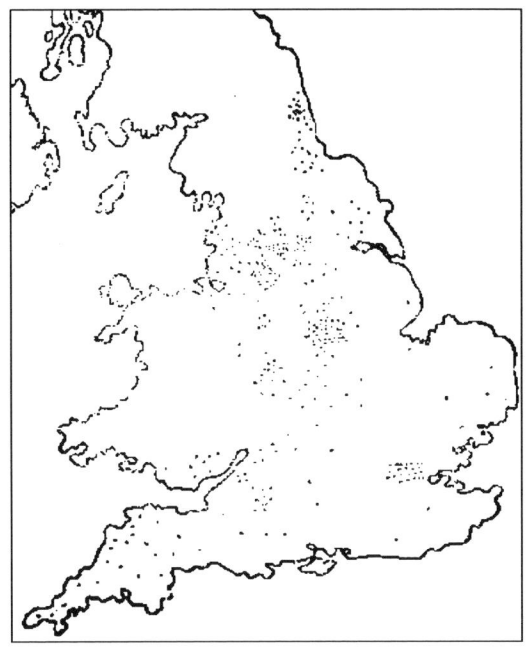

图6-1 1841年全国宪章派协会地方组织分布图

据的反证明,我们承认宪章运动的基本群众中一定会有许多工厂工人,但第一,他们没有成为领导的力量;因此第二,他们的要求不会作为第一位的东西在宪章运动中表现出来。所以,下面就要对宪章运动的纲领进行分析,看看它们反映了谁的要求和愿望。

二、纲　领

《人民宪章》的六条原则——男子普选、年度议会、平等选区、有俸议员、取消议员财产资格和无记名投票，是历史学家早已熟悉的话题，所有这六条都在过去几十年中一再提出过，为争取实现这些原则，工人阶级已经战斗了半个世纪。

对工人激进主义来说，问题是：为什么要实现这些原则？人们对政权和产权的关系如何看？宪章运动最杰出的理论家奥布莱恩说得很明白："……贫困是没有代表权的结果，而不是原因。"在他那里，政权决定产权，富人有了政权才致富，穷人没有政权而致贫，所以，工人必须依靠政治权利来摆脱受剥削的贫穷地位，争取经济上的解放。正因为如此，"普选权归根结底是激进主义的真正试金石"[①]。奥布莱恩的思想在第二章第二节中曾被详细介绍过，他的观点代表着宪章运动的最高理论成就。

贫穷因没有选举权而产生，这种想法在宪章派中非常流行。伦敦工人协会在公布宪章时就发表宣言说："我国大部分的政治和社会问题都可溯源于腐败封闭的立法制度，只有把现在被一小撮人垄断的权利扩大到广大人民，才能找到解决的办法。"出于这种认识，他们才决定"把我们的原则写

---

① Alfred Plummer, *Bronterre: A Political Biography of Bronterre O'Brien*, 1804-1864, pp.177-178.

成以下的宪章",即《人民宪章》。① 伦敦工人协会在筹备伦敦第一次群众大会时更明确地指出:"……目前商业、制造业、贸易方面的困难和工人阶级的苦难……其真实原因是我们的代表制建立在封闭而不公正的特权基层上。"②1839年,纽卡斯尔的一个宪章派妇女组织在告全国女同胞书中也说,工人生活苦是因为"国家政权掌握在少数上、中阶层的手中",而解决的办法只有"让联合王国的每一个公民都有投票选举议员的权利"。③ 虽说奥布莱恩等先进的思想启蒙师已不再把赋税看作贫穷的根源,但赋税致贫论的余音仍不时在宪章派的讲坛上回响。1838年8月4日《北极星报》上的一篇文章把税务和谷物法、济贫法、工厂制等并列,看作是把人民"压在地上"的根本原因;④库珀说过"苛捐杂税……使千百万人蒙受难以名状的苦难"⑤;洛厄里也说"……独自掌握政权使富有的阶级得以对劳动者课税,制造垄断,破坏工业市场,把工资报酬降低到饥饿线上"⑥。从上面这些言谈中,人们不仅可以看到工人激进主义的一贯理论传统,甚至可以听见托马斯·潘恩的回声。而宪章派其实的确是把潘恩看作最早的拓路人的,东伦敦民主会成立之日是潘恩的诞辰纪念日,宪章派在演说中也时常以极大的崇敬提到潘恩。⑦

由于把政权看作是产权的基础,宪章派自然把争取权利看作是解除苦难的手段。在他们心中,往昔"快乐的英格兰"是理想的境界,"英国人自古就有的权利"是坚定不移的信念。1838年6月27日,纽卡斯尔的一次群众大会上,主席回顾这种权利时说:"直到亨利六世统治中期,普选一向是我

---

① William Lovett, *The Life and Struggles of William Lovett in His Pursuit of Bread*, Knowledge and Freedom, p.166.
② Add MSS 27820, ff.199-201.
③ *NS*, February 2, 1839.
④ *NS*, August 4, 1838.
⑤ Thomas Cooper, *The Life of Thomas Cooper*, p.188.
⑥ B. Harrison and P. Hollis, *Robert Lowery*, *Radical and Chartist*, London, 1979, p.198.
⑦ Dorothy Thompson, ed., *The Early Chartists*, Columbia, 1971, pp.58-59.

国的习惯做法。……那时候,国家富裕,老百姓丰衣足食,富足到难以想象的程度,几乎无捐无税……但是一旦丧失了民选的议会,一切就变样了。"①麦克道尔也曾描绘过一幅昔日手织工田园诗般的生活画面:"他的工作很好,需求稳定,市场很少囤货过多,工作时间的长短由他自己高兴,他出售劳动得到的报酬足以维持他家庭的舒适、独立和富裕。……美中不足的……是什么呢?除宪章外别无其他。假若手织工拥有选举权,我们就不会看到在今天1841年已习以为常的苦难和压迫了。"②正因为如此,宪章派把选举权看作是重新获得解放的保证。考文垂的织工曾对议会调查委员会说:"假如工人有选举权,就会有一个比现在的议会更愿促进工人利益的立法机构。……就会采取一些措施来保证更平等地分配他们所创造的财富。"③1838年,阿希顿的工人也说:"工人不挨饿的时刻已经来临——这个目标只有到人人都在制定法律的过程中有发言权时才可能实现……"④从这个意义上说,斯蒂芬斯牧师认为"普选权的问题是饭碗的问题,是每日三餐粗茶淡饭的问题"⑤,这就很有道理了,它意味着普选能带给工人温饱,让他们摆脱贫穷的折磨。但假如把这句话理解为工人挨饿时就吵吵闹闹要求改革,有饭吃时就安安静静不问世事,那显然是没有了解工人激进主义的真谛。

在产权和政权的关系方面,即使是哈尼和琼斯也未能越过激进主义的界限。伦敦民主协会的宣言说:"由于国家机关掌握在压迫者手中,由于被压迫者在制定支配其命运的法律的过程中没有发言权,群众就在社会方面成为奴隶——因为他们已经在政治方面是奴隶了。要结束这种人吃人

---

① [英]R. G.甘米奇:《宪章运动史》,北京:商务印书馆,1979年,第26页。
② *MCRJ*, April 10, 1841.
③ Eugene C. Black, ed., *British Politics in the 19th Century*, New York, 1969, pp.131-132.
④ Trygve R. Tholfsen, *Working Class Radicalism in Mid-Victorian England*, New York, 1977, p.90.
⑤ *NS*, September 29, 1838.

的制度,我们就必须(!)我们就一定要(!!!)取得普选权。"①琼斯在反对合作社运动时也说:"他们的事业是那辆车,而政权则是把他们从泥沼中拯救出来的那匹马。有了政权,他们就可以获得长期以来被那些贪得无厌的主教和牧师所占有的贫瘠土地。……依靠人民的议会,他们就可以在一小时内使它实现。"②总之,有政权就有一切,失去政权就失去一切;夺回"失去"的权利,就可以夺回"失去"的一切——这就是宪章运动的基本逻辑思维。这个思想显然与马克思的无产阶级革命主张极为相像——尽管双方的出发点不同,对政权的重视却是相同的,因此宪章运动一开始就很得马克思的好感。1847 年 11 月 29 日,马克思在参加民主兄弟会(The Society of Fraternal Democrats)的一次集会时说,"宪章六条"是通向自由解放之路,"实现这伟大的目标吧,英国工人们,你们会被看成是全人类的救星而受到欢呼的"③。马克思曾对宪章运动抱有很大的希望,认为这是大工业造成的无产阶级夺取政权的第一次尝试。但实际上宪章运动主要地不是大工业无产阶级的政治运动,而是被大工业排挤的手工工人为维护自己的传统经济地位而持久战斗的最后一幕,宪章运动所继承的激进主义政治传统,甚至在马克思尚未诞生之前就存在了几十年了。很难说马克思关于无产阶级夺取政权的思想是否受宪章运动的影响而得到启发,但很明显,马克思对于产权—政权关系的看法是与工人激进主义完全相反的。在马克思那里,政权来自产权,政权是产权在政治上的表现,其功用是保护既得的财产;无产阶级夺取政权,是为了解除私有制的武装,剥夺它的保护伞,以期消灭私有制本身——而消灭私有制才是无产阶级解放的最终手段。但在工人激进主义那里,产权来自政权,有了政权就能改善工人生活状况,普

---

① G. Stedman Jones,"The Language of Chartism", in James Epstein and Dorothy Thompson, ed., *The Chartist Experience*: *Studies in Working Class Radicalism and Culture*, 1830 - 1860, p.16.
② [英] R.G.甘米奇,《宪章运动史》,第 417 页。
③ *NS*,December 4,1847.

选权是工人解放的根本出路。由于在这样一个根本理论问题上与马克思反向而驰,宪章运动(以及整个工人激进运动)是不可能按照马克思的设想去完成他对英国工人阶级的期待的。

宪章派几乎都不是社会主义者,许多人曾公开声称反对公有制。洛维特说社会主义会"造成巨大的社会灾祸",要工人决不要实行"财产共有"。[1] 奥康诺反对一切形式的社会主义,在他和哈尼争吵时,曾指责哈尼企图把《北极星报》变成"社会主义的喉舌,把宪章问题和社会主义问题混为一谈"[2]。洛厄里说,工人们"不想夺取或剥夺任何人的财产,但要求保持并享受自己的一份——他们诚实劳动的成果"[3]。自称是"一个老宪章派"的本杰明·威尔逊(Benjamin Wilson)不承认宪章派是平等派,"因为他们从不相信平等学说"[4]。纵观宪章运动的历史,可看出它的主流是反社会主义、反财产公有的。宪章运动,特别是北方的宪章运动也明确提出反对工厂制,反对资本主义剥削,但这种反对建筑在手工工人维护独立地位的愿望或对独立地位的理想化向往上,麦克道尔的文章最典型地表达了这种思想。他曾花大量的笔墨描写手织工往昔的幸福,并断言"在可以按自己的心愿起止工作的工人中,没有压迫者生存的余地;在一个工作报酬优厚、点燃着温暖好客之炉的劳动者家中,没有暴君生存的余地"。他说阿克莱特和瓦特的发明夺走了英格兰快乐的田园,工厂制则摧毁了社会唯一有用的支柱。他因此反对工厂制,要求恢复立法对劳工的保护;为此,又必须争取普选权,要求实现宪章。[5] 可见,手工工人反对工厂制的理由是和工厂工人不完全相同的。由此出发,就可以解释为什么社会主义一直不能

---

[1] William Lovett, *The Life and Struggles of William Lovett in His Pursuit of Bread, Knowledge and Freedom*, p.429.

[2] Frank G. and Renee M. Black, eds., *The Harney Papers*, Assen, 1969, p.63, n. 2.

[3] B. Harrison and P. Hollis, *Robert Lowery, Radical and Chartist*, p.198.

[4] Benjamin Wilson, "The Struggle of an Old Chartist", in David Vincent, ed., *Testaments of Radicalism: Memoirs of Working Class Politicians, 1790-1885*, p.210.

[5] *MCRJ*, April 3, 10 and 17, 1841.

在宪章运动内部建立优势(尽管马克思为此做了很大努力),而奥康诺的土地计划却反而能吸引那么多群众。我们只有从独立生产者的角度去看待土地计划,才能准确理解它的社会历史含义。

综上所述,宪章运动的纲领是工人激进主义的纲领,这个纲领从伦敦通讯会起,一直是手工工人奋斗的目标。因此在政治纲领上,宪章运动也与伦敦通讯会一脉相承。不过这里有一个问题:后期宪章主义在理论上是否有所突破?也就是说,如何看待"宪章以及更多"的口号?为此,就必须来谈谈运动末期哈尼和琼斯的"社会纲领"。

1848年第三次请愿失败,大规模群众运动基本结束后,宪章运动内部出现路线分歧。许多人觉得宪章作为运动的唯一纲领有其不足之处,因而提出应把社会问题看得与政治问题同样重要,在宪章的旗帜上写上社会改革的要求。奥康诺及以曼彻斯特为基地的中央执行委员会坚持旧的纲领,主张政治问题的首要性,提出"简单纯粹的宪章"这样一个口号,于是,宪章运动中出现了新老纲领派之争。新纲领派以哈尼为首,他们在1850年1月的伦敦代表会议上迫使全体执行委员辞职,选出了哈尼派占多数的新执行委员,开始执行新路线。6月,哈尼开办《红色共和报》(The Red Republican),在第一期上就明确提出"宪章以及更多"的口号。据哈尼说,1848年欧洲革命的教训表明:"光有普选权还不足以解放工人阶级,政治革命必须和社会变革同时并举。法国的普选权既可是社会革命的动力,也可是反革命复辟的工具,路易·波拿巴的上台就说明了这一点。因此,现在必须'在宣传人民的政治权利的同时,也宣传他们的社会权利'。……很明显的是:从现在起,若不转到争取宪章以及更多的方向上来,宣传就不能在群众中取得成功。"[①]7月,琼斯在过了两年的监狱生活后获释,一出来就立刻站到了哈尼这一边。1851年3月,新的中央执行委员会在伦敦召

---

① *RR*, June 22, 1850.

开代表会，通过了新的行动纲领，这就是著名的1851年新纲领。

分析这次斗争，奥康诺显然犯了个大错。事实上，工人激进主义一直把社会要求作为自己的最终目标，普选不过是成功的手段。早在60年前，潘恩在《人权》中打下工人激进主义的基础时，就已提出一系列社会福利计划，为工人描绘过美好未来的蓝图了。在以后几十年的工人激进运动中，工人们一直把普选权看作是改善经济地位的必要前提。宪章运动开始后，这个传统更有所发展。1839年3月，科特林激进协会散发了一份传单，其中在逐条提出"宪章六条"后，又提出工人有权获得最便宜的食品，不应负担超比例的赋税，政教完全分离，及全面取消济贫法、在保护财产的同时也保护无财产等四项社会要求。① 卡宾特编辑的《宪章报》在1839年也提出一系列社会要求，其中包括废除谷物税和一切消费品税，优待老弱病残，向人民提供受教育的机会，简化司法程序，解决人民的住房、娱乐问题，以及"最主要的一条：保证充分就业，充分就业的必然结果应该是一天公平的劳动，一天公平的工资"。为此，就应取消女工童工制，鼓励进出口，提倡移民，政府出资开发海湾、围田造地等以增加就业，利国利民。② 可见，对宪章派来说，社会要求并不是什么新东西。连奥康诺自己也经常说实现宪章是为了消灭贫困，因此，他如何能提出"简单纯粹的宪章"这么个口号呢？把宪章看成是"简单纯粹"的东西，显然是背离了工人激进主义的宗旨。

在哈尼这方面，"宪章以及更多"的思想早已有之。伦敦民主会的纲领中除宪章几条外，还包括社会和政治的普遍平等、出版自由、八小时工作制、取消济贫法、劳资冲突时支持劳方、公共教育、废除不平等的法律、建立社会普遍幸福等许多社会要求。③ 后来他又创建了国际主义的"民主兄弟

---

① D. Thompson, ed., *The Early Chartists*, pp.106 - 110.
② F. C. Mather, ed., *Chartism and Society*, London and New York, 1980, pp.90 - 91.
③ James Epstein and Dorothy Thompson, eds., *The Chartist Experience: Studies in Working Class Radicalism and Culture, 1830 - 1860*, pp.90 - 91.

会",其宣言不仅提出土地公有,而且说"四海之内皆兄弟的原则决定了劳动和报酬应该相等,这是我们的社会纲领"①。琼斯很迟(1846年)才参加宪章运动,而且一开始就紧跟奥康诺。但他在出狱后立即站在哈尼这一边,说宪章意味着社会权利——"面包、啤酒和牛肉"②。

但1850年时他们强调社会权利,是为了借此发动群众。他们看到1848年后运动急剧衰落,便认为老的口号已不能吸引群众,必须借助新的宣传。哈尼曾感叹1850年时"宪章已不能引起公众注目,一次'反教皇会'或'大博览会'可以开得规模盛大,而宪章派的会议却不行"。他因此提出宪章派应支持各种社会改革,比如出版自由、国家教育、工人结社的权利等等。但支持这些改革"与其说是因为它们本身的价值,不如说是因为我们相信,通过这种支持,我们可以逐步把那些从来没有参与或同情过简单纯粹的宪章的人,团结到我们的队伍中来"③。这段话的意思是非常明确的,他把支持社会改革看作是实现宪章的手段。琼斯也曾说过"社会权利是把宪章注入人民心灵的牧师,宪章是把社会权利送进千家万户的向导"④。这个说法比较全面,但一旦把社会权利看作是发动群众的手段,就很容易把宪章看作是最后的目标所在,从而违背工人激进运动的初衷——因为在工人激进主义理论体系中,政治权利是被看作改善经济地位的手段的。因此当1850年宪章派内部为社会权利问题发生争执时,辩论的双方多少都有一点把宪章看作是最终目标的倾向。

1851年新纲领以"宪章派代表大会宣传提纲"为题在《人民之友报》上发表,它在重申了宪章派历来的主张和方针策略后,提出以下几条原则:(1)土地国有,由国家出租,收取租金;(2)宗教自由,政教完全分离,教会

---

① *NS*,September 26,1846.
② A. R. Schoyen,*The Chartist Challenge*,London,1958,p.198.
③ *RR*,November 23,1850.
④ John Saville,ed.,*Ernest Jones:Chartist*,London,1952,p.123.

财产收归国有，取消什一税；(3) 实行全民普及义务教育；(4) 承认合作社的合法地位，国家对工人团体给予生产性贷款；(5) 国家实行福利制度，为失业者提供生活费用，赡养鳏寡孤独；(6) 一切捐税仅征于土地和累积的财产。其他条款则包括清偿国债、刷新币制、实行军事改革、反对知识税等等。① 由此可见，这个纲领确实有一些社会主义色彩，特别是关于土地国有的原则。不过，这个要求仍然是在激进主义所能允许的范围之内。工人激进主义的财产权观念仍然以私有制为基础，它承认私有财产应受到保护，不过，它认为劳动是工人的唯一财产，因此根据私人财产神圣不可侵犯的原则，劳动应当受到保护，这意味着反对失业，公平的劳动应得到合理的报酬，及劳动的产品应当在劳动者中合理分配，等等。但土地不是劳动产品，因此土地不应作为私人的财产。琼斯说"上帝把人放在土地上生活，土地是生活的来源，劳动和土地这二者就是如此不可分割地结合在一起"，而土地私有制则是一种篡夺，对此，"土地国有化是唯一的纠正方法"。② 哈尼和琼斯在推行新纲领的过程中多次把重点放在土地国有化的宣传上，却从未提过其他生产资料的公有制。琼斯在 1856 年谈财富分配不均时说："我不是共产主义者，也不是无政府主义者，但我说财产分配得太不均了，或者毋宁说根本就没有分配。我不主张平均享有财产，也不相信一个头脑正常的人会这样主张，但我不懂为什么财产的创造者却一点财产也没有。"③这就是琼斯在所有制问题上所持的立场。必须注意：他在这里谈论的是劳动创造的财产——资本，而不是上帝创造的资源——土地。同样，1846 年哈尼在致恩格斯的信中也表示，他不相信在有生之年会看到私有制的消灭；在他晚年和恩格斯的通信中，他也一再对社会主义能否实现表示怀疑，并预言恩格斯若能看到理想的实现，就会面临一次"信仰的审判：

---

① *FP*, April 12, 1851.
② John Saville, ed., *Ernest Jones: Chartist*, p.154.
③ John Saville, ed., *Ernest Jones: Chartist*, p.160.

因为那时得胜的一方就真的要碰到麻烦了,就像(法国)临时政府和(巴黎)公社那样"①。联系哈尼和琼斯的这些言论,可以看出1851年新纲领并不是社会主义的,而只是受到一些社会主义的影响,新纲领的内容也曾多次被其他宪章派提出过。实际上,哈尼和琼斯在理论上从来没有超出过奥布莱恩。1849年12月,在新纲领制定之前一年多,奥布莱恩在为"全国改革联盟"(National Reform League)写的纲领草案中,就提出了土地、矿山、渔场等自然资源(非劳动产品)的国有化,建立国家信贷制度让人民有可能借款发展生产,征用铁路、运河、桥梁、码头、煤气、自来水等一切公用事业以造福社会,以及取消捐税、废除济贫法、开办国民义务教育、改革币制、制定统一的商品价格等一系列带有社会主义因素的社会要求。② 尽管如此,奥布莱恩却仍然不是个社会主义者。

但琼斯的"工人议会"是个天才的发现。1854年琼斯提出的这项计划主张:在全国范围内建立一个"群众运动",从工人的工资中按比例征收会费。这笔钱一部分用作罢工基金,对资本家阶级进行斗争;另一部分用来购买土地或建立合作工厂、合作商店等等。琼斯关于合作工厂、合作商店的构想特别值得注意,他设想这些企业都是"群众运动"的财产,所有权归群众运动,经营权在各个企业;企业中全体人员民主选举管理人员,又随时可以撤换之;经理负责经营买卖,又必须定期汇报,向群众运动理事会报告经营情况;企业利润的2/3应上交给群众运动,让运动能发展生产,购买新企业。群众运动还有权制定法律,规定工作时间,限制女工童工,禁止无理减薪或裁减人员等。根据琼斯的设想,随着群众运动的不断发展,它最终将接管整个社会。③ 我们避开"群众运动"的空想基础不谈(因为最终证明

---

① "Harney to Engels", March 30, 1846; July 28, 1892, in Frank G. and Renee M. Black, eds., *The Harney Papers*, pp.240, 311.
② Alfred Plummer, *Bronterre: A Political Biography of Bronterre O'Brien*, 1804-1864, pp.199-200.
③ John Saville, ed., *Ernest Jones: Chartist*, pp.264-273.

没有人愿向这个运动交纳会费），琼斯关于工商企业人民所有、工人参加企业管理以及最终接管整个社会的设想，几乎和20世纪20年代葛兰西提出的工厂委员会运动完全相同。① 如果确实如此，那么琼斯在19世纪中期表达的思想，就不能不说是超时代的预见了。马克思曾给予"工人议会"极高的评价，说"召开这个议会的事实本身，证明世界历史上的新时代已经到来"②。因此，如果说后期宪章运动在理论上有所建树的话，那就是1854年的工人议会，而不是1851年的新纲领。

---

① 参见徐崇温：《西方马克思主义》，天津：天津人民出版社，1982年，第181—186页。
② 《马克思给工人议会的信》，参见《马克思恩格斯全集》（第10卷），北京：人民出版社，1962年，第133页。

三、行　动

　　和伦敦通讯会一样，宪章运动也有它日常的组织活动。伦敦工人协会成立时规定：每3个月举行一次季度会议，选举干部；每星期二召开全体会员大会，吸收新会员，处理会务；一个星期内还要开一次讨论会，"每周其他晚上则考虑如何才能更好地促进并完成本会的总目标"。伦敦工人协会还要求它的成员不酗酒，注意提高妻儿的思想觉悟，为其他人做出道德表率，等等。此外，普雷斯还帮助工人协会制定了几条开会规矩，比如，每次开会选举一名主席，发言者必须坐着讲话，轮流发言，对同一个问题须等其他人都发表意见后才能申请第二次发言，等等。显然，这是他在当伦敦通讯会总会主席时得来的经验。[①] 这些规定后来甚至被宪章派全国机构所采纳，比如第一次全国代表大会的会议制度就几乎与伦敦通讯会总会会议的完全一样。[②]

　　宪章派的日常活动包括读书、看报、政治讨论、宣传讲演等等。库珀就记载他所组织的"莎士比亚旅"曾一度很重视这些工作，他们组织了一个主日学校，让男人和男孩都来参加；每星期还聚会一两晚，由库珀自己主讲文

---

① Add MSS 27835，ff.131－132，247－250.
② *NS*，March 16，1839.

学、地理等课程。① 南特里奇的全国宪章派协会分会每星期活动好多次,尽管警方到场监视,但工人们仍唱歌、演说、朗读《北极星报》,议论各种政治问题。② 一个奸细曾报告,伯明翰的宪章派活动包括读圣经、唱赞美诗、读《北极星报》、听政治演说等等。③ 1839年11月,诺丁汉的宪章派创立了一个"民主教堂",在以前的监理会、浸礼会礼拜堂中活动。按日程安排,星期天是各种宗教活动和主日学,星期二晚上是宪章派禁酒协会活动,星期三晚上唱歌,星期六晚上读报、学文化、互教互学。每逢白天,民主教堂就是"民主学校",孩子们在这里"听讲他们的祖先是在什么时候,又如何被剥夺了自己的自由和财产的,听为恢复这些权利而发动的一次又一次斗争;听宪章运动的兴起和发展,还详细了解《人民宪章》这个文件所包含的原则。《什么是宪章派》这篇卓越的论文是他们每日的必读文章,不到他们深为精通而不止。因此当他们从这个学校毕业时,他们就能好好地去应付辉格党和托利党了,而且还能把他们斗败"④。如果从这个角度去观察后来在宪章运动中出现的"教育派宪章主义""禁酒派宪章主义""基督教宪章主义"等等文化运动,那就应当承认,尽管这些运动有许多不足之处,但仍然是工人阶级为提高阶级意识、发展阶级文化而做出的有益尝试。十年群众运动中出现的无数宪章派学校、图书馆、报纸、读书会,以及茶话座谈、野餐联欢、歌咏舞蹈、吉庆游行等,使宪章运动不仅作为伟大的政治运动流芳于世,而且是一次丰富多彩的工人阶级群众性的文化大检阅,它使英国工人阶级的斗争历史显得更灿烂夺目了。

报纸是宪章派最主要的宣传工具,也是他们最重要的联络手段。宪章

---

① Thomas Cooper, *The Life of Thomas Cooper*, pp.164, 169.
② Thomas Dunning, "Reminiscences", in David Vincent, ed., *Testaments of Radicalism: Memoirs of Working Class Politicians, 1790 – 1885*, p.141.
③ Dorothy Thompson, ed., *The Early Chartists*, pp.242 – 244.
④ James Epstein, "Some Organizational and Cultural Aspects of the Chartist Movement in Nottingham", in James Epstein and Dorothy Thompson, eds., *The Chartist Experience: Studies in Working Class Radicalism and Culture, 1830 – 1860*, pp.232 – 234.

运动中几乎每一个重要派别都有自己的报纸,许多地方组织也有自己的报纸,甚至每一个重要领袖都有自己的报纸。事实上,在当时组织不健全、联络不方便的情况下,领袖们主要是通过报纸来向群众宣传,发挥自己的个人影响的。比如说,洛维特有《宪章报》(The Charter),他在伦敦的反对派有《宪章派》(The Chartist);哈尼有《伦敦民主派》(The London Democrat),后来是《红色共和报》(The Red Republican)和《人民之友报》(The Friend of the People);文森特有《西部解放者》(The Western Liberator);库珀编过好几份地方报纸,其中包括《中部之灯报》(The Midland Counties Illuminator);奥布莱恩办过的报纸更多,比如《工人报》(The Operative)、《南极星报》(The Southern Star)、《社会改革者》(The Social Reformer)等;麦克道尔办过《麦克道尔宪章和共和期刊》(McDouall's Chartist and Republican Journal),后来把"共和"一词去掉了;琼斯最后也办起自己的报纸,题名为《人民报》(People's Paper)。当然,所有这些报纸中最出名也最重要的是奥康诺的《北极星报》。正因为《北极星报》的存在,才长期保证了奥康诺在宪章运动(Chartism)中的最高领袖地位。

《北极星报》于1837年11月17日创刊,奥康诺是产权所有人,霍布森是发行人,希尔任编辑。它开始时宣传反济贫法和十小时工作日运动,也支持一切激进的改革。后来它转向宪章,成为宪章运动的主要喉舌。它发表运动内一切成员的文章,允许不同观点在报纸上辩论,因此它和宪章派其他报纸不一样,它不代表一派一个领袖,而代表整个运动。为此,恩格斯曾赞扬它是"报道无产阶级一切运动的唯一报纸"①。《北极星报》又是正式报纸,它缴纳印花税,有合法的地位;它有正式报纸的版面,刊登新闻、报道、社论、书评,它有文学副刊,有图像画片,甚至接受商业广告。这样,它就使宪章派有了一份真正的"报纸",而无须到其他报纸上去猎取新闻。它

---

① [德]恩格斯:《英国工人阶级状况》,参见《马克思恩格斯全集》(第2卷),第512页。

有完整的发行通讯网,通讯员和发行员都领取工资,足以维持自己的生活,因此有可能把全部精力投入到宪章运动中去。这样,《北极星报》的发行通讯网也就成了宪章运动的全国组织网,许多地方性领袖也是《北极星报》的地方工作人员,这在全国宪章派协会成立后尤其是这样。《北极星报》公开宣称自己是工人的报纸,因而受到工人群众的热烈欢迎。1839年夏,它的发行量达每周5万份,成为全国最大的报纸之一。《北极星报》又是宪章运动的晴雨计:每当运动高涨,它的订户就增加;每当运动低落,它的发行量就减少;而每当运动发生分歧时,它的版面上就出现激烈的争吵。同时,《北极星报》也带有运动的一切弱点,它的编辑班子一再分裂,而每一次分裂都意味着宪章运动的进一步衰落。1852年,当哈尼企图拯救它而未成功之后,它终于和运动一样悄悄地消失了。

相比之下,宪章运动中大规模的群众活动要比它的日常活动更引人注目。由于有几十年工人斗争的经验可循,宪章运动一开始声势就很猛,行动很有魄力。总结起来,有下面几种活动方式:

1. 群众集会

这是宪章运动发动群众的主要手段,也是它显示力量的重要方式。运动的兴起是从一次大会开始的,运动的衰落也以另一次大会为标志。1838年5月21日的格拉斯哥大会有20万人参加,这是宪章运动的开始。此后,规模盛大的群众集会相继出现,到会者动辄十万八万,乃至几十万。群众大会的规模是运动兴衰的标志,每当运动高涨,群众大会就勃然兴起,规模宏大。在这些会上,领袖们向群众发表演说,然后通过决议,征集签名,筹募捐款,选举参加全国代表大会的代表。可以说,一切重要的宪章派决定都是在群众大会上提出并贯彻执行的,没有群众大会,就没有宪章运动的浩大声势。运动初期,北方还广泛采用火炬集会的形式。工人们晚上手持火炬,列队出发,几十个村落到指定的草场或林间空地集合开会。一路上火把通明,人声鼎沸,还间杂着鸣枪和呼号,真是一派壮观的气象。这种集会尤能激动人心,人们在会上慷慨陈词,用尽一切激烈的语言,是暴力言论最适宜的温床。"在周围狰狞景色的陪衬下,宏大的人群和激动的演说所造成的心理效果更大了,从火炬集会到放火烧工厂仅一步之差。"①正因为如此,政府于1838年底禁止了火炬集会,但群众大会的形式仍继续下去。后来,宪章派不仅自己集会,还根据全国宪章派协会的建议参加各党各派召开的各种会议,在会上强行通过宪章派决议,改变会议的原定宗旨。这种方法在后来与反谷物法同盟(Anti-Corn Law League)的斗争中最常采用;而比尔斯顿的宪章派甚至还占领过"圣经辅助会"和王子诞生庆祝会的会场。② 1848年4月10日在伦敦举行的肯宁顿公地大会,是宪章运动的最后一次群众大会。这次大会以失败告终后,大规模的群众活动也就基本结束了。

2. 全国请愿

1838年5月,中等阶级控制的伯明翰政治同盟首先提出全国大请愿的斗争策略,获得全体宪章派一致支持。后来,全国请愿成了宪章运动中主要的斗争手段。请愿固然是"英国人自古就有的权利",历来为工人激进派乐于采用,但举国一致,统一行动,写一份请愿书,集数百万人一齐签名的"全国大请愿",却是第一次。宪章派对请愿的态度,甘米奇曾做过详细分析,他说道义派(Moral Force)把请愿看得十分乐观,认为全国请愿必能成功;实力派(Physical Force)则丝毫不抱幻想,他们参加签名,"只是为了给议会再一次蔑视公众权利的机会",从而教育人民,让他们看出请愿无

---

① Donald Read, "Chartism in Manchester", in Asa Briggs, ed., *Chartist Studies*, London, 1978, pp.44-45.
② G. J. Barnsby, *The Working Class Movement in the Black Country*, Wolverhampton, 1977, p.86.

用,而愿意"展开一场你死我活的斗争";第三种人则举棋不定,不知其效果终会如何,于是认为"不妨尝试一下,至少不会有多大损害"。① 出于这种种不同考虑,因此尽管宪章派在策略问题上有严重分歧,在其他方面几乎都不能统一行动,但唯独全国大请愿团结了一切宪章派,使他们有一个共同行动的基础。宪章派共组织过三次大请愿:第一次请愿书有128万人签名,全长3英里;第二次请愿书据称有331万人签署,规模更大;第三次请愿书据奥康诺说有570万人签名,用三驾马车拉到议会,但几天后议会说签名的只有197万人,其他签名不是假冒,就是相同笔迹,甚至还有签"维多利亚女王"和"威灵顿公爵"的。这种情况当然可能会有,但不用其名不等于没有这个人,笔迹相同,未见得就不是文盲在请人代笔,况且,即便是197万人签名,这也不是个小数字了。总之,全国大请愿反映了人民对宪章的热烈支持,确切表达了人民的愿望和呼声。但这三次请愿都被议会轻易地拒绝了,而在每次拒绝之后宪章派又都是手足无措,陷于内部混乱之中,这反映了宪章运动固有的弱点。

3. 代表大会

这是宪章派试图建立最高权威、协调全国行动的尝试。代表大会当然不是宪章运动的新发明,因为在伦敦通讯会时期就早已有之。不过,政府允许代表大会合法存在、经常召开,却是一件新鲜事。在宪章运动的历史上,共开过八次全国代表大会,此外还有许多代表会议,以及1848年5月召开的一次"国民议会"。在所有这些会议中,出席者多达五六十,少仅七八人,其中第一次全国代表大会为时最长,出席人也最多。宪章派对全国代表大会的认识有很大分歧,有些人只把它看成是组织请愿、征集签名的

---

① [英]R.G.甘米奇:《宪章运动史》,第99页。

办事机构,要求请愿一完毕就解散回家;但多数代表愿意把它看成是人民意志的代表者,认为其应承负起领导运动的责任。还有些人把代表大会看成是议会的对立面,比如麦克道尔就把第一次全国代表大会称作是"工人的议会"①,这显然有取代议会的含义。不过,多数人即使有这种思想,对它的认识仍旧是模糊不清的——否则他们为什么还要向议会请愿呢?正因为如此,代表大会实际上做的仅仅是组织请愿,以及为不同的策略路线提供一个全国性的辩论讲坛而已。到后来,主要是全国宪章派协会成立之后,全国代表大会成为协会的最高权力机构,在会上可以决定运动的方针路线,改选新的执行委员。后期,代表大会有时甚至是派系斗争的工具,比如 1851 年和 1852 年奥康诺和琼斯都召集过单方面的代表大会,建立分裂的中央执行委员会。奥康诺失败了,琼斯却取得成功。不管这样做是否出于原则分歧,这种非组织的活动至少是不值得提倡的。宪章派想取代议会另设立法机关的意图只在"国民议会"的召开上才认真地表现出来,但这次会议什么也没有谈,什么也没有做,内部的分歧使它很快就解散了。

4. 指派宣传员

这也是从伦敦通讯会时就开始的传统,目的是尽可能广泛地宣传宪章派原则。第一次全国代表大会召开后不久,就决定把代表中一些口才卓越的演说家派往各地去宣传鼓动,其中包括文森特、洛厄里等。文森特在英格兰西南部和威尔士地区取得极大成功。由于他的宣传,威尔士地区的矿工组织起来,形成强大的宪章派力量。他被捕后,许多地区掀起抗议热潮。全国代表大会还做出决定,把全体代表都派出去,伦敦只留一个看守委员会。出使康沃尔的洛厄里曾向代表大会汇报说,他们初到偏远的山区时,

---

① *MCRJ*, April 3, 1841.

人们对政治"一无所闻,也没有宣传鼓动……当我们问起谁是激进派时,他们要不就毫无所知,要不就说出一些人而这些人实际上只是辉格党或反谷物法分子",但在宣传员工作之后,许多人立即接受了宪章原则,并当场在全国请愿书上签字。① 可见,宣传员的工作还是相当有效的。全国宪章派协会成立后,执行委员委会还指定专职的宣传员,领取固定工资,专门在各地巡回演讲。这项工作一直坚持到最后,当运动衰落,财政拮据,执行委员会再也拿不出钱来时才终止。

5. 征集"国民捐"

这是运动初期为筹集经费而创办的募捐,由 1838 年 8 月 4 日的伯明翰大会发起。按规定,各城镇划分为区,每区指派募捐员,每千人认捐总额 2 镑 10 先令,每人最低认 6 便士。国民捐运动在工人阶级中获热烈响应。比如萨顿的几十户针织工穷困已极,家中既无床又无被,晚上只能在干草中睡觉,但一共交了 20 镑国民捐。据报道,有些地方还对中等阶级强行征捐:工人们走进工场店铺,要求募捐,雇主中愿交捐的记入正册,拒交捐的记入另册,而入了另册的人,就被看作是"工人阶级的敌人",有可能成为运动打击的对象。到第一次全国代表大会开幕为止,全国共征 967 镑国民捐,如果按每人 6 便士计算,这相当于近 4 万人的捐款。全国宪章派协会成立后,会员会费代替了国民捐,运动也就有比较正常的收入了。

6. 排斥性购买

这是针对中小店主的,目的是强迫他们支持宪章。当一个店主被宣布

---

① "Report from Lowery and Duncan from Cornwall to the Convention", March 22, 1839, in B. Harrison and P. Hollis, *Robert Lowery*, *Radical and Chartist*, London, 1979, pp.235 – 236.

为"工人阶级的敌人"后,宪章派就尽力组织群众抵制他的商店,造成他资金阻塞,乃至破产。宪章派认为,这样就可以迫使他支持宪章。这样做到底有没有效果,始终很成问题,因为宪章派一直是人口中的少数,不能组织有效的抵制。不过,这种方法倒确实使支持宪章的店主大获其益,而且,在许多地方还发展出宪章派的合作商店,为以后合作社运动大发展打下一定的基础。

7. 参加竞选

这项活动包括两个方面:一是组织群众帮助现有党派竞选议员,二是宪章派自己参加竞选。1841年,奥康诺提出宪章派在大选中支持托利党,以便把辉格党赶下台。他认为这样就可以给辉格党一个教训,使他们认识到工人阶级在国家政治中的重要性,这样,以后他们再上台时就会给工人阶级选举权了。为推行这个政策,他于4月亲赴诺丁汉,把库珀召去当副手,帮《泰晤士报》的产权所有人、托利党人约翰·沃尔特(John Walter)取得补选胜利。结果,在随之而来的大选中,辉格党大败,工人中表现出一种强烈的反辉格党情绪。奥康诺的这个策略造成他与奥布莱恩的分裂,奥布莱恩认为不应支持任何党派,因为两党都是工人阶级的死敌。他指责奥康诺成了托利党的应声虫,充当了托利党上台的忠实工具。这个指责并不公平,因为《北极星报》曾一再提醒工人不要被托利党所利用,而应利用托利党。① 库珀也曾对沃尔特当面说过:"别误会了宪章派对你的支持,我们是想利用你的党去卡辉格党的脖子,然后再来卡你们的脖子。"② 不过,在竞选中利用一个党反对另一个党,这是议会斗争中一个小党常用的手段,这一方面反映了宪章派已有明确的党派意识,另一方面却正是宪章运动在政

---

① *NS*,April 24,1841.
② Thomas Cooper,*The Life of Thomas Cooper*,p.149.

治上还不够强大的表现。奥康诺的策略虽有圆通机智之处，但1841年大选又确实分裂了宪章派，造成了永久的隔阂。

奥布莱恩在1837年就提出过宪章派自己参加竞选的设想；第一次全国代表大会上，他又提出宪章派自己推出候选人，竞选议会席位。他说这样做即使不能取胜，也可以利用竞选的讲坛去揭露代表制度的不合理。全国宪章派协会成立时采纳了他的建议，在纲领中正式写上"参加各次大选"的行动路线。[①] 1841年，当奥康诺和奥布莱恩为大选策略闹矛盾时，执行委员会一方面支持奥康诺利用托利党打击辉格党的政策；另一方面又派出12个宪章派候选人参加大选，其中包括奥布莱恩、麦克道尔、哈尼、文森特等。这些人大多数在选区居民举手通过候选人名单时战胜对手，但在选民投票时又得票很少。宪章运动因此用这些事例来说明议会并不代表人民的意志。1844年5月，全国宪章派协会执行委员会公布竞选计划，打算在下次大选中选出20名宪章派议员，并模仿反谷物法同盟的做法，准备设立竞选基金，在各地造出一批宪章派选民来。但这时运动已经消沉了，基金没有来源，选举计划无法实现。尽管如此，在1847年的大选中，奥康诺、哈尼、琼斯等一批宪章派领袖还是参加了竞选，并且奥康诺以绝对多数在诺丁汉当选议员，成为英国第一个"工人党"议员。宪章派参加议会竞选，是英国工人阶级在组成政党的道路上迈出的重要一步。

8. 地方政治

当全国运动陷入低潮时，有些宪章派会转向地方政治，希望在地方事务中树立宪章派的优势。这方面的一个例证是利兹。利兹宪章派曾多次参加市政会的竞选，并有数度获得成功。[②] 从这个角度来考察"市政派宪

[①] *NS*, August 1, 1840.
[②] 参见 J. F. C. Harrison, "Chartism in Leeds", in Asa Briggs, ed., *Chartist Studies*, pp.86 – 88.

章主义",就应承认它仍是工人阶级争取政治权利的一种尝试,不可轻易否定。

9. 国际问题

宪章运动各主要派别都在不同程度上支持各国人民的革命斗争,都曾声援过爱尔兰、波兰、意大利等国的民族解放运动,又都欢呼过1848年的欧洲革命。1844年洛维特发起的"万国民主之友会"(The Democratic Friends of All Nations)是英国第一个国际性的政治团体,包括许多国籍的人士;但哈尼的"民主兄弟会"在阶级路线的基础上奉行更深刻的国际主义。民主兄弟会成立于1845年9月22日,这是法兰西第一共和国诞生纪念日,参加民主兄弟会的有各国政治流亡者,其中以德国社会主义者为主。民主兄弟会后来受马克思、恩格斯的影响很深,《共产党宣言》就是受民主兄弟会委托写成的。尽管如此,宪章运动的主流却表现出相对狭隘的民族性,不愿太多地过问欧洲政治。哈尼后来在国际主义问题上和奥康诺产生严重分歧,这也是促成两人决裂的重要因素。

10. "最后方案"

所谓"最后方案",是指一旦请愿失败后宪章派该怎么办。方案中包括全国大罢工和武装起义。但在这个问题上,宪章派从来就是谈得多,做得少,一直在"最后方案"要不要执行的问题上争论不休。关于这个问题,将在下面几节做详细讨论。

综上所述,宪章派的活动方式有以下两个特点:第一,这些活动几乎都是旧的斗争方式,自伦敦通讯会以来不断为工人激进运动反复采用过,其中唯一的例外是宪章派自己参加议员竞选,这是宪章运动重要的成就之一。第二,这些活动又几乎都局限在议会斗争的范围内,很少超越合法的界限。我们知道,这也是工人激进主义长期形成的传统。宪章运动和以前的运动的最大区别,在于它的群众性和广泛性。从来没有哪一个时期,有这么多群众参加运动,有这么多群众在相同的纲领下为同一个目标共同奋斗,也没有这么多人形成过如此宏大的斗争潮流。如果说宪章运动有什么特色的话,那首先就应该说:它是第一次全国性的群众性的政治大运动。

四、和平与暴力

格拉斯哥大会召开后,工人阶级很快在宪章的大旗下汇合,北方的反济贫法运动和伦敦的激进主义传统拉起手来,全国团结迅速形成。各地接连召开群众大会,选举全国代表大会的代表,群众运动出现一派热气腾腾的新气象,工人激进运动历史上还从来没有出现过这么好的形势。1839年2月4日,"劳动阶级的全体代表大会"在伦敦的不列颠大饭店正式开幕,这就是宪章派第一次全国代表大会。多少人对这次大会寄托过无限的希望!《北极星报》发表社论说:"代表大会召开了,生而自由的英国人从未见过如此壮观的景象:一批人走到一起,除各自享有的普遍威望外他们没有共同之处,然而作为一个整体,他们却代表着一种新生事物、一种力量、一种意向,而这种力量和意向不属于任何把人民说成是没有能力挑选议会代表的集团。"《北极星报》还说,代表大会的召开显示了团结,"而正是那些把他们选出来的人们的团结,他们的精力和勇气,将维系着民族事业的大计"。① 但代表大会很快发生分歧,分歧的焦点又是那始终困扰着工人激进运动的难题——"和平"还是"暴力"?

以洛维特为首的一派人主张道义的力量,因此被叫作"道义派"。他们

---

① *NS*,February 9,1839.

反对全国上下大量发表的暴力言论，认为这些言论妨碍了宪章的实现。他们主张和平的手段，坚信教育的力量；他们对代表大会提出的"最后方案"始终怀疑，从来就不打算照着办。几十年后，洛维特在写他的回忆录时，还对投了"最后方案"一张赞成票而追悔莫及，不过他说，当时是为了团结，他不得已而为之。① 道义派的行动方案清楚地体现在洛维特和科林斯合写的《宪章主义》一书中，作者在前言中说：

> 我们深信《人民宪章》这个供讨论的法案，能保证社会上一切阶级都合理地享受其政治权利，它是社会进步的最重要步骤之一，我们因此极愿看到一切人精诚竭力，用和平的手段使宪章成为我国的法律。但不幸的是，工人阶级中有些人对实现这一目标应采取的手段持有相反的意见，因而至今严重地阻碍了它。但我们相信，经验……已使他们看到，只有千百万人的和平组合，寄希望于智力和道德的进步，这才是最有效的方法。

他们因此强调教育，强调思想觉悟，认为应当首先争取"不关心政治"或"对宪章有错误认识"的人，然后再让一切人"做好准备"，去"分享政治权利所带来的社会成果"。②

与道义派相对的，是奥康诺等人的"实力派"，他们主张用"物质的力量"去夺取宪章。在各地的群众大会上，他们已发表过许多言论，威胁要动武，要以实力为后盾去争取胜利。在庆祝第一次代表大会召开时，《北极星报》就警告说，假如政府实行镇压，"代表们作为一个自卫的实体必须带领人民作战，凭借人民的勇气他们将不惜牺牲自己的生命"③。代表大会召

---

① William Lovett, *The Life and Struggles of William Lovett in His Pursuit of Bread, Knowledge and Freedom*, pp.208 – 209.
② William Lovett and John Collins, *Chartism: A New Organization of the People*, Leicester, 1969, pp.5 – 6.
③ *NS*, February 9, 1839.

开后,实力派很快取得优势,控制了大会的讲坛。这使大会中原有的一些中等阶级成员纷纷退出,而补选进来的又都是工人阶级代表,不仅加强了实力派力量,而且改变了代表的成分。5月14日,大会通过"最后方案宣言",其中说:人民虽愿用和平请愿的方法,但必须做好最坏的打算,防备统治者铤而走险。因此,大会的策略是"可能则和,必须则战",人民应拿起自卫的武器,随时准备战斗。"可能则和,必须则战",后来成了宪章运动中最流行的口号。"宣言"还号召在各地召集群众大会,向人民提出如下问题,即一旦请愿被否决,他们是不是愿意提取存款?愿不愿意挤兑黄金?愿不愿意实行圣月计划——政治大罢工?准不准备武装自卫?肯不肯实行排斥性购买?愿不愿服从大会命令?能不能选出自己的代表,召开一次人民的议会?所有这些,就是"最后方案"的基本内容。[1] 从这些内容看,"最后方案"大体上是1832年改革危机时改革派宣称要采用的手段,因此宪章派企图抄袭1832年的旧策略,其动机跃然于纸上。这些方案中,除圣月计划具有明确的阶级性外,其他各项哪一个阶级都可以用,而且按工人阶级当时的经济实力看,提取存款和挤兑黄金只是虚设其词,不切实际;排斥性购买前面已经讨论过。因此,如果宪章派不打算举行武装起义,那么唯一剩下的手段就是政治大罢工了。但事实证明,第一次代表大会既不愿发动武装起义,又不愿组织政治罢工。7月12日议会拒绝请愿书后,留在伦敦的大会代表于7月16日通过圣月计划,但表决时多数代表不在场。后来,奥布莱恩和奥康诺先后回到伦敦,便率众反对既成的决议,理由是各地都未准备好,罢工必然失败。很有意思的是,反对罢工的不仅有绝大多数道义派,而且有最重要的实力派领袖。8月6日,大会终于决定取消罢工,而号召以三天的停工来代替——这当然是挽回面子的做法。第一次代表大会因此丧失威信,不久也就宣布解散了。由此可见,道义派固然是宪

---

[1] William Lovett, *The Life and Struggles of William Lovett in His Pursuit of Bread, Knowledge and Freedom*, pp.209 – 215.

章运动的和平翼,实力派在圣月问题上的表现却说明:他们不一定就是暴力翼。

事态后来的发展进一步说明了这一点。罢工计划取消后,奥康诺威信低落,许多人不再相信他真的会使用武力;哈尼、泰勒医生、麦克道尔等形成极左派,声称只有武装起义才能拯救运动,并开始谈论起义的可能性。但这些谈论在多大程度上当真实行过,宪章派领袖又在多大程度上卷入起义的准备工作,就都是些难答的问题了。人们只知道威尔士的代表约翰·弗罗斯特(John Frost)对其他代表说,威尔士工人可能会武装劫狱,把文森特从狱中救出来。约克西区的代表彼得·布西(Peter Bussey)则在布拉德福德召开过一次西区代表会,商定要和威尔士同时起事。他们曾派人和奥康诺联系,得到的回答模棱两可;不久,奥康诺又派人去各地传话,说任何起义计划都一定是政府的圈套,绝不可轻信。10月4日,奥康诺离开英国去爱尔兰,直到11月2日才回来,后来有人说他是故意回避事态的发展。就是在这一片混乱的局势中,爆发了新港起义。

组织新港起义的无一全国性领袖,就连起义的领导人弗罗斯特都是在矿工的推动下,勉强担负起指挥重任的。有人说,他在预先知道起义决定后开始谈论天国和地狱,边谈边哭。其他全国性领袖究竟有几个预先知道此事就很难说了,但赫瑟林顿在10月29日得知起义计划后大吃一惊,立即去见泰勒医生,泰勒医生则立即启程去北方见布西。二人商量后决定要威尔士延期起事,先拖10天再说。但信使赶到威尔士时已是起义前一天了,弗罗斯特说一切已定,改期已晚,起义不可能延期。①

在这种情况下,新港起义发生了。11月4日上午,大约有几千名或1万名矿工从新港附近的山上下来,肩扛步枪或手执长矛短棍,进入新港市,企图武装劫救代表大会派到威尔士的代表文森特。但在一个旅馆前,受到

---

① David J. V. Jones, *The Last Rising*, Oxford, 1985, Ch.3: "The Tide of Revolution"; also, David Williams, "Chartism in Wales", in Asa Briggs, ed., *Chartist Studies*, pp.235–237.

驻扎在那里的一连武装士兵的阻拦,双方交了火,宪章派伤亡很大,不得不撤出战场,放弃了劫狱的计划。不久,弗罗斯特等起义领导人被捕,新港起义就此失败了。

新港起义失败后,奥康诺立即说,他决不发动新的起义,"把没有武装又从无训练的群众交给有武装又训练有素的军队"①。全国宪章派很快都动员起来营救弗罗斯特等,但也只是筹募救济金,向女王呈交请愿书,要求赦免被捕者,等等。有一段时期,哈尼和泰勒仿佛参与了北方的密谋活动,但后来事实说明,他们只是嘴上说说而已,并没有卷入第二年1月的北方起义。

1842年运动再度高涨时,关于暴力的言论又多起来,但实力派领袖根本就没有暴动的打算。8月,北部工业区罢工开始后,宪章派领袖犹豫了一下表示支持;在讨论这项决议时,库珀说罢工就意味着战斗,总罢工的后果必然是总起义,因此宪章派应准备作战。这种说法立刻遭到许多人谴责,其中包括哈尼。他们说人民尚未准备好,因此一切决战只会导致失败。在这种思想支配下,当自发的经济罢工有可能转为政治罢工时,实力派领袖却没有争取领导权,而只是匆匆通过了一项决议,就各奔东西,让罢工去自生自灭了。库珀是这个时期言辞最激烈的领导人,但事实上,他在陶瓷区罢工工人已自发地开始暴力行动后,非但没有领导运动的打算,还在群众集会上公开指责过火行动,而且当晚就离开陶瓷区,绕小道赶到曼彻斯特去。几十年后,他还在自传中一再庆幸途中的巧遇使他避开了卷入暴力行动的危险,说这是上帝的安排,指引他躲避了灾难。②

如果说宪章运动中有哪一天最接近武装总暴动的话,那就是1848年4月10日这一天。当时,法国革命已经胜利,欧洲革命如火如荼。群众的热情又高涨起来,运动迎来了第三次高潮。4月4日,全国代表大会开幕,决

---

① *NS*, November 9, 1839.
② Thomas Cooper, *The Life of Thomas Cooper*, Chs.18 and 19.

定发动第三次请愿,还决定在请愿的当天将召开盛大集会,会后组织游行,由群众护送请愿书到议会。奥康诺这时已变得十分温和,他一再强调不使用武力,因此在他的倡议下,大会决定若请愿再次失败,就向女王提出呈请,请她撤换政府,重组内阁;同时,宪章派将召开一个"国民议会",宣布自己是永恒的议会,不到宪章成为法律不解散。哈尼、泰勒、里德等最著名的实力派这时也几乎和奥康诺同样温和,他们虽发表些激烈的言论,却决不提倡激烈的行动。琼斯则紧跟奥康诺,反对操之过急。因此,这一次重要的代表会和第一次全国代表大会完全不同;在第一次全国代表大会上,道义派和实力派激烈交锋,实力派摆开的架势看起来好像非做出点惊人的举动来不可;而这一次虽然道义派早已脱离运动,实力派却决不想采取像样的行动。这样,当4月10日政府派出大量的军队准备对游行队伍进行弹压时,宪章派立即决定退让,避免冲突,并按政府的要求顺从地把游行计划取消了。开会时,奥康诺、哈尼和琼斯还登上讲台,分头向聚集在肯宁顿公地上的十几万群众发表演说,一边说宪章运动最终会取得胜利,一边要群众保持平静,不可冲动,保证和平,维持秩序,服从法律的权威。在说过这些话后,大会的组织者就要大家安静地散去,各自回家,请愿书则放在一辆三驾马车上,由全国宪章派协会的执行委员们跟随,穿过由荷枪实弹的军警们守卫的泰晤士河桥,送到议会所在地。于是,宪章派历史上最可能发生武装冲突的这一天,就在惊人的平静中过去了。

此后,伦敦出现暴动密谋,领袖中只有麦克道尔一个人卷入在内。他参加了6月初的一些秘密集会,并在12日指定过一个四人委员会负责制订起义计划。但当天晚上,在预定召见各小组负责人开会时,他又派人去把会议解散了,并且说四人委员会也已经取消。为什么这样做,就只能猜测了,有人说是发现了奸细,不得不采取紧急措施。不过,这以后,领袖们不再牵涉在密谋活动之中,伦敦唯一的一起认真的暴动图谋是在完全没有领袖参与的情况下筹划的。

所有这些事实说明,实力派虽然谈论暴力,他们却从没有把它付诸实践。其实,大部分实力派领袖是在推行一种"威胁"政策。他们从1832年改革中吸取经验,认为以实力为后盾的威胁可以取得改革的成功。他们的一举一动都是建立在这种威胁政策的基础上。但1832年时,威胁政策能够成功是因为力量的对比对改革派有利,反改革的只是托利党一小撮,完全没有抵抗的可能;即使他们企图抵抗,也凑集不起这样大的力量,况且当时改革派领导人又确实有背水一战、破釜沉舟的打算,准备在改革失败时发动起义。到宪章运动时,力量的对比已发生变化,贵族和中等阶级在财产的基础上结成同盟,反对工人阶级的改革要求,因此反改革的力量比任何时候都强;宪章运动在这种情况下想重复威胁的战略,而又根本没有发动革命的打算,这种策略因此是注定行不通的。

另一方面,群众的情绪又强烈地影响着实力派领袖,左右着他们决策的过程。当宪章运动刚开始时,群众热情猝然爆发,乐观情绪很重,对一切劝他们冷静、稳重、持之以恒的说法都听不进去,而激烈奔放、尖锐泼辣、充满火药味的演说却能博得他们热烈的欢呼——宪章运动就是在这种欢呼声中传向全国的。在这种情况下,道义派领袖一开始就处于劣势。1838年9月17日伦敦第一次群众大会,尽管会议组织者是洛维特派,伦敦又是道义派的大本营,但洛维特的发言受到群众哄笑,而奥康诺、理查森等充满暴力言论的演说,却获得群众经久不息的掌声。这种情绪影响到宪章派领导人,他们为了争取群众,扩大影响,就非使用激烈言辞不可,即使这些言辞不是他们的初衷也罢。正如甘米奇在《宪章运动史》中所说,当时"对艰苦备尝、饥寒交迫的劳动人民来说,英国语言中没有任何字眼算得上过分激烈或过分富于煽动性的了。有人若是建议应用道义力量,必将遭到嗤笑;只有十分坚决的呼吁才会得到同情的响应。而这种响应几乎无例外地,不仅表现为成千上万人雷鸣般的欢呼声,而且……还表现为一阵阵的枪声和长矛的挥舞"①。这就是当时实力派暴力言论的群众基础。但英国较为灵活的政治制度和统治阶级在适当时机的让步已经使英国人民不轻易拿起武器发动起义了,他们更相信和平的演进,相信法律和正义能解决问题,况且1832年的胜利又是和平演进最新的例证,活生生地展现在人民群众的眼前。奥康诺等人对群众的这种情绪是完全了解的,因此他们的暴力言论,始终局限在法律允许的范围内;他们谈论武装,总是指"武装抵抗暴政的合法权利",而很少意味着法国式的革命。有些领袖,开始可能有革命的诚意,但现实很快使他们看出革命的群众基础十分薄弱,所以尽管他们仍继续使用暴力言论,行动上却绝不越雷池半步。这方面的一个典型例证就是哈尼。在第一次全国代表大会上,哈尼是最坚定的实力派,曾不顾一切地公开指责代表大会拖延不决、贻误战机、不肯实行圣月,结果差一点被逐出代表大会大门之外。② 但1842年他已经在反对罢工了,这使实力派大吃一惊。③ 1846年,他在给恩格斯的一封信中更明确地说:"至于奥康诺近来关于'实力'的谈论,我认为一钱不值,……英国人只会在群众会上对它欢呼,但仅此而已,尽管1839年谈论了那么多的'武装起来',人民却没有武装,而且以后也不会武装。"④正是这种看法改变了哈尼的态度,以后他虽仍然时有暴力言论,却从不参与任何非法行动,谨慎地避开一切武装图谋,因此在所有实力派领袖中,他是唯一没有受到政府起诉或监禁的人。这就是年轻时以"英国的马拉"自诩的人思想上所经历的变化,而文森特、库珀这些初期最激烈的实力派,后来甚至成了不抵抗主义最坚定的鼓吹者。由此看来,不管实力派在暴力问题上如何和道义派激烈争论,两派

---

① [英]R. G.甘米奇:《宪章运动史》,第106页。
② A. R. Schoyen, *The Chartist Challenge*, p.79; William Lovett, *The Life and Struggles of William Lovett in His Pursuit of Bread, Knowledge and Freedom*, p.204.
③ Thomas Cooper, *The Life of Thomas Cooper*, p.210.
④ "Harney to Engels", March 30, 1846, in Frank G. and Renee M. Black, eds., *The Harney Papers*, p.240.

在不使用暴力这一点上却是完全一致的；实力派只是口头上的暴力派，内心深处却从不想实行暴力。

但实力派和道义派究竟有没有分歧，其分歧又何在呢？分歧当然有，分歧的实质是：道义派认为争取宪章是一件长期的事，并非一朝一夕就能完成，也许要几代人才能成功。他们因此强调道德的进步，强调教育，强调持久细致的宣传工作，强调提高思想觉悟。1840年洛维特和科林斯发表的《宪章主义》一书是道义派的纲领宣言书，此后出现的禁酒派宪章主义、基督教宪章主义，等等，都出自同一思想。因此相比之下，道义派更重视内部建设，重视自身的改造，宪章派各种文化活动开展得好的地方，也往往是道义派占优势的地方。所以说，这一派实际上是伦敦通讯会中普雷斯派的正传。实力派对斗争的长期性估计不足，哈尼甚至认为第一次代表大会若能尽职，三个月内就能实现宪章；奥康诺更是经常说类似的话，一切实力派领袖都曾有过类似的观点。他们因此喜欢群众大会的形式，喜欢大轰大闹，而忽视对群众的教育工作。实际上，光靠开会鼓动是不能持久的，群众对宪章的实质缺乏了解，今天热起来，明天就会冷下去，不能进行持久的斗争，这是宪章运动失败的重要原因之一。但另一方面，实力派又是真正的斗争派，他们继承了伦敦通讯会中坚决斗争的传统，向统治者发动一个接一个的主动进攻，尽管失败仍奋力不已，表现出无畏的勇气和顽强的精神，他们因此是群众运动的真正领袖。尽管他们在策略问题上犯过错误，斗争方法也不够稳重，但斗争的方向始终是对的；如果没有他们，宪章运动就不可能持久，不可能热烈，也就不成其为宪章运动，而早就消失在道义派自我反省的默默无声之中了。实力派实际上继承的是伦敦通讯会中盖尔·琼斯、勒梅特等人的中派传统；正是这一派，一直在宪章运动中占据着主导地位。

伦敦通讯会留传下来的暴力传统，既不表现在道义派，也不表现在实力派领导人身上，而是由宪章运动的基层组织继承的。新港起义事实上是由基层领导发动的,1840年初约克西区的几次武装暴动,也都由基层组织领导。1842年罢工前后,纺织区和陶瓷区孕育着浓厚的暴力情绪,好几次酿成自发的暴乱,而参加者都是基层群众。1848年请愿失败后,伦敦好几次形成武装密谋,其规模大大超过卡图街事件。8月16日那次卷入的据说有3 000人,由黑奴出身的裁缝威廉·卡费(William Cuffay)等伦敦地方领导人领导,和曼彻斯特、利物浦、莱斯特、诺丁汉、伯明翰等地的秘密组织有联系;只是由奸细告密后才在临动手的前一天晚上被政府镇压,而当时有的分队已经在集结了。① 所以说,尽管宪章运动的主流一直没有表现出暴力革命的倾向,但工人激进主义中的暴力传统并没有消失,而是在万马千军的惊天动地声中,这些暗中策划的密谋活动更显得阒然无声而已——然而,正是像卡费这样的人,才是宪章运动中真正的暴力派。

---

① 参见 David Goodway, *London Chartism*, 1838-1848.

五、"狐狸与鹅"之间

"狐狸与鹅"是《北极星报》常用的比喻,意指中等阶级和工人间犹如狐狸之于鹅,绝无友善可言。1832年之前,由于中等阶级和工人阶级一样没有选举权,因此双方一直存在着一种非正式的同盟关系,特别是在改革法斗争中,中等阶级为壮大声势,曾竭力拉拢工人阶级,让他们支持辉格党改革。而工人中大多数人也认为改革法是通向全面变革的第一步,因此在与中等阶级默契的基础上支持了改革法。改革后情况就不同了,中等阶级成了有权的阶级,他们背弃诺言,不肯帮助工人阶级取得选举权,在这种情况下产生的宪章运动,自然带有强烈的反中等阶级情绪。再加上当时工人中普遍认为改革后的议会已完全由中等阶级控制,①因此普选权的阻力就完全来自这些过去的改革派盟友;由此,工人阶级和中等阶级就丝毫没有调和的余地了。所以,作为工人激进主义的一个组成部分,宪章运动的特点,不在于它的阶级独立性(因为阶级独立性是工人激进主义的共性),而在于它坚决反对与中等阶级进行任何形式的合作。

事实上,当运动兴起的时候,两个阶级存在着一定的合作关系。伦敦有一批中等阶级激进派支持普选原则,这成为工人协会和激进议员合作的

---

① 1833年《贫民卫报》说:"由于(改革)法,政府已基本落入中等阶级之手。"奥康诺在1839年说:"……政府来自中等阶级的多数。" *PMG*, August 17, 1833; *NS*, June 8, 1839.

基础,"宪章六条"就是由他们共同拟定的。伯明翰政治同盟是工业资产阶级控制的组织,它在改革法斗争中发挥了大作用,但改革后的议会没有实行纸币政策,使同盟的政治领导人十分愤怒,于是他们在1837年5月恢复了组织,不久又接受普选权原则,这成了它和伦敦工人协会合作的基础;1838年5月21日的格拉斯哥大会上,同盟接受了宪章,成为宪章运动的发起人之一。① 可见,初期的合作是以工人的纲领为基础,以工人阶级为主体的。但这种合作很快就瓦解了,实力派的暴力言论使中等阶级离开运动,伯明翰政治同盟的领导人相继退出第一次全国代表大会。此后,宪章运动就成了纯粹的工人运动,不再有资产阶级成分。

宪章运动反对中等阶级的第一个特点在反谷物法问题上表现出来。谷物法的存在表明中等阶级并没有掌握国家政权,因此成了他们攻击的首要目标。反谷物法同盟的领导人想重演1832年的故伎,要工人也支持他们,反对谷物法。说起来,谷物法只对地主有利,对工商业资产阶级和工人阶级都只有害而无益。但工人对改革中的情景记忆犹新,因此对废除谷物法满腹疑虑。道义派和实力派都反对与反谷物法同盟进行合作,都在号召不要上当,不要背离《人民宪章》的大方向。《北极星报》说:"取消(谷物)法在任何情况下都不会对全体人民有好处。"②《宪章报》则说:反谷物法同盟"竭力要你们把自己的原则放到权宜之计的祭坛上去牺牲,引诱人民去参加由贪婪无比的钱贩子、大资本家和富有工厂主组成的党"。文章因此说:"让他们自己去战斗吧,我们不支持。在争取自治这个高尚原则的斗争中,他们从不和我们联合,也不支持我们的战斗,现在就让我们自己奋斗,认准目标,我们一定能够得到它。"③工人的疑虑可从下面这段话看出

---

① 参见 Carlos Flick, *The Birmingham Political Union and the Movements for Reform in Britain*, 1830 - 1839, Kent, 1978, Chs.6, 7.
② Lucy Brown, "The Chartists and the Anti-Corn Law League", in Asa Briggs, ed., *Chartist Studies*, p.351.
③ Edward Royal, *Chartism*, London, 1980, p.107.

来,设菲尔德工人协会的书记曾经说:"假如你们先废除了谷物法,而我们还没有得到选举权,你们就会调动一切力量来支持你们这个小宗派,把我们脖子上的螺丝钉拧得更紧,再把我们锁在岩石上,永远地挨饿!我们可以肯定这就是你们——鼓吹反对谷物法的人对我们——工人阶级的所谓'同情'。我们不会忘记我们在 1832 年曾让这个阶级获得选举权。"[1]工人的怀疑主要有两点:一是怀疑资本家想降低工资。根据正统政治经济学,粮价降低就意味着工资下降和利润上升,因此取消谷物法就是资本家一己的私利。二是工人怀疑资产者想转移斗争大方向,把工人的注意力从选举权这个根本问题上转到枝节问题上去,使工人阶级忘记政治权利。因此,在整个反谷物法同盟存在期间,宪章运动与反谷物法同盟尖锐对立,有时甚至形成武斗。特别是全国宪章派协会成立后,执委会指示各地分会参加反谷物法同盟的会议,力图控制他们的会场,通过宪章派决议。在这种场合下,双方都派出大量人员,争夺到最后就发展成武斗,而宪章派借人多则往往获胜,然后把反谷物法同盟的人赶走,通过宪章派决议。在与反谷物法同盟争夺工人方面,宪章运动一般是相当成功的,维护了工人运动的大方向。

  宪章运动反对中等阶级的第二个特点是坚决拒绝与中等阶级议会改革派进行合作,这方面呈现了相当复杂的情景。1840 年夏,利兹的中等阶级首先想在扩大选举权方面与工人阶级合作,以争取工人反对谷物法。他们在 8 月成立了"利兹议会改革协会"(Leeds Parliamentary Reform Association),领导成员一半是工人。但协会的纲领是房产选举权,而领导权实际控制在当地商人制造家手中,因此受到宪章派的坚决抵制。1841 年 1 月,改革协会邀请奥康内尔到利兹演说,这使宪章派决定对抗。奥康诺此时正在狱中,他号召宪章派在利兹举行群众示威,反对奥康内尔到利

---

[1] Trygve R. Tholfsen, *Working Class Radicalism in Mid-Victorian England*, p.91.

兹。那一天,25个地区的代表到利兹,组织了盛大示威游行。紧接着,队伍又向改革协会的会场进发,迫使会议组织者撤消房产选举权提议,同意就该问题举行辩论,于是,有许多宪章派在会上发了言。这次会是宪章派的一个大胜利,利兹改革协会就此寿终正寝。不过,宪章派内部的分歧也显现了。一部分宪章派领袖支持与中等阶级合作。洛厄里在会上希望这种合作能尽快形成;科林斯和亚瑟·奥尼尔(Arthur O'Neill)在会后也发表声明,对合作的前景表示期待。①

1842年,宪章运动面临中等阶级最严峻的一次挑战。1841年底,反谷物法同盟中有些人认为应争取工人阶级的支持,而这样做就必须赞成普选权。1842年1月,伯明翰的谷物商约瑟夫·斯特奇(Joseph Sturge)发表了一份宣言,要中等阶级支持改革,实行纳税人选举权。此时,洛维特派已发起"新方法"运动,建立了"全国协会"(National Association)。斯特奇宣言送到全国协会后,洛维特等伦敦领袖决定予以支持,但同时说明只有实现宪章,才能达到真正公平的代表制。斯特奇宣言引起宪章运动的大分裂,奥康诺虽然在1841年议会大选中支持过斯特奇,但认为他的宣言是中等阶级的骗局,目的在引诱工人接受曼彻斯特学派的信条,因此号召工人袖手旁观,既不参加也不干预。但由于斯特奇等人一再在公开场合表示支持普选权原则,因此吸引了一大批宪章派领袖,其中包括洛维特、赫瑟林顿、尼索姆、科林斯、奥尼尔、文森特、洛厄里等。甚至连工人阶级的老战士奥布莱恩也参加进来了,说"1834年中等阶级对我们不屑一顾……现在实际上却在向我们求爱"②。4月5日,斯特奇在伯明翰召开了全国代表大会,成立"完全选举权同盟"(Complete Suffrage Union),上述工人领袖全都参加。中等阶级也阵容强大,甚至还包括反谷物法同盟的重要领导人约翰·

---

① James Epstein, *The Lion of Freedom*: *Feargus O'Connor and the Chartist Movement*, 1832 – 1842, London, 1982, pp.265 – 271.
② Patricia Hollis, ed., *Class and Conflict in 19th Century England*, 1815 – 1850, p.284.

布赖特(John Bright)。大会采纳了宪章的所有原则,却不肯接受宪章这个文件,因为斯特奇说这会吓跑整个中等阶级。洛维特于是不再坚持,但声明这一次工人阶级做了让步,以后中等阶级也应当做出同等的让步来表示诚意。① 这以后完全选举权同盟在全国发展组织,最多时达到50个分会。此后发生宪章运动的第二次高潮,以及随之而来的秋季全国大罢工。事态的发展显然是增加了两个阶级间相互的不信任感,在这种情况下,完全选举权同盟决定在12月召开第二次全国代表大会,而大会的结局不用说是可以预测的。这一次,奥康诺决定参加代表大会,他号召全国宪章派协会各分会参加完全选举权同盟的代表选举工作,并尽可能选出宪章派代表。这个号召在各地得到响应,照大会原先的规定,代表中一半应在选民中产生,另一半在非选民中产生,实际上是中等阶级、工人阶级各产生一半;但选举的结果显示宪章派占了绝对优势,许多地方宪章派囊括了全部代表,中等阶级却一个也没有。不过,宪章派中有相当一部分是洛维特派,奥康诺派并未占多数。因此,斯特奇的阶级合作计划要想取得成功,就只有依靠洛维特的支持才行。但这时中等阶级开始玩弄花招,他们背着洛维特派搞了个"人民的人权法案"供讨论,这个法案背离宪章原则,从上次大会的立场上倒退了一大步。洛维特这时忍无可忍,当"人民的人权法案"提出之后,他立即起立,要求中等阶级撤销法案。他的这个要求被拒绝了,洛维特于是立即宣布他将提出"人民宪章"供表决。洛维特的行动使在场的所有人大吃一惊,特别是奥康诺派宪章派,他们早已把洛维特斥为叛徒,将其看作是投靠资产阶级的工贼走狗。但洛维特的行动,据库珀(他当时是坚定的奥康诺派)说:"赢得了所有奥康诺派宪章派的心,而且显然也赢得了奥康诺自己的心——因为他继之而起,对洛维特发表了一通热情洋溢的赞辞。"完全选举权运动就此结束了,表决结果是宪章派大胜,斯特奇率领中

---

① William Lovett, *The Life and Struggles of William Lovett in His Pursuit of Bread, Knowledge and Freedom*, pp.274-275.

等阶级退出会场,自己去召开他们的完全选举权同盟大会,不久也就不了了之。但宪章派也并未能通过此事与洛维特派弥合前嫌。当库珀问洛维特是否愿加入奥康诺派行动时,洛维特说除非奥康诺接受他的原则,否则绝不投靠奥康诺。①

值得注意的是,宪章派领袖一个接一个走上了支持阶级合作的道路,而每发生一次这种事,宪章派内部就出现一次大分裂,运动也就遭受一次大削弱。但运动的主流始终拒绝阶级合作的路线——确实,反对一切阶级合作是宪章运动的基础,抛弃这一点就失去了它赖以生存的理由了。1842年的完全选举权运动使洛维特、奥布莱恩等分裂出去,而1848年以后,奥康诺自己也在鼓吹和中等阶级合作了。1849年,中等阶级成立了一个"全国议会和财政改革协会"(National Parliamentary and Financial Reform Association),库珀参加了进去,奥康诺则表示同情。奥康诺还支持中等阶级在议会的改革活动,号召与他们组成统一战线。他说这种合作不是劳资间的联合,而是脑力劳动和体力劳动间的联合。琼斯一开始也支持奥康诺,但哈尼坚决反对合作。不久,哈尼夺取了全国宪章派协会中央执行委员会的领导权,继续执行不合作路线。这使奥康诺保持了十几年的宪章运动领导权终于结束。因此,奥康诺的最后陨落,既不是因为土地计划的失败,也不是因为他在1848年4月10日的表现。他的失败,在于他支持了阶级合作。1852年,哈尼也对合作路线表示同情了,他赞成温和宪章派 G. J. 霍尔约克(G. J. Holyoake)和机械工会领导人威廉·牛顿(William Newton)建立全国性政党的主张,而这个党在政治上希望与中等阶级进行合作。这虽然不是哈尼和琼斯分歧的主要之点,却帮助琼斯战胜了哈尼。

---

① Alexander Wilson, "The Suffrage Movement", in Patricia Hollis, ed., *Pressure from Without in Early Victorian England*, London, 1974, pp.84-90; William Lovett, *The Life and Struggles of William Lovett in His Pursuit of Bread, Knowledge and Freedom*, pp.273-285; Thomas Cooper, *The Life of Thomas Cooper*, pp.223-224, 227.

哈尼在宪章派集会上被指责为叛徒,还遭人殴打。这使哈尼伤心欲绝,终于退出了政治活动。然而到最后,琼斯也在1858年与中等阶级合作了,他和斯特奇组织了"政治改革联盟"(Political Reform League),后来又在第二次议会改革中(1867—1868)与中等阶级合作,这使马克思决定与琼斯决裂,说他毁掉了宪章运动。① 确实,当宪章运动中最后一支拒绝阶级合作的力量终于打开合作之门时,宪章运动也就最后告终了。1858年,最后一次宪章派全国代表大会召开,此后就再也没有活动过。不过,在第二次议会改革时,琼斯的合作路线得到马克思的赞同,条件是必须坚持普选权纲领。②

由此看来,从绝不妥协到多多少少地接受与中等阶级的合作,这几乎是每一个宪章派重要领袖走过的共同道路。之所以发生这种现象,其原因恐怕是极为复杂的,其中包括历史的、政治的、心理的、个人素质的和理论修养的种种因素,很难一概而论,不过有一点大概是可以肯定的,即这种现象和社会力量的对比与宪章派的斗争手段有关。前面说过:宪章派领袖的策略建筑在威胁战术的基础上,他们相信1832年的胜利可以重演,依靠威胁能够实现宪章。但改革后的英国不是改革前的英国了,力量的对比已发生变化,原先是人民中一员的中等阶级,现在成了"有权"的阶级,站到了统治阶级那一边,威胁战术显然不灵了。在这种情况下,实现宪章只有靠工人阶级自己;但宪章运动的阶级基础是正在削弱的手工工人,他们甚至不能团结整个工人阶级(这将在下一节谈到)。在这种不利的力量对比下,按照全国宪章派协会后期领导人 W. J. 林顿(W. J. Linton)的说法:"工人阶级只有通过两条道路才能实现宪章——一条是通过暴力,另一条则是通过

---

① 《马克思致魏德迈》,1859年2月1日,参见《马克思恩格斯全集》(第29卷),北京:人民出版社,1972年,第551页。
② 《马克思致恩格斯》,1865年2月1日,参见《马克思恩格斯全集》(第31卷),北京:人民出版社,1972年,第53—54页。

与中产阶级的联合。关于第一条道路,他们不见得比 1839 年和 1848 年更有准备。因此,唯一的出路是第二条……"①宪章派既然不愿采用真正革命的手段夺取政权,那么要想"威胁"战术能够成功,就只有扩大自己力量的基础,争取一切可能的朋友,而这样做,就不得不接受中等阶级中某些集团的合作建议,特别是其中要求改革、愿意承认普选权原则的那些人。事实上,多数宪章派领袖在推行合作路线时,只是和中等阶级的某些集团进行合作,而不是和整个中等阶级合作;在这种情况下,只要他们坚持原则,注意领导权问题,就不一定是"背叛"或"阶级投降主义"——正如马克思在第二次议会改革时要求琼斯的那样。

---

① [英]R. G.甘米奇:《宪章运动史》,第 414 页。

六、宪章运动与工会

当然,改变力量的对比还可以有另一种方法,这就是争取工会的支持。哈尼试图走这条路,但没有能走通——宪章运动不愿走这条路。历史表明,宪章运动在和工会的关系上一直是失败的。

运动刚开始时,有许多工会卷入运动。1838年5月的格拉斯哥大会有70个工会参加,其中包括棉纺厂的工会和矿工的工会。[①] 9月曼彻斯特地区举行盛大群众集会时,也有好几个工会列队出席,各自打着自己的旗号。[②] 这种情况是辉格党政府在19世纪30年代中期对工会的压制造成的;但宪章运动正式兴起后,双方的关系就逐渐疏远了,这和两个运动各自的目标有关。多数工会都规定不得参与政治活动,而许多宪章派组织也要求会员除"对宪章进行鼓动外,不参与其他任何活动"[③]。

1839年夏,第一次全国代表大会决定罢工,然后又取消圣月,引起有些地区的宪章派不满。但实际上,总罢工的号召没有得到工会支持,就连宪章派内部意见也有分歧,因此即使发动了罢工,响应的人恐怕也不会多。

[①] Alex Wilson, "Chartism in Glasgow", in Asa Briggs, ed., *Chartist Studies*, p.252.
[②] F. C. Mather, ed., *Chartism and Society*, p.243.
[③] Alfred Jenkin, "Chartism and the Trade Unions", in Lionel M. Munby, ed., *The Luddites and Other Essays*, p.78.

波尔顿等地的地方领袖发动了罢工,率领宪章派去关闭工厂,强迫工人停工,但当警察或军队一到,秩序一恢复,工人又立刻回厂工作,完全没有罢工的愿望。不过,第一次请愿失败后,麦克道尔看出了工会的重要性,他建议以行业为基础重建宪章派组织,把工会的原则融合进宪章的精神。① 他的杂志后来也改名为《麦克道尔宪章报和行业鼓动者》(*McDouall's Chartist Journal and Trades' Advocate*)。但宪章派并没有根据他的建议建立工会—宪章组织,而是采纳了曼彻斯特代表会议的决定,按激进运动而不是工会的模式组成了全国宪章派协会。

1842年大罢工(General Strike of 1842)是工会运动最有可能融入宪章运动的一个大好时机。这次罢工由经济罢工起,起因是席卷全国的经济危机。从6月起,斯塔福德郡北部的煤矿相继减薪,引起7月矿工大罢工;8月,兰开郡棉纺区也因工资下降开始罢工,各工厂接连关闭,工人们离开工厂,在附近工业区结队游动,见一个厂就关一个厂,把厂中的工人叫出来,让他们参加罢工队伍。而不断壮大的罢工队伍又洪水般漫向其他地区,使罢工的区域越扩越大。从8月5日罢工开始起,10天中罢工已遍及兰开郡南部和约克郡西区,并扩展到英格兰西南部、中部和威尔士的许多地方,加上已经停工的斯塔福德陶瓷区,形成史无前例的全国总罢工。

8月7日,罢工工人的一次集会已提出为实现宪章而罢工的口号;8月12日,曼彻斯特各业代表举行代表会议讨论罢工目的,出席会议的358人中有320人支持宪章,于是通过决议,号召人民"停止工作,直到上述文件②成为国家的法律"③。这听起来就像是"全国神圣月"的回声,经济斗争因而有可能转变为政治斗争了。恰在这时,全国宪章派协会预定8月16日在曼彻斯特召开代表会议,于是,如何处理罢工问题就成了对宪章派领袖

---

① *MCRJ*, April 17, 1841.
② 宪章——引者注。
③ *State Trial*, new series, Vol.4, Col.945.

会上对罢工问题进行了激烈争论,麦克道尔事先写好一项决议,要求宪章派全力支持并扩大罢工。但《北极星报》的主编希尔认为罢工是反谷物法同盟的阴谋,说厂主故意降低工资,引起罢工,借以对政府施加压力,以便废除谷物法(后来库珀在回忆录中也是这样说的)。① 他因此让宪章派不要上中等阶级的当。奥康诺显然持有类似观点,不过他认为既然罢工已起,若不支持,最后罢工者会把失败的责任归咎于宪章派。出于这种考虑,麦克道尔的提议最后通过了,不过散会后领袖们就各奔东西,不采取任何实际行动。宪章派在关键时刻放弃了争取领导权的努力,罢工很快又变成单纯的经济罢工。8月20日,工会代表大会宣布复工,此后,虽然有些行业一直坚持到9月,但总罢工就此算是结束了。实际上,这次罢工除了发表过支持宪章的宣言外,从未能转化为宪章运动的一部分。大部分工会组织反对政治罢工,卷入政治活动的工会领导人也很少。许多领导人公开说罢工的目的是提高工资,而不是奥康诺所说的宪章问题。② 出席8月12日各业代表会的代表,多数是在群众集会上选出来的,他们本来就是宪章派,而不是有组织的工会正式代表。即使有些工会领袖参加了政治活动,后来也受到工会的谴责。比如在决定为宪章而罢工的过程中起过重大作用的蒸汽机制造者工会书记罗伯特·罗宾逊(Robert Robinson),后来受工会弹劾。该工会还修改了章程,规定因参加政治活动而不能工作时,会员不得领取工会津贴。这些都反映了工会运动与政治活动保持着相当的距离。

由于宪章派坚持认为只有政治斗争才是唯一正确的斗争方式,斥其他一切方式为无用或"叛卖",而工会运动又坚决不肯介入政治,怕政治观点

---

① Thomas Cooper, *The Life of Thomas Cooper*, pp.190–191.
② James Epstein and Dorothy Thompson, eds., *The Chartist Experience: Studies in Working Class Radicalism and Culture, 1830–1860*, p.41.

不同会分散自己的力量，这就使双方难以弥合彼此间的隔阂，终于坐失了1842年的良机，放过了全体工人团结一致争取宪章的大好机会。在这方面，宪章运动的领导人应负主要责任。他们作为工人阶级的政治领袖，始终把工会看作是一支不可靠的力量，不愿去争取工会的支持。但一次次的失败迫使他们去寻找新的力量，而如果不愿与中等阶级激进派结盟，那就只有到工会中去寻找出路了。奥康诺在1844—1845年间认识到这一点，开始寻求工会的合作。他甚至把《北极星报》改名为《北极星及全国行业报》(The Northern Star and the National Trades Journal)，把编辑部从利兹迁往伦敦，以期与伦敦的"全国各业联合会"(National Association of United Trades)建立关系；他还指示宪章派"要密切关注目前正在全国兴起的伟大的工会运动，……要参加他们的会议，壮大他们的人数，带上他们的同情，但绝不要让宪章成为运动发展的障碍。全体劳动者一定要团结，他们会很快意识到宪章是唯一可以团结胜利的旗帜；但千万不要用宪章去阻挠它们的发展"①。但奥康诺的努力毫无成果，这以后他才开始考虑与中等阶级结盟。

哈尼在1845年接任《北极星报》的主编，同时也接过了奥康诺对工会的新政策。他把新政策的目的解释得很清楚。1850年11月，他在《红色共和报》上刊文说：在目前的形势下，宪章派只有三条路可走，要么与中等阶级改革派合作，成为受人驱使的工具；要么维持现状，孤芳自赏，"保持一个小宗派的特性，受到其他政治派别和压在劳动者上面的一切阶级的敌视，而同时又得不到自己这个阶级中广大群众的同情和合作"，走这条路，只会把运动引向失败；如果这两条路都不想走，那宪章派就必须"把农业工人、矿工、工会会员以及在工人队伍中能找到的'思考的人和实干的人'都变成'宪章以及更多'的支持者"，为此，就必须支持工人阶级的一切活

---

① NS, November 16, 1844.

动。① 半个月后,他把报纸改名为《人民之友报》,去掉了强烈的政治色彩。不久,他又发表文章说:尽管工会和合作社不能根本改造社会,但它们仍然起了良好的作用,没有它们,工人阶级的状况就会更坏;目前工人对产业行动和社会问题感兴趣,这虽不能让宪章派感到满意,却是30年来工人斗争不断失败造成的结果;宪章派必须正视这个现实,不反对时代的潮流,不把自己从工人阶级中孤立出去。②

哈尼的新政策引起宪章运动的最后一次路线斗争,琼斯坚持对工会采取敌视态度,说工会是"有文字记载的最压迫、最不公正和最残暴的垄断",是"最坏的贵族——工人贵族滋生的温床",正是工会,"和可怕的剩余劳动一样,使雇主阶级找到了大量的人手,这些人正迫不及待地要取代那些如此霸道地轻视自己的傲慢'兄弟'……"出于这种观点,他公开号召向工会和合作社"开战"。③ 无论工会有什么弱点,琼斯的态度无疑使亲者痛、仇者快。哈尼和琼斯的公开论战进一步削弱了宪章运动。1852年底,琼斯自立中央,拿下了哈尼的领导权,毁掉了争取工会的最后希望。不过到琼斯晚年,他的态度发生了180°的大转变,对工会的褒扬甚至超过哈尼。④ 但此时,宪章运动早已消失,工会已成为工人活动的主要方式了。

从上面的分析可以看出:宪章运动和工会运动的主要分歧是如何看待政治斗争。宪章运动作为工人激进运动的一个阶段,认为政治斗争是唯一有效的斗争手段,舍此便不能实现工人阶级的解放。工会运动则一直有脱离政治的倾向,更愿意采用产业斗争的方式。这种分歧实际上反映了手工工人和工厂工人受剥削的方式不同——工厂工人受工厂主面对面的剥削,因而愿意用比较直接的斗争手段,比如罢工、集体议定工资等等;手工

---

① *RR*, November 23, 1850.
② *FP*, January 25, 1851.
③ John Saville, ed., *Ernest Jones: Chartist*, pp.194–195.
④ John Saville, ed., *Ernest Jones: Chartist*, pp.228–229.

工人则希望法律能保护他们的"独立",因此要求参与制定法律的权利,要求政治权。但另一方面,这种分歧也反映着工人阶级的这两个部分正处在不同的斗争发展阶段上:手工工人也长期使用过产业斗争的方式(虽说他们用这种手段不如工厂工人有效),只是在看出这种斗争很难解决根本问题后,他们才开始政治斗争;工厂工人产生得迟,斗争开始得也就迟,他们暂时仍认为罢工对他们是最有效的,但当他们后来认识到产业手段的不足时,他们也投入政治斗争了。不过,这是19世纪70年代以后的事了。由此出发,可知宪章运动和工会运动始终不能调和并不是什么奇怪的事。它们间有着深刻的分歧,这种分歧不仅是意识形态的,而且有其阶级根源:它既和生产方式中的地位有关,也和经历及理论素养有关。正因为这些因素的存在,使激进运动和工会运动始终是工人运动中的两个支流,终久而不能合一。

宪章运动以如此浩大的声势震惊世界,最后却无声无息地消失了,其目标一项也没有实现,这是个很值得研究的历史现象。运动失败的原因当然很多,但基本原因之一不能不说是力量的对比对运动太不利。宪章运动不能取得中等阶级的支持,又未能与其他工人活动合流,这种情况使宪章派始终处于人口的少数;如果他们不打算采用武力手段夺取政权(这种可能性在英国一直很小),他们就很难靠政治压力取得成功。在这样一个基本原因之上,宪章派领袖在方针、策略方面的错误以及相互间永无止境的争吵等等才开始起作用。因此,宪章运动的失败主要不是宪章派自己的过错,而是时代的必然性。

宪章运动是英国工人激进主义的最高峰,也是最后一个高峰,它把千百万工人群众大规模地投入到政治斗争的旋涡中,在历史的发展上留下了光辉的痕迹。列宁说宪章运动是"世界上第一次广泛的、真正群众性的、政治性的无产阶级革命运动"①,这句话的意思应该从"广泛"和"真正群众性"这两个词上来理解,而不是"第一次"独立的政治运动。工人阶级为争取权利而独立开展的政治斗争,到宪章运动开始时已经有半个世纪的历史了,宪章运动只是它的最高发展阶段。宪章运动的特色,在于它第一次调动起如此众多的群众,在全国范围内形成一个真正全国性的政治运动。作为工人阶级的群众性政治运动来说,它浩大的声势和卷入运动的人数之多,在英国历史上不仅空前,而且绝后,这不能不说是宪章运动最伟大的成就之一。

---

① [俄]列宁:《第三国际及其在历史上的地位》,参见《列宁全集》(第29卷),北京:人民出版社1959年,第276页。

1850年以后(结束语)

1850年以后,宪章运动基本结束了,英国进入了一个相对和平发展的时期,史学家称之为"衡平时期"(Age of Equipoise)。① 奇怪的是,工人阶级长久以来为争取政治权利、要求议会改革的斗争,忽然随宪章运动的逝去而戛然停止了,以后再也形不成高潮。这个斗争从法国大革命时期起,工人们就前仆后继了几十年,其间不乏英勇悲壮、可歌可泣的辉煌篇章,可是,正当历史的转折已经开始、普选权终将成为时代的潮流时,工人们却在没有达到目标的情况下突然停止战斗,把争取普选权的任务交给了资产阶级自由派,这是多么奇怪的事!

　　这个奇怪的现象绝不是能用宪章运动的失败来解释的——工人们既然已战斗了那么久,而每一次失败都只为下一次战斗吹响了冲锋号,那么宪章运动如此伟大的战役,为什么不能是最后胜利的号角呢? 于是,有些人把工人阶级的沉默归因于自由主义的胜利,说工人阶级的自由化消磨了工人的斗志;有些人说伟大的经济繁荣平息了工人的不满,他们不再需要什么政治的权利;还有人把它归咎于工人贵族的出现,说英国的富裕造就了一支特殊的资产阶级别动队,他们的使命就是破坏工人争取权利的斗争。所有这些说法也许都有道理(也许都没有道理),却仍旧解释不了工人政治斗争为什么突然中断。人们会问:难道工人阶级在和自由资产阶级结盟的时候尚能维护阶级的独立性,在把他们看作是主要敌人之后反而受他们影响,全盘"自由化"了吗? 难道1850年以前就没有过繁荣,1850年以后就没有经济危机了吗? ——既然如此,1850年前后的繁荣为何对工人影响那么大呢? "工人贵族"是什么——难道有谁能给它下个确切的定义,从而说他们就是工人运动的灭火队吗? 那么,工人斗争究竟为什么突然中断呢?

　　其实,工人斗争并没有中断。实际情况是这样的:工人运动中有两个

---

① 参见 W. L. Burn, *The Age of Equipoise*, New York, 1965.

支流,在1850年以后,一支湮灭了,一支继续发展;前一支曾经是工人运动的主流,后一支则即将成为主流。而1850年以后,正处在这新旧交替的时代。

我们不妨重温一下第一章中的一些数字:

1787年,英国有143家纺纱厂;1850年,有1 407家,几乎是1787年的十倍。各类纺织厂的工人数,从工业革命初期几乎是"0"开始,到1850年的近60万。

相比之下,棉纺织业的手织工人数,从19世纪20年代的24万,下降到1862年的不足3 000。

机器大量使用,有统计说:某纱厂750名工人可生产相当于过去20万名手工纺纱工的全部产品;1个男工加1个童工可代替100个手工印花工;1台织网机可取代1万个手工花边工;1个蒸汽刨可取代18个木工;1台开榫机相当于30个木匠。1841年,兰开郡115个机械厂平均每个雇工91人,其中最大的雇900人。1871年,金属造船厂平均工人数为571个;该年一项议会调查报告说,在接受调查的2 540 789人中,有2 010 637个是在工厂里工作。

相比之下,曾经是工人阶级中主要成分的工匠和外作工,到1870年前后已不再是一支社会力量了。

结论:工业革命消灭了手工工人。[①]

前面说过:工人激进主义的阶级基础是手工工人;但如果这个基础没有了,工人激进运动也就必然失去存在的可能性。

一切群众运动的历史证明:每次挫折之后,运动都需要一个恢复力量的过程。工人激进主义也是这样,它多次失败,又多次复苏;但在宪章运动这一次严重的挫折之后,当它有可能从失败中恢复过来、再度掀起高潮时,

---

① 见第30—45页"各类人数的消长"。

它却不能聚积起足够的力量了——它的基础没有了。

因此,表面看起来,好像随宪章运动消失的是前仆后继60年之久的工人激进主义,但并不是宪章运动的失败导致工人激进主义的消失,它的消亡是社会变化的结果。

与此同时,工人运动却在另一个方向上向前发展。1844年,"罗奇代尔先锋合作社"(Rochdale Pioneers)正式创立,这是英国历史上第一个成功的消费合作社(consumptive cooperatives),标志着合作社运动的新阶段。

1851年,"机械工人混合工会"(Amalgamated Society of Engineers)成立,这是第一个所谓的"新模式"工会;以后40年间,它的组织方式几乎被其他一切工会所仿效。

工会和合作社成了工厂工人开展斗争的有效手段。前面说过,工人整体中主要组成部分的斗争手段将表现为工人运动中占主导地位的斗争方式,因此在1850年以后,工会和合作社运动成了工人活动的主要内容。从19世纪70年代开始,工会日益卷入政治活动,于是工人阶级的政治斗争在新的理论和新的经验的基础上重新发展起来了。

由此可以得出结论:1850年以后逐步消失的是工人激进主义,而不是工人运动;1850年出现的是一次"断裂",而不是"中断";1850年开始的"衡平时期",不意味着工人运动的停顿,而意味着新旧两个主流的交替。1850年,对于英国工人运动来说,就是这样一个分水岭。

附 录

一、伦敦通讯会 346 个会员职业情况统计

346 个会员中计有：

鞋匠 23 人，裁缝 21 人，印刷工、织工各 12 人，书记员 11 人，书贩 10 人，讼师、面包师、皮匠、理发师各 8 人，家具工、木匠各 7 人，亚麻布商、商人、铁匠各 6 人。

以下职业各 5 人： 瓦匠、绅士、制帽工、开酒店的、银匠、外科医生。

以下职业各 4 人： 高等律师、钟匠、枪炮工、香料工。

以下职业各 3 人： 装订工、皮裤工、屠宰工、雕刻工、染匠、编织工、花边工、绸布商、内科医生、店员、胸衣工、看仓人。

以下职业各 2 人： 药剂师、床架工、制牛脂烛工、奶酪贩子、油彩工、制革匠、釉工、开杂货铺的、袜商、数学仪器工、乐师、军官、裱糊匠、铅管工、丝带装束工、织丝带工、仆佣、文具商、织袜工、家具商、表盒匠。

以下职业各 1 人： 会计、画家、拍卖人、绱鞋匠、制靴匠、帆索工、经纪人、轮压机工、制箱工、制烛工、化学师、烧陶工、制陶工、钟盒匠、制车匠、车夫、咖啡店老板、作曲家、熟食铺老板、箍桶工、舞蹈教师、上釉工、镌版工、鱼钩工、翻砂工、园圃老板、镀金工、划玻璃工、手套工、研磨工、菜贩、赶马车的、铁商、鞋拔工、漆器匠、珠宝盒匠、小工、皮贩子、演讲师、锁匠、编席匠、磨坊主、洋布装束工、油漆工、植物画画师、制假发的、泥水匠、唧筒匠、收破烂的、马鞍工、制帆工、热汤食店老板、制秤工、制平底船工、速记员、律师、管家、石匠、锡匠、锡盘工、烟草店老板、帆桁索具工、车工、开殡仪馆的、粮店老板、表壳镀画工、守夜人、白金匠、铁丝工。

二、伦敦通讯会主要领导人职业情况统计

姓名，职务   **年代，职业**

John Ashley，书记   （1795—1796），鞋匠

John Baxter，主席   （1793），银匠

Anthony Beck，司库   （1794—1798），马鞍匠

Benjamin Binns，副书记   （1797），铅管工

John Bone，副书记   （1796—1797），洋布清理工

Joseph Burks，书记   （1794），簿记员、书贩

Robert T. Crossfield，主席   （1798），医生

Wallis Eastbourne，主席   （1798），不详

Thomas Evans，书记   （1797—1798），着色工

Joseph Field，副书记   （1792—1793），不详

John P. Franklow，副书记   （1793），裁缝

Alexander Galloway，副书记   （1795—1796），机匠

Thomas Hardy，书记兼司库   （1792—1794），鞋匠

Maurice Margarot，主席   （1792—1793），商人

Robert Oliphant，司库   （1798），裁缝

John Pearce，副书记   （1794），讼师

George Pickard，书记   （1798），不详

Francis Place，副书记   （1796），主席；（1795—1796），裁缝

James Powell，副书记（奸细）   （1797），簿记员

James Savage，副书记   （1798），看仓人

三、宪章派第一次全国代表大会代表姓名与职业情况统计

姓名	职业
William G. Burns	鞋匠
Peter Bussey	啤酒贩
William Cardo	鞋匠
William Carpenter	报人
William Carrier	起毛工、帽工
John Cleave	出版人
*J. P. Cobbett	律师、报人
**R. B. B. Cobbett	律师
John Collins	工具制造工
Hugh Ballie Craig	布商、报纸所有人
John Deegan	报贩,前牌场跑堂
*R. K. Douglas	报人
Abram Duncan	制纺锭工
**George Edmonds	律师
James Fenny	鞋匠
Matthew Fletcher	外科医生
John Frost	布商
**William Greenwood	—
*William Gill	天平刻星工
*John Good	理发匠
*Benjamin Hadley	纽扣制造商
Alexander Halley	工人
G. J. Harney	报人,前水手
Robert Hartwell	排字工

	Henry Hetherington	出版人
	Charles Jones	中等阶级
	Robert Knox	石板瓦匠
**	George Lovelace	小农场主,前农业工人
	William Lovett	家具制造工
	Robert Lowery	裁缝
	Peter McDouall	外科医生
	Richard Marsden	织工
	Patrick Matthew	谷贩、种树人
	Richard Mealing	铅管工、玻璃工
	James Mills	制帽工
	James Moir	茶叶商
	Richard Moore	木雕工
**	G. F. Muntz	商人、金属制造商
**	Philip Muntz	商人、金属制造商
	Charles Neesom	裁缝
**	Edward Nightingale	—
	James B. O'Brien	律师、报人
	Feargus O'Connor	地主、律师、报纸所有人
*	John Pierce	木材商
	Lawrence Pitkeithley	布商
	John Richards	鞋匠
	R. J. Richardson	开店人、细木工师傅
*	William Rider	印刷工、报人、前毛织工
*	George Rogers	烟草商
*	T. C. Salt	灯具制造商
	W. S. Villiers Sankey	绅士、医生
	John Skevington	制帽工、开店人

T. R. Smart	教员
** Thomas Smith	—
James Taylor	唯一神教派教士
John Taylor	外科医生
Benjamin Tight	中等阶级
Henry Vincent	印刷工、报人
* Arthur Wade	国教牧师
* James Whittle	报人
* Hugh Williams	律师
* Joseph Wood	茶叶贩
* James Wroe	书贩、报人

顶替辞职者而补选当选的代表（部分）

姓名	职业
Edward Brown	银匠帮工
Christopher Dean	石匠
John McCrae	教员
James Osbourne	鞣革匠
John Stowe	—
Robert Tilley	瓦匠
John Warden	园丁
James Wolstenholme	纸夹制造商
James Woodhouse	针织工

*：表示 5 月 17 日前辞职或退出大会者。

**：表示当选但从未出席大会者。

—：表示不详。

四、宪章派地方领导人职业情况统计

853 个全国宪章派协会总会代表（1841 年）中计有：

织工 130 人，鞋匠 97 人，裁缝 58 人，针织编袜工 33 人，皮匠 30 人，农业工人 19 人，木匠 18 人，细木工和梳毛工各 17 人，靴鞋匠 13 人，石匠和制帽工各 12 人，陶工 11 人，印刷工、油漆工和纺纱工各 10 人，报贩、石工各 9 人，煤窑工和铁匠各 8 人，丝织工、印花布工和靴匠各 7 人，亚麻整布工、家具制造工、细布印花工、呢料整布工和染匠各 6 人。

以下职业各 5 人： 制篮工、书贩、杂货商、手套工、麻布织工、泥水匠、学校教员、拧线工、镟工。

以下职业各 4 人： 纽扣工、精刷（羊毛）工、箍桶工、粗布剪裁工、园丁、机师、模具工、制钉工、铁针定形工、整经工、表匠。

以下职业各 3 人： 面包师、绱靴工、瓦匠、制剧工、制椅匠、鞣革匠、机械工、理发匠、花边工、机器制造工、铅管工、开酒店的、造船工、锡工、钟表匠。

以下职业各 2 人： 黑铁工、铸铜工、雕刻工、画陶工、陶器工、衣料商、糖果商、牧工、农场主、装配工、金属框架工、菜贩、机匠、压针工、花样工、包装工、制锅工、纸张上包工、制管工、铁皮工、店员、文具商、工具制造工、沙发工、济贫院职工、白铁工。

以下职业各 1 人：啤酒贩、制帚工、箍带制造商、漂白工、钉书工、制大针工、酿酒人、卖书的、黄铜匠、五金匠、黄铜成形工、制砖工、屠宰工、砧板工、金属钣工、采石工、机杼工、马车夫、宪章派宣传员、文书、车箱装饰工、煤贩、煤商、煤矿工、倒脏人、布商、整布工、烧珐琅工、镌版工、花样丝袜工、花样布织工、鱼钩工、渔具工、锻铁工、铸铁工、锻工、马具工、小贩、铰链工、马蹄工、房产经济人、切革工、皮贩、信签印制工、锁匠、卖药的、模特儿制造工、卖报的、磨针工、制针工、针尖工、监工、造纸工、挑夫、破烂商、推销员、螺丝削切工、开店的、写招牌的、轻马衔工、打铁工、衣料整理工、茶贩、帐篷工、锡盘工、衣箱工、拧绳帮手、织工兼报贩、钟表玻璃工、金属拉丝工、马鞍工、锯木工、造船铁匠、丝手套工、马刺工、桅索工、剥皮工、压毛料工、起毛机安装工、锡匠、烟草商、双股线纺工、兽医、车轮工、分毛工。

五、本书注释所用缩略语

BD	*The Black Dwarf*
FP	*The Friend of the People*
MCRJ	*McDouall's Chartist and Republican Journal*
NS	*The Northern Star*
PMG	*The Poor Man's Guardian*
RR	*The Red Republican*
Add Mss	Additional Manuscripts in British Library
FOP	Friends of the People
HO	Home Office Papers
LCS	The London Corresponding Society
SCI	Society for Constitutional Information
SCS	Sheffield Constitutional Society

注：斜体部分为报刊名。

参考文献

一、英文文献

(一) 原始文献

- **Manuscripts**
    1. Add MSS 27790，27791，27792，27812，27813，27814，27815，27820，27822，27835.
    2. Home Office Papers (HO)：42，52.
    3. Place Papers.

- **Periodicals**
    1. *McDouall's Chartist and Republican Journal*.
    2. *Political Register*.
    3. *The Black Dwarf*.
    4. *The Crisis*.
    5. *The Destructive*.
    6. *The Economist*.
    7. *The Examiner*.
    8. *The Friend of the People*.
    9. *The Northern Star*.
    10. *The Operative*.
    11. *The Pioneer*.

12. *The Poor Man's Guardian*.
13. *The Red Republican*.
14. *The Republican*.

- **Printed**

    1. *A Historical Account of the Luddites of 1811, 1812, and 1813, with Report of Their Trials at York Castle*, Huddersfield, 1862.
    2. *British Labour Struggle's Series*, New York, 1972.
    3. Burke, Edmund, *Reflections on the Revolution in France*, London, 1981.
    4. Cobbett, William, *Selections from Cobbett's Political Works*, John M. and James P. Cobbett, eds., London, n. d.
    5. *Conditions of Work and Living: The Reawakening of the English Conscience, 1838 - 1844*, 5 pamphlets, New York, 1972.
    6. *Cooperation and the Working Class Theoretical Contributions, 1827 - 1834*, 4 pamphlets, New York, 1972.
    7. Hodgskin, Thomas, *Labour Defended Against the Claims of Capital*, with an introduction by G. D. H. Cole, London, 1922.
    8. Jebb, John, *The Works of John Jebb*, London, 1787.
    9. Lovett, William and John Collins, *Chartism: A New Organization of the People*, Leicester, 1969.
    10. Paine, Thomas, *Rights of Man*, London, 1979.
    11. Paine, Thomas, *The Complete Writings of Thomas Paine*, Philip S. Foner, ed., New York, 1945.
    12. Spence, Thomas, *The Political Works of Thomas Spence*, H. T. Dickinson, ed., Newcastle-upon-Tyne, 1982.
    13. *State Trial*, Vols. 24, 25, 32, 33; new series, Vols. 1 and 4.
    14. *The Framework Knitters and Handloom Weavers, 1820 - 1845*, 8 pamphlets, New York, 1972.
    15. *The Luddites, 1812 - 1839*, 5 pamphlets, New York, 1972.
    16. *The Spread of Machinery, 1793 - 1806*, 5 pamphlets, New York, 1972.
    17. *The Trial of Thomas Hardy*, London, 1794.
    18. Thompson, William, *Labour Rewarded*, London, 1827.
    19. Tufnell, Edward C., *Character, Object and Effects of Trades' Unions*, London,

1834.

- **Autobiographies**
  1. Bamford, Samuel, *Early Days*, London, 1849.
  2. Bamford, Samuel, *Passages in the Life of a Radical*, London, 1844.
  3. Bezer, John James, *The Autobiography of One of the Chartist Rebels of 1848*, 1851.
  4. Binns, John, *Recollections of the Life of John Binns*, Philadelphia, 1854.
  5. Brown, William, *A Narrative of the Life and Adventures of William Brown*, York, 1829.
  6. Cooper, Thomas, *The Life of Thomas Cooper*, London, 1875.
  7. Dunning, Thomas, *Reminiscences*, written c. 1890–1894, first published, 1947.
  8. Farish, William, *The Autobiography of William Farish: The Struggle of a Handloom Weaver with Some of His Writings*, London, 1889.
  9. Farn, John C., *The Autobiography of a Living Publicist*, 1857.
  10. Hardy, Thomas, *Memoir of Thomas Hardy*, London, 1832.
  11. Leatherland, J. A., *Essays and Poems: With a Brief Autobiographical Memoir*, London, 1862.
  12. Love, David, *The Life, Adventures and Experience of David Love*, Nottingham, 1823–1824.
  13. Lovett, William, *The Life and Struggles of William Lovett in His Pursuit of Bread, Knowledge and Freedom*, London, 1876.
  14. Place, Francis, *The Autobiography of Francis Place*, Mary Thale, ed., Cambridge, 1972.
  15. Smith, C. M., *The Working Man's Way in the World: Being the Autobiography of a Journeyman Printer*, London, 1853.
  16. Thomson, Christopher, *The Autobiography of an Artisan*, London, 1847.
  17. Watson, James, *Reminiscences of James Watson*, 1854.
  18. Wilson, Benjamin, *The Struggle of an Old Chartist*, 1887.
  19. Wood, Thomas, *The Autobiography of Thomas Wood*, Leeds, 1956.

(二) 图书

- **Source Books**
  1. Aspinall, A., ed., *Early English Trade Unions*, London, 1949.

2. Black, Eugene C., ed., *British Politics in the 19th Century*, New York, 1969.
3. Black, Eugene C., ed., *Victorian Culture and Society*, New York, 1973.
4. Black, Frank G. and Renee M. Black, eds., *The Harney Papers*, Assen, 1969.
5. Burnett, John, ed., *The Annals of Labour*, London, 1974.
6. Cheyney, E. P., ed., *Readings in English History*, Boston, 1908.
7. Cobban, Alfred, ed., *The Debate on the French Revolution, 1789–1800*, London, 1950.
8. Cole, G. D. H. and A. W. Filson, eds., *British Working Class Movements*, London, 1951.
9. Crump, W. B., ed., *The Leeds Woollen Industry, 1780–1820*, Leeds, 1931.
10. Dickinson, H. T., ed., *Politics and Literature in the 18th Century*, London, 1974.
11. Douglas, David C., ed., *English Historical Documents*, Vol.10, London, 1953 and Vol.11, London, 1959.
12. Gardiner, Samuel R., ed., *The Constitutional Documents of the Puritan Revolution*, Oxford, 1906.
13. Hollis, Patricia, ed., *Class and Conflict in 19th Century England, 1815–1850*, London, 1973.
14. Mather, F. C., ed., *Chartism and Society*, London and New York, 1980.
15. Mayhew, Henry, *The Morning Chronicle Survey of Labour and the Poor: The Metropolitan Districts*, Sussex, 1980.
16. Melling, Elizabeth, ed., *Kentish Sources*, Kent, 1964.
17. Morton, A. L., ed., *Freedom in Arms*, London, 1975.
18. Pike, E. Royston, ed., *Human Documents of the Industrial Revolution in Britain*, London, 1966.
19. Reynolds, Reginald, ed., *British Pamphleteers*, Vol.2, London, 1951.
20. Saville, John, ed., *Ernest Jones: Chartist*, London, 1952.
21. Tawney, R. H. and Eileen Power, eds., *Tudor Economic Documents*, London, 1953.
22. Thale., Mary, ed., *Selections from the Papers of the London Corresponding Society, 1792–1799*, Cambridge, 1983.
23. Thompson, Dorothy, ed., *The Early Chartists*, Columbia, 1971.
24. Vincent, David, ed., *Testaments of Radicalism: Memoirs of Working Class*

Politicians, *1790-1885*, London, 1977.

- **Other Books**
    1. Ashton, T. S., *The Industrial Revolution*, *1760-1830*, Oxford, 1972.
    2. Barnsby, G. J., *The Working Class Movement in the Black Country*, Wolverhampton, 1977.
    3. Benson, Anna P., *Textile Machines*, Albumshire, 1983.
    4. Bourne, H. R. Fox, *English Newspapers*, London, 1887.
    5. Brewer, John, *Party Ideology and Popular Politics at the Accession of George Ⅲ*, Cambridge, 1981.
    6. Briggs, Asa, ed., *Chartist Studies*, London, 1978.
    7. Brock, Michael, *The Great Reform Act*, London, 1973.
    8. Brown, Kenneth D., *The English Labour Movement*, New York, 1982.
    9. Burn, W. L., *The Age of Equipoise: A Study of the Mid-Victorian Generation*, New York, 1965.
    10. Bythell, Duncan, *The Handloom Weavers*, Cambridge, 1969.
    11. Cannon, John, *Parliamentary Reform*, Cambridge, 1973.
    12. Challinor, Raymond and Brian Ripley, *The Miners Association*, London, 1968.
    13. Chapman, Gerale W., *Edmund Burke: The Practical Imagination*, Cambridge, 1967.
    14. Chapman, S. D., *The Cotton Industry in the Industrial Revolution*, London, 1977.
    15. Clapham, J. H., *An Economic History of Modern Britain*, Cambridge, 1930.
    16. Clark, J., C. Chritcher and R. Johnson, eds., *Working Class Culture*, London, 1979.
    17. Clark, Kitson G., *The Making of Victorian England*, Cambridge, 1963.
    18. Deane, Phyllis and W. A. Cole, *British Economic Growth*, *1688-1959*, Cambridge, 1980.
    19. Deane, Phyllis, *The Industrial Revolution in England*, *1740-1914*, London, 1971.
    20. Derry, John W., *William Pitt*, London, 1962.
    21. Dickinson, H. T., *Liberty and Property*, *Political Ideology in 18th Century Britain*, London, 1977.
    22. Dickinson, H. T., *Radical Politics in the North-East of England in the Later 18th*

Century, Durham, 1979.
23. Driver, Cecil, *Tory Radical: The Life of Richard Oastler*, New York, 1946.
24. Epstein, James and Dorothy Thompson, eds., *The Chartist Experience: Studies in Working Class Radicalism and Culture, 1830-1860*, London, 1982.
25. Epstein, James, *The Lion of Freedom: Feargus O'Connor and the Chartist Movement, 1832-1842*, London, 1982.
26. Fitton, R. S. and A. P. Wadsworth, *The Strutts and the Arkwrights, 1758-1830*, Manchester, 1958.
27. Flick, Carlos, *The Birmingham Political Union and the Movements for Reform in Britain, 1830-1839*, Kent, 1978.
28. Foster, John, *Class Struggle and Industrial Revolution*, London, 1977.
29. Glen, Robert, *Urban Workers in the Early Industrial Revolution*, London, 1984.
30. Goodway, David, *London Chartism, 1838-1848*, Cambridge, 1982.
31. Goodwin, Albert, *The Friends of Liberty*, London, 1979.
32. Gregg, Pauline, *Modern Britain: A Social and Economic History Since 1760*, New York, 1965.
33. Hamilton, Henry, *History of the Homeland: The Story of the British Background*, London, 1965.
34. Hammond, J. L. and Barbara Hamond, *The Age of the Chartists*, New York, 1967.
35. Hammond, J. L. and Barbara Hamond, *The Skilled Labourer*, London and New York, 1979.
36. Hammond, J. L. and Barbara Hamond, *The Town Labourer*, London, 1978.
37. Harmmond, J. L. and Barbara Harmmond, *The Village Labourer*, London and New York, 1978.
38. Harrison, B. and P. Hollis, *Robert Lewery, Radical and Chartist*, London, 1979.
39. Harrison, J. F. C., *The Early Victorians, 1832-1851*, London, 1971.
40. Hills, R. L., *Cotton Spinning*, Manchester, 1981.
41. Hobsbawm, E. J., *Industry and Empire*, Harmondsworth, 1969.
42. Hobsbawm, E. J., *Labouring Men*, London, 1979.
43. Hobsbawm, E.J., *The Age of Capital, 1848-1875*, New York, 1979.
44. Hobsbawm, E. J., *The Age of Revolution, 1789-1848*, New York, 1962.
45. Hollis, Patricia, ed., *Pressure from Without in Early Victorian England*, London,

1974.

46. Hollis, Patricia, *The Pauper Press*, London, 1970.
47. Hone, J. Ann, *For the Cause of Truth*, Oxford, 1982.
48. Hopkins, Eric, *A Social History of the English Working Classes, 1815–1945*, London, 1979.
49. Hunt, E. H., *British Labour History, 1815–1914*, New Jersey, 1981.
50. Inglis, Brian, *Poverty and the Industrial Revolution*, London, 1972.
51. Jarrett, Derek, *Britain, 1688–1815*, New York, 1965.
52. Jones, David J. V., *The Last Rising*, Oxford, 1985.
53. Joyce, Patrick, *Work, Society and Politics*, Sussex, 1980.
54. Kirby, R. G. and A. E. Musson, *The Voice of the People: John Doherty, 1798–1854*, Manchester, 1975.
55. Knowles, L. C. A., *The Industrial and Commercial Revolutions in Great Britain During the 19th Century*, London, 1922.
56. Landes, David S., *The Unbound Prometheus*, Cambridge, 1969.
57. Mantoux, Paul, *The Industrial Revolution in the 18th Century*, London, 1961.
58. Meikle, Henry W., *Scotland and the French Revolution*, Glasgow, 1912.
59. Mitchell, B. R., *Abstract of British Historical Statistics*, Cambridge, 1962.
60. Morris, R. J., *Class and Class Consciousness in the Industrial Revolution, 1780–1850*, London, 1979.
61. Morton, A. L., *The Life and Ideas of Robert Owen*, London, 1962.
62. Munby, L. M., ed., *The Luddites and Other Essays*, London, 1971.
63. Murray, Norman, *The Scottish Hand Loom Weavers, 1790–1850: A Social History*, Edinburgh, 1978.
64. Neale, R. S., *Class in English History*, Oxford, 1981.
65. Nef, J. U., *The Rise of the British Coal Industry*, London, 1932.
66. Peel, Frank, *The Risings of the Luddites, Chartists and Plug-Drawers*, London, 1880.
67. Perkin, Harold, *The Origins of Modern English Society, 1780–1880*, London, 1976.
68. Plummer, Alfred, *Bronterre: A Political Biography of Bronterre O'Brien, 1804–1864*, London, 1971.

69. Potter, Beatrice (Mrs. Webb), *The Co-Operative Movement in Great Britain*, London, 1930.
70. Prothero, I. J., *Artisans and Politics in Early 19th Century London*, Kent, 1979.
71. Read, Donald, *The English Provinces*, London, 1964.
72. Royal, Edward and James Walvin, *English Radicals and Reformers, 1760–1848*, Lexington, 1982.
73. Royal, Edward, *Chartism*, London, 1980.
74. Saville, John, ed., *Democracy and the Labour Movement*, London, 1954.
75. Schoyan, A. R., *The Chartist Challenge*, London, 1958.
76. Slater, Gilbert, *The Making of Modern England*, Boston, n.d.
77. Smellie, K. B., *Great Britain Since 1688*, Ann Arbor, 1962.
78. Smith, F. B., *The Making of the Second Reform Bill*, London, 1966.
79. Somervell, D. C., *English Thought in the 19th Century*, London, 1957.
80. Spater, George, *William Cobbett: The Poor Man's Friend*, Cambridge, 1982.
81. Stanhope, John, *The Cato Street Conspiracy*, London, 1962.
82. Stern, Walter M., *The Porters of London*, London, 1960.
83. Stevens, John, *England's Last Revolution: Pentrich, 1817*, Derbyshire, 1977.
84. Stevenson, John, *Popular Disturbances in England, 1700–1870*, New York, 1979.
85. Tholfsen, Trygve R., *Working Class Radicalism in Mid-Victorian England*, New York, 1977.
86. Thomis, Malcolm I. and Peter Holt, *Threats of Revolution in Britain, 1789–1848*, London, 1977.
87. Thomis, Malcolm I., *The Luddites*, New York, 1972.
88. Thompson, Dorothy, *The Chartists*, London, 1984.
89. Thompson, E. P., *The Making of the English Working Class*, New York, 1966.
90. Vincent, David, *Bread, Knowledge and Freedom*, London, 1981.
91. Wadsworth, A. P. and Julia DeLacy Mann, *The Cotton Trade and Industrial Lancashire, 1600–1780*, Manchester, 1931.
92. Ward, J. T., *Chartism*, New York, 1973.
93. Ward, J.T., ed., *Popular Movements, c. 1830–1850*, London, 1978.
94. Webb, Sidney and Beatrice, *Industrial Democracy*, London, 1919.
95. Webb, Sidney and Beatrice, *The History of Trade Unionism, 1666–1920*, London,

1919.
96. White, R. J., *Radicalism and Its Results，1760-1837*, London，1965.
97. White, R. J., *Waterloo to Peterloo*, London，1963.
98. Wyncoll, Peter, *Nottingham Chartism*, Nottingham，1966.

（三）期刊

1. *Bulletin，Society for the Study of Labour History*.
2. *Cambridge Historical Journal*.
3. *History Workshop Journal*.
4. *History*.
5. *Marxism Today*.
6. *Past and Present*.
7. *Social History*.
8. *The Historical Journal*.

二、中文文献

1. ［英］哈孟德夫妇：《近代工业的兴起》，北京：商务印书馆，1960年。
2. ［英］潘恩：《潘恩选集》，北京：商务印书馆，1981年。
3. ［英］R. G.甘米奇：《宪章运动史》，北京：商务印书馆，1979年。
4. ［英］欧文：《欧文选集》，北京：商务印书馆，1965年。

译名对照

1842年大罢工（General Strike of 1842）

A

阿什利,约翰（John Ashley）

埃文斯,托马斯（Thomas Evans）

安斯蒂,约翰（John Anstie）

昂温,乔治（George Unwin）

奥布莱恩,布朗台尔（Bronterre O'Brien）

奥康内尔,丹尼尔（Daniel O'Connell）

奥康诺,费格斯（Feargus O'Connor）

奥利芬特,罗伯特（Robert Oliphant）

奥尼尔,亚瑟（Arthur O'Neill）

奥斯特勒,理查德（Richard Oastler）

B

巴克斯特,约翰（John Baxter）

班福德,塞缪尔（Samuel Bamford）

《报纸指南》（Companion to the Newspaper）

《北极星报》（The Northern Star）

《北极星及全国行业报》（The Northern Star and the National Trades Journal）

贝策,约翰·J.(John J. Bezer)

贝恩斯,约翰(John Baines)

本波,威廉(William Benbow)

彼得卢事件(Peterloo Massacre)

宾斯,本杰明(Benjamin Binns)

宾斯,约翰(John Binns)

波特兰公爵(Duke of Portland)

伯德特,弗朗西斯爵士(Sir Francis Burdett)

伯克,埃德蒙(Edmund Burke)

伯明翰政治同盟(Birmingham Political Union)

博爱会(Philanthropic Society)

布赖特,约翰(John Bright)

布兰德雷斯,耶利米(Jeremiah Brandreth)

布里斯托尔事件(The Bristol Riot)

布鲁厄姆,亨利(Henry Brougham)

布鲁姆黑德,威廉(William Broomhead)

布思,约翰(John Booth)

布西,彼得(Peter Bussey)

C

《财富分配原理探索》(Inquiry into the Distribution of Wealth)

《常识》(Common Sense)

慈善学校(Philanthropic Schools)

D

大北同盟(The Great Northern Union)

大玛丽莱本激进协会(Great Marylebone Radical Association)

代议制(Representative System)

道义派(Moral Force)

德斯帕德上校(Col. Despard)

等级(estate)

多尔蒂,约翰（John Doherty）

E

厄斯金,托马斯（Thomas Erskine）

恩格斯,弗里德里希（Frederic Engels）

F

法国革命（The French Revolution）

《反对资本、为劳动辩护》（Labour Defended Against the Claims of Capital）

反谷物法同盟（Anti-Corn Law League）

《反煽动性集会法》（The Seditious Meetings Act）

反印花税运动（Movement Against Stamp Duties）

弗莱明,G.A.（G.A. Fleming）

弗兰克娄,约翰·P.（John P. Franklow）

弗罗斯特,约翰（John Frost）

福克斯,查尔斯·J.（Charles J. Fox）

G

改革而绝无其他（Reform and No More）

改革以及其他（Reform and Something More）

盖洛韦,亚历山大（Alexander Galloway）

甘米奇,R. G.（R. G. Gammage）

《告大不列颠居民书》（Address to the Inhabitants of Great Britain）

格斯特,约翰（John Guest）

葛兰西,安东尼奥（Antonio Gramsci）

工厂工人（factory workers）

工厂制（factory system）

工会（Trade Unions）

工会主义（Trade Unionism）

工人（working men, labouring men）

《工人报》（The Operative）

工人激进主义（Working Men Radicalism）

工人阶级（working classes）

工人阶级全国同盟（The National Union of the Working Classes）

工人阶级政治经济学（Working Class Political Economy）

《工人之友》（*Working Man's Friend*）

工业革命（The Industrial Revolution）

《共产党宣言》（*Communist Manifesto*）

《共和报》（*The Republican*）

《鼓动者》（*Prompter*）

光荣革命（The Glorious Revolution）

国民大会（Convention）

H

哈迪，托马斯（Thomas Hardy）

哈罗比勋爵（Lord Harrowby）

哈尼，G.朱利安（G. Julian Harney）

汉普登俱乐部（Hampden Clubs）

汉萨，卢克（Luke Hansard）

行会（guilds）

合作社运动（The Co-Operative Movement）

赫瑟林顿，亨利（Henry Hetherington）

《黑矮人》（*The Black Dwarf*）

黑灯照（The Black Lantern）

衡平时期（Age of Equipoise）

《红色共和报》（*The Red Republican*）

辉格党（Whigs）

《毁灭》（*The Destructive*）

霍布森，约书亚（Joshua Hobson）

霍布斯鲍姆，E. J.（E. J. Hobsbawm）

霍恩-图克，约翰（John Horne-Tooke）

霍尔约克，G. J.（G. J. Holyoake）

霍奇斯金，托马斯（Thomas Hodgskin）

霍斯福尔，威廉（William Horsfall）

J

机械工人混合工会（Amalgamated Society of Engineers）

基尔特社会主义（Guild Socialism）

激进改革同盟（Radical Reform Association）

激进派（Radicals）

技工学校（Mechanics' Institutes）

《技工杂志》（Mechanics' Magazine）

济贫院（work houses）

家庭工业制（domestic system）

奸细奥利弗（Oliver the spy）

《检查官报》（The Examiner）

《建议要点》（Heads of the Proposals）

阶级（class, classes）

杰布，约翰牧师（Rev. John Jebb）

杰拉尔德，约瑟夫（Joseph Gerrald）

《结社法》（Combination Acts）

《经济学家》（The Economist）

《抉择》（Take Your Choice）

K

卡宾特，威廉（William Carpenter）

《卡宾特伦敦日报》（Carpenter's London Journal）

卡费，威廉（William Cuffay）

卡莱尔，理查德（Richard Carlile）

卡特莱特，威廉（William Cartwright）

卡特莱特，约翰少校（Major John Cartwright）

卡图街密谋（Cato Street Conspiracy）

科贝特，威廉（William Cobbett）

科克伦勋爵（Lord Cochrane）

科林斯，约翰（John Collins）

科伊格里，詹姆斯（James Coigley）

克利夫，约翰（John Cleave）

克罗斯菲尔德，罗伯特·T.（Robert T. Crossfield）

库珀，托马斯（Thomas Cooper）

矿泉地大会（Spa Fields Meetings）

L

拉塞尔，约翰（John Russell）

兰伯思忠诚协会（Loyal Lambeth Association）

兰德斯，大卫·S.（David S. Landes）

勒梅特，保罗·托马斯（Paul Thomas Lemaitre）

李，理查德（Richard Lee）

里德，威廉（William Rider）

里奇蒙公爵（Duke of Richmond）

《历史报》（*Historical Newspaper*）

利兹议会改革协会（Leeds Parliamentary Reform Association）

联合爱尔兰人（United Irishmen）

联合英格兰人（United Englishmen）

林顿，W. J.（W. J. Linton）

卢德，纳德（Ned Lud）

卢德运动（Luddism）

伦敦工人协会（The London Working Men's Association）

伦敦技校（London Institute）

伦敦民主会（The London Democratic Association）

《伦敦民主派》（*The London Democrat*）

伦敦通讯会（The London Corresponding Society）

《伦敦通讯会道德与政治》（*Moral and Political Magazine of the London Corresponding Society*）

罗宾逊，罗伯特（Robert Robinson）

罗金汉侯爵（Marquis of Rockingham）

罗奇代尔先锋合作社（Rochdale Pioneers）

洛厄里，罗伯特（Robert Lowery）

洛维特，威廉（William Lovett）

洛维特，约翰（John Lovett）

M

马格罗特，莫里斯（Maurice Margarot）

马考莱，T.B.（T. B. Macaulay）

马克思，卡尔（Karl Marx）

麦克道尔，彼得（Peter McDouall）

《麦克道尔宪章报和行业鼓动者》（*McDouall's Chartist Journal and Trades' Advocate*）

《麦克道尔宪章和共和期刊》（*McDouall's Chartist and Republican Journal*）

梅勒，乔治（George Mellor）

梅休，亨利（Henry Mayhew）

民主兄弟会（The Society of Fraternal Democrats）

N

奈特，约翰（John Knight）

《南极星报》（*The Southern Star*）

尼科尔斯，约翰（John Nicholls）

牛顿，威廉（William Newton）

农业工人（agriculture labourers）

农业社会主义（Agrarian Socialism）

《女怪》（*The Gorgon*）

女私塾（Dame Schools）

O

欧文主义（Owenism）

P

潘恩，托马斯（Thomas Paine）

培根，托马斯（Thomas Bacon）

彭德里尔，查尔斯（Charles Pendrill）

彭特里奇起义（Pentridge Rising）

皮尔，弗兰克（Frank Peel）

《贫民卫报》（*The Poor Man's Guardian*）

仆佣（servants）

普雷斯，弗朗西斯（Francis Place）

普列斯顿，托马斯（Thomas Preston）

普选权（Universal Suffrage）

Q

琼斯，约翰·盖尔（John Gale Jones）

琼斯，欧内斯特（Ernest Jones）

取消印花税促进会（Society for the Promotion of the Repeal of the Stamp Duties）

权利法案支持者协会（Society for the Supporters of the Bill of Rights）

全国大请愿（National Petition）

全国大团结工会联合会（The Grand National Consolidated Trades Union）

全国改革联盟（National Reform League）

全国各业联合会（National Association of United Trades）

全国劳工保护协会（The National Association for the Protection of Labour）

全国宪章派协会（National Charter Association）

全国协会（National Association）

全国议会和财政改革协会（National Parliamentary and Financial Reform Association）

全国政治同盟（National Political Union）

全英纺纱工人总工会（The Grand General Union of All the Operative Spinners in the United Kingdom）

全英合作知识促进会（The British Association for Promoting Cooperative Knowledge）

R

《人报》（*Man*）

《人民报》（*People's Paper*）

《人民的一便士报》(People's Penny Papers)

《人民公约》(Agreement of the People)

《人民论坛》(The Tribune of the People)

《人民宪章》(The People's Charter)

《人民之声报》(The Voice of the People)

《人民之友报》(The Friend of the People)

人民之友会(Society of the Friends of the People)

《人民治安公报》(People's Police Gazette)

《人权》(Rights of Man)

《人身保护法》(The Habeas Corpus Act)

日学(Day Schools)

S

萨德勒,迈克尔·T.(Michael T. Sadler)

沙曼中校(Lieut.-Col. Sharman)

《社会改革者》(The Social Reformer)

社会主义(Socialism)

生产阶级(productive classes)

生意人阶层(Shopocracy)

剩余价值(surplus value)

十小时工作日运动(Ten Hours Movement)

《时政信刊》(Political Letters)

实力派(Physical Force)

手工工匠(artisans)

手工工人(hand-workers)

首都政治同盟(Metropolitan Political Union)

斯蒂芬斯,约瑟夫牧师(Rev. Joseph Stephens)

斯克文,威廉(William Skirving)

斯彭斯,托马斯(Thomas Spence)

斯彭斯博爱主义者协会(Society of Spencean Philanthropists)

斯特奇,约瑟夫(Joseph Sturge)

T

泰勒,约翰博士(Dr. John Taylor)

汤普森,威廉(William Thompson)

天主教解放(Catholic Emancipation)

《挑战者》(*Gauntlet*)

童工制(children employment)

土地计划(Land Plan)

托利党(Tories)

W

外作工(out-workers)

外作制(putting-out system)

完全选举权同盟(Complete Suffrage Union)

万国民主之友会(The Democratic Friends of All Nations)

威尔克斯,约翰(John Wilkes)

威尔逊,本杰明(Benjamin Wilson)

韦德,约翰(John Wade)

韦德博士(Dr. Wade)

韦奇伍德,乔赛亚(Josiah Wedgwood)

韦瑟罗尔,C.(C. Wetherall)

文森特,亨利(Henry Vincent)

沃尔特,约翰(John Walter)

沃森,詹姆斯(James Watson)

无印花之战(Battle Against the Stamp Duties)

伍勒,T.J.(T.J. Wooler)

X

《西部解放者》(*The Western Liberator*)

西德默思勋爵(Lord Sydmouth)

西斯尔伍德,亚瑟(Arthur Thistlewood)

希尔，威廉牧师（Rev. William Hill）

下层阶级（lower classes）

《先锋报》（The Pioneer）

宪法知识会（Society for Constitutional Information）

《宪章报》（The Charter）

《宪章派》（The Chartist）

宪章运动（Chartism）

消费合作社（consumptive cooperatives）

新港起义（Newport Rising）

新济贫法（New Poor Law）

Y

亚当斯，丹尼尔（Daniel Adams）

《一便士杂志》（Penny Magazine）

伊登，约翰（John Eadon）

议会改革（Parliamentary Reforms）

议会改革运动（Parliamentary Reform Movements）

英国兵（Redcoats）

《英国工人阶级状况》（The Condition of the Working Class in England）

英国天主教同盟（British Catholic Association）

尤尔牧师（Rev. Ure）

有用的知识传播会（The Society for the Diffusion of Useful Knowledge）

圆厅剧场（The Rotunda）

Z

争取廉价诚实的报刊的工人协会（Association of Working Men to Procure a Cheap and Honest Press）

政治改革联盟（Political Reform League）

《政治纪事》（Political Register）

《政治家》（The Politician）

《政治经济学及赋税原理》（The Principles of Political Economy and Taxation）

政治知识传播会（The Society for the Diffusion of Political Knowledge）

《中部之灯报》（*The Midland Counties Illuminator*）

中等阶级（milddle class，middle classes）

主日学校（Sunday Schools）

资产阶级（milddle class，middle classes，bourgeoisie）

自由之友总会议（A General Meeting of the Friends of Freedom）

自由主义（Liberalism）

制造业者（manufacturer）